全国社会工作者职业水平考试辅导教材

社会工作实务

考试过关必做

初级

SHEHUI GONGZUO SHIWU
KAOSHI GUOGUAN BIZUO

全国社会工作者职业水平考试过关必做辅导教材编写组 编写

2024

中国社会出版社
国家一级出版社 · 全国百佳图书出版单位

图书在版编目（CIP）数据

社会工作实务（初级）考试过关必做 / 全国社会工作者职业水平考试过关必做辅导教材编写组编写 . -- 2 版 . -- 北京：中国社会出版社，2024.2

全国社会工作者职业水平考试辅导教材 / 许莉娅主编

ISBN 978-7-5087-7007-9

Ⅰ . ①社 …　Ⅱ . ①全 …　Ⅲ . ①社会工作—中国—水平考试—习题集　Ⅳ . ① D632-44

中国国家版本馆 CIP 数据核字（2023）第 249169 号

出 版 人：程　伟　　**终 审 人**：王　前
责任编辑：张　杰　薛丽仙　李林凤　　**责任校对**：姜婷婷
封面设计：尹　帅

出版发行：中国社会出版社　　**地　　址**：北京市西城区二龙路甲 33 号
邮政编码：100032　　**编 辑 部**：(010) 58124853
营销中心：
金　伟　13901172636　四川、重庆、云南
孙武斌　13911163563　北京、天津、广东、山西、海南、湖南、陕西
朱赛亮　13691332028　江苏、安徽、山东、广西、宁夏、新疆
卫　飞　18611888820　浙江、上海、河南、青海、湖北、甘肃、西藏
平　川　13810848635　河北、吉林、黑龙江、内蒙古、辽宁
朱永玲　13501113035　福建、江西、贵州
综合电话：010-58124852
网　　址：shcbs.mca.gov.cn
经　　销：新华书店

印刷装订：北京联兴盛业印刷股份有限公司　　**开　　本**：185 mm×260 mm　1/16
印　　张：19　　**字　　数**：502 千字
版　　次：2024 年 2 月第 2 版　　**印　　次**：2024 年 2 月第 1 次印刷
定　　价：59.00 元

社工图书专营店　　中社文库微信公众号　　中国社会出版社天猫旗舰店　　中社在线微信公众号

全国社会工作者职业水平考试
过关必做辅导教材编写组

主　编：许莉娅

编　委：周　军　孙立亚

苗艳梅　王冬梅

党的二十大擘画了全面建设社会主义现代化国家、以中国式现代化全面推进中华民族伟大复兴的宏伟蓝图，吹响了奋进新征程的时代号角。全面建设社会主义现代化国家，必须有一支规模宏大、结构合理、素质优良的人才队伍。在这一项伟大而艰巨的事业中，广大社会工作者前途光明，任重道远，亟须在认真学习理论的同时，积极运用专业的方法、科学的技能服务所从事的工作，为全面建设社会主义现代化国家、全面推进中华民族伟大复兴贡献自己的力量。

本书导航

本书亮点

● **名师主编**

本书由具有30多年社会工作专业教学、研究与实务经验和16年全国社会工作者职业水平考试辅导与讲解经验的国内知名专家带队倾力打造。

● **紧扣新版指导教材**

本丛书紧扣新版教材，第一时间推出！凡是法规与政策有变动的，皆以现行的法规与政策为准。

● **星级标记，重点突出**

分别用★，★★和★★★标记全部章节的复习重点，帮助考生迅速掌握重要的考点，达到事半功倍的效果。

● **四种复习时间的规划安排**

配合各章节的星级标记，考生可根据自己的复习时间，合理安排和调整复习进度，如90天（全面复习★，★★和★★★），60天（重点复习★★和★★★）、30天（重点复习★★★）、7天（重点做全真模拟试题）。

● **配合互联网在线专家答疑和模拟题等学习资源**

购买正版教材的考生可关注微信公众号“社工师培训网”和“社工图书专营店”，以获得更多考前专家答疑、紧扣新版教材的海量章节复习题、在线全真模拟考试等学习资源。

《社会工作实务（初级）》科目试卷构成

每年一次的全国助理社会工作师职业水平考试包括两门科目：《社会工作综合能力（初级）》和《社会工作实务（初级）》，考生须一次通过两科考试方可取得助理社会工作师职业资格证书。考试地点一般设在省会城市和直辖市的大中专院校或高考定点学校，具体地址会在准考证上标明。

全国助理社会工作师职业水平考试为闭卷考试，试题均为客观题，要求考生在答题卡上作答。考生应考时应携带黑色墨水的钢笔或签字笔、2B铅笔、橡皮等工具。

《社会工作实务（初级）》科目考试的时间及试题类型如下。

考试时间	两个小时	
试卷满分	100 分	
及格（通过）标准	60 分	
试题类型	单项选择题	共 60 题，每题 1 分。每题的备选项中只有一个最符合题意
	多项选择题	共 20 题，每题 2 分。每题的备选项中有 2 个或 2 个以上符合题意，至少有 1 个错项。错选，该题不得分；少选，所选的每个选项得 0.5 分

注：本表格仅供参考，具体以权威部门公布的正式信息为准。

如何有效使用本考试辅导教材

● 如何使用“摸底自测”

本书每一章的开始部分都设计了一套检测性考题，目的是帮助考生用自我测验的方法对当前这一章考点内容掌握的情况有一个基本的判断，发现自己在某些考点上的“盲点”，从而有针对性地安排复习以扫除“盲点”。

因此，在开始新章节的复习之前，请考生自行安排完成该章“摸底自测”，建议在 20 分钟之内完成，以便了解自己在当前章节掌握复习要点的学习状况，这样既便于制订详细的复习计划，也有利于在之后的复习中进行自我调整。

● 如何使用章节中的“习题精练”

本书针对考试教材的每一节都设计了一套“习题精练”，请考生根据“星级标记”全面复习考试指导教材，对重要考点理解、记忆和应用，再来完成“习题精练”，以便检测自己复习当前章节后的学习效果。

● 如何使用本书最后的“全真模拟试题”

本书在最后附有五套全真模拟试题，全部由历年真题组成，是全国社会工作者职业水平考试辅导教材编写组的专家在全面分析历年考试真题覆盖面、案例情境和各章节比重的基础上精心设计的，请考生根据“星级标记”全面复习考试指导教材之后，再来完成这五套全真模拟试题，以便检测自己全面复习后、迎接正式考试前的学习效果。

温馨提示：全真模拟试题重点在模拟参加正式考试的情境，包括了解自己的复习水平、考试时间和答题节奏的把握，千万不要单纯背题，而应把重点放在强化知识点，并针对答错题目的考点进行查漏补缺、扫除知识盲点上。

特别声明：本书考题中所列人员名称均为化名，如有雷同，纯属巧合。

考场应试答题技巧

熟悉填答题目的过程（答题卡）

本科目考试题目均为客观题，所有选择题的回答都必须填涂在答题卡上，对答题卡填写不熟悉的考生应特别注意，在平时就要养成良好的考试答题习惯，尽量使用答题卡来做练习题和全真模拟试题。

答题顺序

先易后难。

“卡壳”情况的处理

由于助理社会工作师考试全部为客观题，考题覆盖的考点分布在各个章节，且每道考题都具有较高的独立性，即前面的题目和后面的题目没有内在逻辑性和依赖性。因此，考生在考场遇到难题“卡壳”时，不必担心后面的题目会因为此题的回答而受影响，此时可在试卷上做个标记（注意：不是答题卡），跳过此题，先完成后面题目的回答，等回过头来再答“卡壳”的题。

细心检查很重要

考生应检查答题卡填涂的位置、姓名、准考证号是否正确无误，尤其是填涂题目的顺序不可错行。

保守还是冒险？——多项选择题的答题技巧

如果“全真模拟试题”的闭卷自测得分在50分以下，建议考生在考场上采取冒险的答题策略，在排除掉肯定错误选项的基础上，将没有把握的选项也选上，纯属碰一碰运气。

如果得分50~60分，接近考试及格线但又有少许差距，此时建议考生采取保守的答题策略，即只选自己肯定有把握的选项。因为根据阅卷评分规则，在没有选错误选项的前提下少选，所选的每个选项均可得0.5分，此种策略有助于考生拿到零碎的小分，可能越过60分及格线。

最后，预祝各位考生顺利通过考试！

目 录

第一章
社会工作实务的通用过程

【本章复习提示】

本章主要介绍社会工作实务通用过程中的接案、预估、计划、介入、评估和结案6个阶段的工作。接案环节需要掌握的知识点包括服务对象的来源和类型、初次会谈的提纲、会谈的任务和技巧、资料收集的内容和方法等；预估环节需要掌握的知识点包括预估的任务和预估的基本步骤与过程；计划环节的知识点包括服务计划的构成、制订服务计划的原则和方法；介入环节需要掌握的知识点包括对介入的理解、介入类型及选择介入行动的原则；评估环节需要掌握的知识点包括对评估及评估目的的理解、评估的类型、评估的方法及评估时应该注意的事项；结案环节需要掌握的知识点包括结案阶段的工作任务、服务对象的反应及处理方法，以及结案后的跟进服务。

摸底自测

一、单项选择题

1. 社会工作者小李为小范提供个案服务。在接案会谈中，小李发现小范有与自己类似的创伤经历，觉得自己接下来的服务可能会受到影响。小李向机构说明了这一情况，机构安排其他同事接手小范的个案。机构这种安排考虑的因素是（　　）。（2023）

A. 服务对象问题的优先次序　　B. 社会工作者处理问题的能力

C. 服务对象现况的紧急程度　　D. 服务机构的工作范围与内容

2. 社会工作者老李在学校个案工作室接待了由老师转介过来的小明，与其进行初步的接案面谈。老李的下列工作中属于收集环境资料的是（　　）。（2022）

A. 了解小明的行为方式　　B. 了解小明的成长背景

C. 测试小明的认知能力　　D. 了解小明的兴趣爱好

3. 赵奶奶几个月前从农村来到城市照顾孙子，由于人生地不熟，语言沟通困难，特别不适应，想回农村。但是她觉得儿子儿媳整天忙于工作，孙子无人照顾，又不忍心向儿子开口。为了帮助赵奶奶识别问题的主观因素，社会工作者的下列做法中正确的是（　　）。（2022）

A. 询问赵奶奶为解决这一问题作出了什么努力

B. 了解赵奶奶之前是如何应对类似问题的

C. 与赵奶奶确认这一问题是什么时候开始的

D. 引导赵奶奶说出她自己担心背后的原因

4. 社会工作者大张注意到，每次说到爸爸妈妈离婚这件事时，小刚都会发火或者沉默。大张请教心理学专家魏教授，与其讨论了有关青少年心理发展的问题，试图通过会谈帮助小刚认识父母离婚对自己的影响。大张在与小刚会谈时以“父母离婚时，你有什么感受”来协助小刚表达自己的想法。上述大张收集有关小刚资料的方法是（　　）。（2021）

A. 询问　　B. 咨询　　C. 观察　　D. 调查

5. 老海是酒精依赖患者，其酒瘾严重影响了工作和生活，妻子因此与他离婚。在酒瘾者戒酒小组中，老海从组员的分享中认识到酒瘾对个人、家庭、社会造成的危害。在社会工作者小王的帮助下，老海制订了戒酒计划，一段时间后，小王通过评估分析，认为老海已经成功戒酒，可以退出小组，结束双方的专业关系，此时小王首先应该做的是（　　）。（2021）

A. 撰写老海的结案记录　　B. 解除与老海的专业关系

C. 处理老海因分离而带来的感受和情绪　　D. 让老海认识到自己已有戒酒的意志力

6. 自独生女儿过世后，张女士与丈夫的关系变得越来越冷淡，丈夫逐渐染上了酗酒恶习，对家里的事不闻不问，还多次动手打张女士。无奈之下，张女士向社会工作者求助。为了帮助张女士界定其夫妻间存在的问题，下列社会工作者的提问中，最适宜的是（　　）。（2020）

A. “你希望我们提供什么帮助？”

B. “你认为自己目前遭遇的问题是什么？”

C. “你认为丈夫染上酗酒恶习的原因是什么？”

D. “你认为你们夫妻关系恶化的原因是什么？”

7. 老张因保外就医成为社区矫正对象。社会工作者去老张家进行家访时，通知他本周三到社区矫正中心参加法制讲座。上述情况中，老张属于（　　）的服务对象。(2019)

A. 主动求助　　B. 机构转介　　C. 外展发现　　D. 非自愿型

8. 小陈跟随丈夫从小城镇移居到了大城市，丈夫常常出差，没有时间陪她。小陈在陌生的环境里没有朋友，非常孤单，几次应聘工作失败，感到很沮丧。为此，小陈找到社会工作者大李寻求帮助。大李与小陈一起就需要解决的问题商定期望达到的具体目标，并一一进行了讨论，确定了优先顺序。大李此举的目的是（　　）。(2019)

A. 解释服务目标　　B. 选择服务方案

C. 筛选服务目标　　D. 执行服务方案

9. 在精准扶贫工作中，为激发服务对象的内在动力，社会工作者大刘注重服务对象的参与，由服务对象对合作社的生产经营和管理进行自主决策，学习如何承担责任。大刘在选择上述介入行动时所遵循的原则是（　　）。(2019)

A. 瞄准精准扶贫的目标　　B. 尊重服务对象自决权

C. 关注服务对象的特点　　D. 注重服务的经济效益

10. 社会工作者小武通过一个星期的观察，记录小西只上了1天学的行为，经过两个月的行为干预，再次观察记录，小西有4天上学的行为。上述小武运用了（　　）的方法。

A. 基线测量评估　　B. 对服务对象影响的评估

C. 任务完成情况的测量评估　　D. 目标实现的测量评估

11. 初二学生小强经常与同学吵架，老师为此批评过他很多次，小强说自己知道不应该这样做，但就是管不住自己。为了帮助小强，社会工作者与他一起确定了改变的目标。以下属于正面目标陈述的是（　　）。

A. 降低情绪失控的频次　　B. 记录与同学争吵的次数

C. 减少与同学争吵的次数　　D. 增加与同学心平气和沟通的次数

12. 王女士因为女儿的小偷小摸行为很苦恼，向社会工作者老李抱怨：“我真不知道女儿的问题是什么原因造成的，平时也没少给她零花钱，但她还是拿别人的东西，怎么管都不行。”为了了解王女士的问题，老李下列回答中属于事实性沟通的是（　　）。

A. “我能理解您的苦恼。”

B. “您觉得自己有什么资源可以帮助女儿？”

C. “您觉得自己做些什么可以帮助女儿改变？”

D. “您发现女儿有小偷小摸行为时做了什么？”

二、多项选择题

13. 王女士来社会工作服务机构求助，社会工作者小何通过初步接触、相关资料阅读以及社区走访，了解了王女士的基本情况，准备拟定初次面谈的提纲。小何列出的提纲内容应包括（　　）。(2023)

A. 介绍机构的服务范围和服务要求　　B. 协助王女士了解双方的角色职责

C. 询问王女士是否有紧急处理事项　　D. 了解王女士对社会工作者的期望

E. 与王女士商讨是否签订服务合约

14. 某社会福利中心社会工作者小星邀请入住老年人一起讨论健康饮食年度服务计划，老人们分享了对服务目标的期望后，小星确定以增加老年人健康饮食知识为目标，开展每日健康讲座、四季饮食指导等活动。上述制订服务计划的过程，体现的原则包括（　　）。(2022)

A. 应有服务对象的参与　　B. 尊重服务对象意愿
C. 详细且具体　　D. 重视对服务对象的影响评估
E. 服务对象的个别化介入

15. 某全国性社会工作行业协会将党史学习教育和专业服务相结合，组织部分高校社会工作专业师生暑期到西部地区参与乡村振兴工作，他们策划并实施了村民社区参与能力提升项目。项目开始前，研究生小余对参与项目的村民作了“参与态度和参与技能”的测量，项目结束时再次对上述相关指标作了测量。小余评估项目成效采用的方法有（　　）。(2022)

A. 过程评估　　B. 结果评估　　C. 基线测量
D. 绩效评估　　E. 介入期测量

16. 针对居家期间多发的亲子关系紧张问题，某社会工作服务机构通过组建社区家长微信群，开办“家长加油站”线上小组，经过六周的线上服务，基本实现了帮助家长减压和改善亲子关系的服务目标，进入了结案阶段。此时，小组成员菲菲妈妈在小组微信群中说，自己和孩子的关系又回到了参加小组前的状态，不知该如何处理；还说此时结束小组，社会工作者太不负责任了。菲菲妈妈的这些表现属于结案期服务对象负面反应中的（　　）。(2021)

A. 愤怒　　B. 倒退　　C. 否认　　D. 依赖　　E. 抱怨

参考答案

一、单项选择题

1. B　　考点：接案时的注意事项
2. B　　考点：资料收集的内容和范围
3. D　　考点：识别服务对象问题的主观因素
4. A　　考点：接案阶段收集资料的方法和途径
5. D　　考点：结案阶段的主要任务—巩固服务对象已有改变，给服务对象积极支持
6. B　　考点：接案会谈的主要任务—界定服务对象问题
7. D　　考点：接案—服务对象的类型
8. C　　考点：制定服务计划的方法—筛选服务目标
9. B　　考点：选择介入行动的原则
10. A　　考点：评估方法—基线测量
11. D　　考点：设定目的和目标—目标陈述明白易懂，重在促进服务对象成长
12. D　　考点：接案会谈技巧

二、多项选择题

13. ABCD　　考点：初次面谈提纲的内容
14. ABC　　考点：制订服务计划的原则
15. BC　　考点：评估的方法
16. BE　　考点：结案时服务对象的反应

第一节　接　案

考纲	重要考点		星级标记
接案的步骤及核心技巧	接案解读	什么是接案	★
	了解服务对象	服务对象的三种来源、两种类型	★★
		现有服务对象和潜在服务对象、求助过程	★★
		研读服务对象资料、拟定面谈提纲（5 项内容）	★★
	会谈	会谈的目的和会谈场所的安排	★★★
		会谈的 6 项任务	★★★
		会谈技巧：注意“事实性沟通”与“治疗性沟通”	★★★
	收集资料	内容和范围：个人资料、身体情况、特点能力、社会环境	★
		方法与途径：询问服务对象、咨询专家、观察、问卷调查、利用已有资料	★★★
	接案记录	熟悉记叙性记录	★
接案应注意的事项	紧急介入	遇到紧急情况（如自杀、性暴力问题）时，需要直接进入介入干预程序	★★★
	评估能力	权衡自己是否有能力处理服务对象的问题	★
	介入次序	服务对象有多重需要时决定优先次序：尊重意愿、先易后难	★
	机构范围	保证服务对象所要求的服务符合服务机构的工作范围	★

习题精练

一、单项选择题

1. 未成年人保护中心的社会工作者小徐在走访中了解到，困境儿童小强因为厌学已经两个多月没法去上学了，父母的态度是“孩子大了不服管，随他去吧”，小徐向小强及其父母介绍了未成年人保护中心的服务内容，他们表示愿意接受服务。从服务对象的来源

和类型上看，小强属于（　　）。（2023）

A. 主动求助的服务对象　　B. 机构转介的服务对象

C. 由他人介绍的服务对象　　D. 外展出现的服务对象

2. 社会工作者小李接待了前来求助的王女士母子，王女士告诉小李，儿子小强沉迷网络游戏不爱学习，父母说他也不听，还与父母顶撞。王女士希望小李能帮助她教育小强。小李在确认小强有接受服务的意愿后，与王女士母子签订了初步服务协议，小李的上述做法属于社会工作通用过程中的（　　）。（2020）

A. 接触　　B. 接案　　C. 预估　　D. 会谈

3. 在接案会谈中，王女士向社会工作者抱怨丈夫不关心自己，不顾家，下班回到家只顾上网。此时，社会工作者最适宜的提问是（　　）。

A. "你觉得丈夫有问题，是吗？"

B. "你是否觉得自己也有过错？"

C. "你对自己的婚姻不满意，是吗？"

D. "你能说说丈夫不关心你的具体表现吗？"

4. 小柯迷恋上了网络游戏，经常不吃饭不睡觉地打游戏，父母想尽一切办法都无能为力。眼看就要中考了，焦急的父母求助社会工作者。小柯是（　　）的服务对象。

A. 潜在　　B. 现有　　C. 外展　　D. 自愿

5. 9 岁的小丽在一次地震中受重伤，之后常因做噩梦而哭醒，对母亲格外依恋。小丽的母亲来求助，但机构没有擅长儿童创伤辅导的社会工作者。此时最恰当的做法是（　　）。

A. 鼓励小丽参加成长小组　　B. 安排志愿者陪伴小丽

C. 让小丽参加社区活动　　D. 将小丽转介到其他服务机构

6. 为了准备接案，社会工作者除了需要了解服务对象的来源、类型外，还要了解他们的（　　）。

A. 外貌　　B. 求助过程

C. 对社会工作的认可度　　D. 学历情况

7. 社会工作者老李在外出开展服务时遇到了因怕被同学欺负而不敢去上学的小明，老李在了解小明拒绝上学的缘由后，主动邀请他到社会工作机构。在此过程中小明属于（　　）服务对象。

A. 潜在　　B. 现有　　C. 外展　　D. 自愿

8. 小王夫妻俩为送孩子去上哪所学校发生争吵，情急之下还动手打了起来，为此两人闹得不可开交。沟通中社会工作者问他们："根据刚才你们讲的情况，你们觉得问题出在哪里？"社会工作者这样问是为了（　　）。

A. 了解问题　　B. 了解需求　　C. 界定问题　　D. 界定需求

二、多项选择题

9. 为了帮助精神病患者老张出院之后在社区进行康复，社会工作者小王来到老张家中做家庭会谈，了解老张的日常起居情况和居住环境，探问老张与家人的交往状况；之后，小王又联系了老张的主治医生，了解老张就诊和服药情况；此外，小王还查阅了老张的社区档案。在上述工作中，小王运用的资料收集方法包括（　　）。（2020）

A. 询问　　B. 问卷调查　　C. 观察
D. 利用已有资料　　E. 咨询

10. 社会工作者小马接手了王女士的个案，准备进行接案会谈。在其面谈提纲中，小马应列出的内容有（　　）。

A. 有关自己的介绍　　B. 有关机构服务和工作程序的介绍
C. 王女士对会谈安排的意见　　D. 王女士对机构服务的期望
E. 王女士的服务目标

11. 服务对象张奶奶面临很多问题：老伴刚去世的哀痛、严重的膝关节疾病需要手术、经济困难、与儿媳冲突等。在服务对象面临多重问题时，社会工作者需要依据(　　)来决定解决问题的优先次序。

A. 问题的轻重缓急　　B. 服务对象意愿
C. 社会工作者的权威判断　　D. 先易后难
E. 服务对象陈述问题的次序

12. 为使接案会谈顺利进行，社会工作者需要掌握娴熟的会谈技巧。会谈技巧主要包括（　　）。

A. 主动介绍自己　　B. 沟通　　C. 倾听　　D. 面质　　E. 设定目标

参考答案

一、单项选择题

1. D　　考点：通过社会工作者外展工作而成为服务对象。
2. B　　考点：接案会谈的主要任务—达成初步协议
3. D　　考点：接案会谈的主要任务—界定服务对象的问题
4. A　　考点：服务对象的来源和类型—现有服务对象和潜在服务对象
5. D　　考点：接案会谈的主要任务—决定工作进程
6. B　　考点：服务对象的来源和类型—了解服务对象的求助过程
7. C　　考点：服务对象的来源和类型
8. C　　考点：接案会谈的主要任务—界定服务对象的问题

二、多项选择题

9. ACDE　　考点：接案阶段收集资料的方法和途径
10. ABCD　　考点：做好会谈的准备并拟定会谈提纲
11. ABD　　考点：决定问题的优先次序
12. ABC　　考点：接案会谈的技巧

第二节 预 估

考纲	重要考点		星级标记
预估的目的和任务	预估	预估的含义、目的	★
		预估的 5 项任务	★★
预估的基本步骤与过程	探究	探究问题与需要的 6 个方面	★★
	分析	对服务对象的问题与需要作出解释、列出解决问题的目标及先后次序、决定介入的策略	★★
	撰写摘要	三个系统：个人、家庭、社会	★★★

习题精练

一、单项选择题

1. 社会工作者老赵在居民议事会上汇报了近年来老年人上下楼跌倒事件多发、一些独居老人因下楼不便而多日不出门等情况，以及部分居民对安装电梯的建议。老赵上述做法属于预估阶段的（　　）。(2022)

A. 描述社区居民具有的资源　　B. 描述社区居民的生活环境

C. 描述居民的问题与需要　　D. 探究问题不能解决的原因

2. 社会工作者小王发现，某社区的很多老年人由于不会使用智能手机，在购物、出行和就医时遇到诸多不便。许多老年人说："我们老了，跟不上时代了，学不会这些新东西啊！"小王计划设计协助老人跨越"数字鸿沟"的服务项目以解决老年人的上述问题。为此，小王除了需要对造成老年人问题的客观因素进行预估外，还应对造成老年人问题的主观因素加以识别。小王下列做法中属于主观因素识别的是（　　）。(2021)

A. 了解老年人对自己问题的看法　　B. 分析老年人处理问题采用的办法

C. 了解老年人为解决问题所做的努力　　D. 询问老年人问题发生的时间和地点

3. 为保障入院老人的身体健康，某养老院实行封闭管理，老人与外界的交流受到影响，部分老人情绪烦躁，心情低落。该养老院社会工作部计划为老人开展与外界线上交流的服务。负责此项工作的社会工作者需要识别开展线上服务可使用的资源，以满足老人与外界交流的需要。据此，社会工作者应该识别的老人及环境中的积极因素是（　　）。(2021)

A. 老人的身体健康状况　　B. 老人的心理健康状况

C. 老人家庭成员的意愿　　D. 社区志愿者组织资源

4. 自小孩上初中后，李女士与丈夫经常因是否接送孩子上下学发生冲突。李女士认为，孩子从小体质弱，比较敏感，即使已上初中，为安全起见还是应该接送，但丈夫不以为然，还以工作忙为由将接送孩子的事甩给了李女士。李女士对丈夫的行为很不解，怀疑丈夫有了“外心”，非常苦恼、困惑，遂求助社会工作者小齐。为了识别李女士问题产生的主观因素，小齐应该了解（　　）。（2020）

A. 丈夫对夫妻问题的看法　　B. 李女士为处理夫妻问题所作的努力

C. 李女士对夫妻问题的看法　　D. 丈夫为处理夫妻问题所作的努力

5. 预估阶段的最终目的是（　　）。

A. 制订出正确的计划　　B. 了解服务对象的来源

C. 消除服务对象的问题　　D. 认定服务对象的类型

6. 为脑瘫儿童的家长教授训练脑瘫儿童生活技能的方法、举办小组活动、分享照顾脑瘫儿童的经验，属于介入策略的（　　）层次。

A. 直接提供物质资源给服务对象，以帮助解决问题和满足需要

B. 通过辅导改变他们对问题的看法及应对问题的技巧

C. 提供社会工作的间接服务

D. 提供精神辅导

7. 有了对问题的分析和介入的策略后就可以准备撰写预估摘要，预估摘要不包括（　　）。

A. 对服务对象自身系统的预估

B. 对服务对象家庭系统的预估

C. 对服务对象所处社会系统（包括同事、同学、亲友、社区及其他资源体系）的预估

D. 对社会工作者自身的预估

8. 在预估阶段，要体现多层次介入原则，以下属于间接介入的是（　　）。

A. 提供医疗补助　　B. 请老师协助融入班级

C. 暂时安置居所　　D. 与服务对象实施会谈

9. 预估是依据既定情境中的事实与特点推论出有关服务对象问题含义的暂时性结论的逻辑过程。换句话说，预估就是收集资料和（　　）的过程。

A. 解释问题　　B. 解决问题　　C. 认定问题　　D. 描述问题

10. 小华要为服务对象撰写预估摘要，其中服务对象自身系统的预估不包括（　　）。

A. 服务对象自身存在的优势

B. 服务对象解决问题的动机

C. 服务对象自身存在的可能导致其困难的问题

D. 服务对象的家庭情况

11. 李女士向社会工作者小张表示，她的丈夫已经对她实施了四次家暴。小张为了帮助李女士，与李女士进行面谈，了解具体情况；又去居委会和李女士的邻居家了解相关情况。小张所做的是社会工作通用过程中（　　）阶段的工作。

A. 预估　　B. 介入　　C. 计划　　D. 评估

12. 以下哪一项描述是预估阶段要做的工作？（　　）

A. 收集资料和认定问题　　B. 关注问题与对象

C. 策划服务行动　　D. 处理焦虑

二、多项选择题

13. 小丁今年16岁，有1年的药物滥用史。社会工作者小杜负责为小丁提供个案服务，需要对小丁的家庭环境进行预估，其预估内容应包括（　　）。

A. 家庭经济状况　　B. 家庭关系状况
C. 社区环境安全状况　　D. 同伴关系状况
E. 亲子沟通状况

14. 经过会谈社会工作者了解到，最近小力之所以学习成绩下降、逃学、常有攻击性行为，是因为其父母最近在闹离婚，父亲有外遇不回家，母亲的愤怒无处发泄，于是就对小力实施暴力。针对这些情况，社会工作者在制订服务计划时，确定（　　）为关注的对象。

A. 小力的老师　　B. 小力的同学　　C. 小力的母亲
D. 小力　　E. 小力的父亲

15. 预估是由系统有序的程序组成的，包括了解问题成因、发现解决问题的入手点等步骤，以下属于预估阶段基本步骤的是（　　）。

A. 探究服务对象的情况、问题与需要　　B. 分析服务对象的资料并作出预估摘要
C. 对服务对象的问题与需要作出解释　　D. 列出解决问题的先后顺序
E. 评估介入效果

16. 对服务对象家庭系统的预估主要包含以下哪些内容？（　　）

A. 家庭成员的基本情况
B. 家庭成员的角色和互动情况，包括夫妻、父母、兄弟姐妹、父母—子女的角色
C. 家庭规则，包括如何解决分歧、冲突及家庭的权威关系
D. 为服务对象服务的社会工作者的家庭情况
E. 家庭成员的沟通方式，包括如何表达期望、需要、情感

参考答案

一、单项选择题

1. C　　考点：探究服务对象的情况、问题与需要
2. A　　考点：预估的任务—识别服务对象问题的主观因素
3. D　　考点：预估的任务—识别服务对象及环境的积极因素
4. C　　考点：预估的任务—识别服务对象问题的主观因素
5. A　　考点：预估的目的
6. B　　考点：分析服务对象的资料并作出预估摘要—决定介入策略
7. D　　考点：分析服务对象的资料并作出预估摘要—撰写预估摘要
8. B　　考点：分析服务对象的资料并作出预估摘要—决定介入策略
9. C　　考点：什么是预估
10. D　　考点：分析服务对象的资料并作出预估摘要—撰写预估摘要
11. A　　考点：社会工作通用过程的判断—预估
12. A　　考点：预估的任务

二、多项选择题

13. ABE　　考点：分析服务对象的资料并作出预估摘要
14. CDE　　考点：分析服务对象的资料并作出预估摘要
15. ABCD　　考点：预估的基本步骤
16. ABCE　　考点：分析服务对象的资料并作出预估摘要

第三节　计　划

考纲	重要考点		星级标记
服务计划的构成	计划解读	制定介入目标及选择为达到目标而采取的行动的环节	★
	目的与目标	注意目的与目标的不同层次	★★
	关注的问题与对象	注意：关注的对象是介入行动要改变的人和系统	★★★
	介入行动	注意：介入方法与介入行动的不同层次或角度	★★★
制订计划的原则	依据原则	4 项原则	★
制订服务计划的方法	设定目标	7 项任务	★
	构建行动计划	选择介入系统：关注对象（需要改变的部分） 选择介入行动：危机干预、资源整合、经济援助、安置服务	★★★

习题精练

一、单项选择题

1. 社区卫生服务中心的社会工作者小刘计划请老年科医生到所在社区为老年人检查身体，举办慢性病管理和健康饮食讲座，以帮助老年人提高健康管理意识，提升老年群体健康水平。小刘为社区老年人制订的上述健康服务方案，主要描述了计划中的（　　）。(2022)

A. 服务的对象　　B. 关注的问题
C. 评估的方法　　D. 介入的行动

2. 某全国性社会工作行业协会将党史学习教育和专业服务相结合，积极践行社会工作为人民服务的专业价值理念，组织部分高校社会工作专业师生对口高村开展社会工作，助力乡村振兴服务。在制订服务计划时，社会工作专业研究生小薛在村民会上说："现在大家都明确了咱村实施乡村振兴所存在的困难，齐心协力提出解决问题的具体办法和努力的方向，这样才能一步步走向富强。大伙说说，你觉得什么问题最重要，咱们先从哪里开始，好吧？”上述工作所运用的方法是（　　）。（2021）

A. 确定服务对象需要　　B. 向服务对象解释所设定的目标

C. 确定服务对象问题　　D. 向服务对象解释所设定目标的目的

3. 某社会工作服务机构拟在杨村开展精准扶贫项目。该机构社会工作者在项目计划中详细列出了服务的目的及目标、关注的问题和对象。按照服务计划构成的要求，该项目计划的内容还应包括（　　）。（2019）

A. 服务要使用的方法　　B. 服务要改变的人

C. 服务要影响的政策　　D. 服务要改变的系统

4. 王女士近来情绪波动很大，严重影响了生活。情绪低落时，王女士觉得生活没意思，不愿意与他人交往；情绪平稳时，王女士能够像平时那样生活。对此，社会工作者应确定的服务目标是（　　）。

A. 防止王女士情绪进一步低落　　B. 帮助王女士发现生活中的积极方面

C. 鼓励王女士主动与他人交往　　D. 延长王女士情绪平稳的时间

5. 自从父母离异后，小波就一直与姥姥同住，上个月姥姥去世了，小波不得不搬去与母亲、继父一起生活。丧亲的悲伤、在继父家的压抑，使得小波焦虑、暴躁、逃学、学习成绩下降、与同学多有冲突。社会工作者在对小波进行预估后，确定了介入的目标。以下属于正向目标陈述的是（　　）。

A. 降低悲伤情绪　　B. 减少或消除与同学的冲突

C. 提高学习成绩　　D. 疏导焦虑暴躁的情绪

6. 小王曾被父亲遗弃，在流浪儿童救助保护中心待了两年后，被安排到技术中心接受技能培训。小王认为这是中心不要他了，因此焦虑不安，没兴趣学习。对此，社会工作者介入的重点应是（　　）。

A. 联系技术中心的培训老师为小王创造良好的学习环境

B. 引导小王要自立自强，将来好自力更生

C. 处理小王曾经被亲人遗弃的内心冲突

D. 动员周围的同龄伙伴来劝说小王

7. 物质支持属于社会工作中的（　　）。

A. 介入原则　　B. 介入方法　　C. 介入行动　　D. 介入目标

8. 在服务对象遇到失业、疾病或天灾人祸等突发问题时，需要社会工作者立即进行介入，此时最恰当的介入行动为（　　）。

A. 整合资源　　B. 危机干预　　C. 社会救助　　D. 经济援助

9. 为吸毒人员提供戒毒所，为患有精神疾病的患者提供精神病医院、疗养院，为流浪乞讨人员提供社会救助站等属于介入行动中的（　　）。

A. 危机干预　　B. 经济救助　　C. 社会援助　　D. 安置服务

10. 下列关于社会工作服务目标叙述正确的一项是（　　）。

A. 目标是指服务总体要达到的结果，是工作的大方向，是可以测量的

B. 目标是对服务对象要达到的境界的整体描述

C. 目标是现实可行的，是一个个具体的工作指标，并且是可以测量的

D. 目标是由实现一个个目的而最终达到的状态

11. 社会工作者老王和服务对象小李在制订服务计划阶段，对若干可能的目标，按照1~10的变量给每个待定目标打分。这样做的目的是（　　）。

A. 筛选出服务对象最希望和最迫切的改变目标

B. 定义目标

C. 实施目标

D. 帮助服务对象达成目标

12. “如果按照现在你选择的目标去做，你觉得对你会有什么影响？有哪些因素能够帮助你实现这个目标？有没有什么障碍？”社会工作者老李对小明说这番话的目的是（　　）。

A. 明确服务目标

B. 确定目标的可操作性与现实性

C. 向服务对象解释设定目标的目的

D. 帮助小明思考目标的可行性和可能的利弊

二、多项选择题

13. 目标陈述要放在介入工作期望建立的积极正面的态度和行为上，例如（　　），而不是将消除负面态度和行为作为目标进行陈述。

A. 减少对同桌的攻击行为

B. 多对孩子表达赞美、肯定

C. 不再对妻子实施暴力

D. 主动与同学交往

E. 消除压迫和歧视

14. 小刚因网瘾不能集中精力学习，高三的他为自己的前途担忧，于是自己前来求助社会工作者。社会工作者娟娟了解情况后与小刚一起讨论制订服务计划。这体现了制订服务计划的（　　）原则。

A. 要有服务对象的参与

B. 尊重服务对象意愿

C. 详细具体

D. 符合服务目标

E. 经济效益

15. 在与服务对象设定服务目标的过程中，需要做的工作包括（　　）。

A. 确定服务对象的需要和问题

B. 共同选择适当的目标

C. 向机构请示目标的可行性

D. 与服务对象讨论目标的可行性和可能的利弊

E. 设定可测量、具有操作性和现实性的目标

参考答案

一、单项选择题

1. D　考点：服务计划的构成

2. C　考点：制订服务计划的方法—设定目的和目标

3. A　考点：服务计划的构成

4. D　考点：制订服务计划的方法—设定目的和目标

5. C　考点：制订服务计划的方法—目标陈述要明白易懂，重在促进服务对象的成长

6. C　考点：制订行动计划—选择介入行动

7. C　考点：制订行动计划—选择介入行动
8. B　考点：制订行动计划—选择介入行动
9. D　考点：制订行动计划—选择介入行动
10. C　考点：制订服务计划的方法—目标要可测量、具有操作性和现实性
11. A　考点：制订服务计划的方法—共同选择适当的目标
12. D　考点：制订服务计划的方法—与服务对象讨论目标的可行性和可能的利弊

二、多项选择题

13. BD　考点：制订服务计划的方法—目标陈述要明白易懂，重在促进服务对象的成长
14. AB　考点：制订服务计划的原则
15. ABDE　考点：制订服务计划的方法—设定目的和目标

第四节　介　入

考纲	重要考点		星级标记
介入的分类	介入的含义	是一个行动过程	★
	介入的分类	直接介入、间接介入、综合介入	★★★
选择介入行动的原则	自决	以人为本、服务对象自决	★★★
	个别化	针对服务对象系统的特殊性采取个别化的介入行动	★★★
	发展阶段和特点	考虑服务对象的发展阶段和他们的特点	★
	相互依赖	依靠服务对象，与其紧密配合，双方合力参与介入行动	★
	瞄准目标	介入行动应围绕着介入目标进行，与服务目标契合	★
	经济效益	以最小的成本投入获得最有效的改变结果	★

习题精练

一、单项选择题

1. 社区工作者小陈在走访拆迁安置小区时，发现居民获得大量拆迁安置款后安于享乐，不思进取，有的家庭因此关系紧张。小陈开办了劳动教育价值观小组，和居民委员会合作，对居民开展财产规划培训，还对小区居民开展了家风家教宣传教育。小陈运用了社

区工作介入的哪种方式？（　　）（2023）

A. 直接介入　　B. 间接介入　　C. 综合介入　　D. 系统介入

2. 社会工作者小王正在开展一个震后伤残学生家长减压互助小组，督导要求她对小组过程的每一环节分别作出评估。为此，小王应向督导提供有关服务过程中的（　　）信息。

A. 服务网络　　B. 服务结果

C. 介入对象　　D. 介入行动

3. 间接介入是指以个人、家庭、小组、组织和社区甚至更大的社会系统为关注对象，由社会工作者代表服务对象采取行动，通过介入服务对象以外的其他系统间接帮助服务对象。以下属于间接介入的是（　　）。

A. 帮助服务对象进行认知重构　　B. 开展主题小组服务

C. 探访服务对象家庭或机构，请求配合　　D. 游戏治疗

4. 在社会工作的通用过程模式中介入的主要任务是（　　）。

A. 制订行动计划　　B. 实施行动计划

C. 完善行动计划　　D. 评估行动计划

5. 社会工作者为恢复和加强服务对象整体社会功能而有计划、有目的地行动，被称为社会工作的（　　）。

A. 制订计划　　B. 介入　　C. 预估　　D. 评估

6. 从“人与环境”互动的视角出发，将社会工作介入焦点放在增强个人的生活适应能力及增加社会和物理环境对个人需要的回应，属于社会工作介入中的（　　）。

A. 直接介入　　B. 间接介入　　C. 长期介入　　D. 综合介入

7. 选择介入行动要从服务对象的需要和利益出发，并且在决定介入行动时要有服务对象的参与。这体现了选择介入行动的（　　）原则。

A. 以人为本，服务对象自决　　B. 个别化

C. 考虑服务对象的发展阶段和他们的特点　　D. 经济效益

8. 针对农村年幼留守儿童，最需要提供的是生活照顾，满足他们营养和健康的需要，发展与人相处的社会能力，以及接受学前教育等，建立一些农村幼儿园，由受过专业训练的幼儿园老师和社会工作者来为他们提供服务。这体现了选择介入行动的（　　）原则。

A. 个别化　　B. 以人为本、服务对象自决

C. 考虑服务对象的发展阶段和他们的特点　　D. 瞄准目标

9. 针对单亲家庭中出现问题的少年，对其介入中如果从家庭的角度进行介入可能比单纯从个人角度进行介入的效果更好。这体现了社会工作介入行动中的（　　）原则。

A. 个别化　　B. 服务目标聚焦

C. 经济效益　　D. 与服务对象相互信赖

10. 上小学三年级的小强，半年前跟随打工的父母来到某城市就读，虽然很努力，但因基础薄弱、父母支持少，考试常常不及格。对此社会工作者可以采取直接介入的策略是（　　）。

A. 定期上门辅导小强

B. 加强小强与同学的学习交流

C. 改进小强与父母的沟通方式

D. 提高父母指导小强学习的能力

二、多项选择题

11. 以下体现介入行动个别化原则的做法是（　　）。

A. 用“三国杀”游戏为爱好桌游的小柯进行社交连接

B. 为患脑部疾病的波波联系医院、申请医疗救助

C. 用唱京剧的方式为丧偶的张大妈做哀伤辅导

D. 组织社区居民跳广场舞

E. 为流浪儿童提供安置服务

12. 综合介入从“人与环境”互动的视角出发，将介入焦点放在(　　)。

A. 辅导个人以解决心理困扰

B. 增强个人的生活适应能力

C. 增加社会和物理环境对个人需要的回应

D. 依赖物理环境

E. 运用小组动力

13. 社会工作者组织退休教师志愿服务小组，开展了一系列的活动，为单亲家庭孩子服务，辅导功课、做他们的人生导师、共同设计社区公益活动、组织单亲家庭聚会。社会工作者的介入行动体现了(　　)原则。

A. 个别化　　B. 服务目标聚焦

C. 经济效益优先　　D. 与服务对象相互信赖

E. 关注服务对象的发展阶段和特点

14. 帮助服务对象，可以有很多不同的介入点，不同的介入点要解决的问题和满足的需要是不同的，要根据服务对象的具体问题和需要来决定，因此社会工作的介入有(　　)类型。

A. 直接介入　　B. 间接介入　　C. 综合介入

D. 临时介入　　E. 长期介入

15. 在青少年服务中，以下属于间接介入关注对象的是（　　）。

A. 同辈小群体　　B. 服务对象家庭

C. 服务对象所在学校　　D. 服务对象所在社区

E. 服务对象个人

参考答案

一、单项选择题

1. C　考点：介入的分类—综合介入

2. D　考点：选择介入行动的原则

3. C　考点：介入的分类

4. B　考点：什么是介入

5. B　考点：什么是介入

6. D　考点：介入的分类—综合介入

7. A　考点：选择介入行动的原则

8. C　考点：选择介入行动的原则
9. C　考点：选择介入行动的原则
10. A　考点：介入的分类—直接介入

二、多项选择题

11. ABC　考点：选择介入行动的原则—介入行动个别化原则
12. BC　考点：介入的分类—综合介入
13. ABDE　考点：选择介入行动的原则
14. ABC　考点：介入的分类
15. ABCD　考点：介入的分类—间接介入

第五节　评　估

考纲	重要考点		星级标记
评估的目的	评估解读	评估的含义	★
	评估目的	4个目的	★
	评估类型	过程评估、结果评估	★★
评估的方法	资料收集	3种方法	★★
	基线测量	理解基线测量、知道应用范围、掌握操作程序	★★★
	影响评估	服务对象满意度测量；差别影响评分	★★
	任务测量	运用5个等级尺度来测量任务的完成情况	★★
	目标测量	目标核对表；个人目标尺度测量	★★
评估应注意的事项	自我评估	注重社会工作者的自我评估与反思：价值观、方法与技巧的反思	★
	服务对象参与	调动服务对象的积极性，让他们积极参与评估过程	★★
	资料保密	评估的方法要与社会工作的价值相吻合，并注意保密	★★
	切合实际	评估时要从实际情况出发（详读案例）	★

习题精练

一、单项选择题

1. 社会工作者小陈完成一项大型社区活动，他计划通过问卷调查对该活动进行评估。下列问题中，属于结构性问题的是（　　）。（2023）

A. 本次活动对您的帮助有哪些？　　B. 本次活动给您留下了哪些印象？

C. 您在本次活动中收获了什么？　　D. 您对本次活动的形式是否满意？

2. 社会工作者小李通过一节课的观察，记录了君君 27 次干扰同学、不听讲的行为。经过一个月的行为干预，再次观察记录，君君只有 5 次干扰同学的行为。这里小李运用了（　　）的评估方法。

A. 服务对象满意度测量　　B. 目标核对

C. 任务完成测量　　D. 基线测量

3. 过程评估关心的重点是工作中的各种步骤和程序怎样促成了最终的介入结果，包括评估（　　）。

A. 服务对象的成长　　B. 目标实现的程度

C. 任务完成指标　　D. 运用了什么样的方法和技巧

4.（　　）是积累实践知识和经验的有效方法，是发展本土社会工作理论和方法的唯一有效途径。

A. 进行社会工作研究　　B. 开展社会工作服务

C. 总结工作经验　　D. 检验社会工作的有效性

5. 在社会工作过程的最终阶段作出的评估，包括目标结果和理想结果两个部分，此类评估方法属于（　　）。

A. 过程评估　　B. 结果评估

C. 手段评估　　D. 目标评估

6. 以下关于社会工作评估的说法错误的一项是（　　）。

A. 要有服务对象参与

B. 主要是机构和社会工作者在做，不需要服务对象的参与

C. 包括过程评估和结果评估

D. 目的之一是验证社会工作方法的有效性

7.（　　）是指在介入开始时对服务对象的状况进行测量，建立一个基线作为对介入行动效果进行衡量的标准基线，以评估介入前后的变化，以此判断介入目标实现的程度。

A. 预估　　B. 基线测量

C. 数据测量　　D. 任务测量

8. 在社会工作评估过程中，对服务效果最有发言权的人是（　　）。

A. 服务对象　　B. 社会工作者

C. 机构工作人员　　D. 机构督导

9. 以下论述中，不属于收集评估资料的方法的是（　　）。

A. 利用档案记录进行评估

B. 收集服务对象对介入过程和结果的看法与意见

C. 观察社会工作机构的变化

D. 使用调查方法，收集介入效果的数据和事实资料

10. (　　)是指运用科学的研究方法和技术系统地评价社会工作的介入结果、总结整个介入过程、考察社会工作的介入是否有效、是否达到了预期目的与目标的过程。

A. 社会工作计划　　B. 社会工作评估

C. 社会工作预估　　D. 社会工作目标

11. 黄静对张女士的个案服务进入了评估的环节，(　　)是关于过程评估的工作。

A. 比较服务对象接受服务前后的变化

B. 让服务对象填写服务满意度量表

C. 对比工作前期与后期的工作记录，通过回顾工作过程反思自己的专业表现及专业方法的有效性

D. 让服务对象谈感受

12. 张力运用小组工作方法帮助初中学生提升自我效能感，结束了 8 节小组服务活动后，进入评估环节。下列属于过程评估的是(　　)。

A. 分析自我效能感量表的前后测

B. 收集“成果树”与“希望树”资料进行对比

C. 通过过程记录反思工作人员带领技巧

D. 测量组员对服务的满意度

二、多项选择题

13. 某全国性社会工作行业协会将党史学习教育和专业服务相结合，组织部分高校社会工作专业师生暑期到西部地区参与乡村振兴工作，他们策划并实施了村民社区参与能力提升项目，项目开始前，研究生小余对参与项目的村民做了“参与态度和参与技能”的测量，项目结束时再次对上述相关指标做了测量。小余评估项目成效采用的方法有(　　)。(2022)

A. 过程评估　　B. 结果评估

C. 基线测量　　D. 绩效评估

E. 介入期测量

14. 王女士觉得自己性格比较急躁，孩子不听话时，说不上几句就发脾气，导致她与孩子关系紧张。抱着改正自己爱发脾气的毛病和与孩子改善关系的期望，王女士来到社会工作服务机构寻求帮助。社会工作者小张接案后，为了清楚地知道王女士接受服务后的改变状况和服务效果，需要建立服务基线，其正确的做法包括(　　)。

A. 分析服务前后王女士的情绪变化

B. 与王女士一起选择情绪变化量表

C. 评估服务结束后王女士的情绪状况

D. 与王女士一起确定情绪管理的目标

E. 指导王女士记录介入后某一天发脾气次数

15. 社会工作评估的类型包括(　　)。

A. 过程评估　　B. 结果评估　　C. 目标评估

D. 理想评估　　E. 任务评估

16. 要做好评估，需要采用适当的和切合实际的方法，才能收到促进社会工作服务的效果。因此，在评估中要特别注意的事项有(　　)。

A. 注重社会工作者的自我评估与反思

B. 调动服务对象的积极性，让他们积极参与评估过程

C. 评估的方法要与社会工作的价值相吻合，并注意保密

D. 要切合实际需要

E. 注重机构意见

参考答案

一、单项选择题

1. D　考点：问卷的问题结构
2. D　考点：评估的方法—基线测量评估
3. D　考点：评估的类型—过程评估
4. A　考点：评估的目的
5. B　考点：评估的类型—结果评估
6. B　考点：评估的目的
7. B　考点：基线测量评估—什么是基线测量
8. A　考点：评估的方法—收集评估资料的途径—使用调查方法收集介入效果的数据和事实资料
9. C　考点：评估的方法—收集评估资料的途径
10. B　考点：评估的含义
11. C　考点：评估的类型—过程评估
12. C　考点：评估的类型—过程评估

二、多项选择题

13. BC　考点：评估的方法
14. BDE　考点：评估方法—基线测量评估
15. AB　考点：评估的类型
16. ABCD　考点：评估应注意的事项

第六节 结 案

考纲	重要考点		星级标记
结案任务	理解结案	注意：结案是一个过程	★
	结案任务	结案的 4 项任务	★★★
结案时服务对象的反应及处理方法	结案类型	结案的 4 种类型	★
	正面反应	肯定并加强正面反应	★
	负面反应	7 种情绪、5 种处理方法	★★★

习题精练

一、单项选择题

1. 为回应高新科技园区青年的交友需求，社会工作者小马开展了系列专业服务，推动他们建立了交友微信群，定期开展交流活动。结案时，小马又积极推动这些青年成立了各种兴趣活动社群，继续促进其交流互动。小马这种做法的目的是（　　）。(2023)

A. 回顾服务对象的问题与需求　　B. 总结服务对象的改变成效

C. 鼓励服务对象独立解决问题　　D. 强化服务对象已有的改变

2. 在一次督导会上，社会工作者小李和小刘对是否需要继续为外来务工青年大明提供服务产生了分歧。小李认为大明已经返回原籍，个案就结案了。小刘则建议联络大明户籍所在地的社会工作服务机构，由他们继续为大明提供服务，以巩固大明改变的信心和成果。小刘上述建议依据的是对结案阶段（　　）的要求。(2020)

A. 转介服务　　B. 跟进服务　　C. 时机选择　　D. 情绪处理

3. 小明在家上网课时，面对电脑时注意力不集中，学习效果不理想。小明父母向社会工作者小黄求助。小黄与小明建立了微信联系，采用行为治疗方法帮助小明解决困扰。经过多次线上视频会谈，小明学习注意力不集中的问题有了明显改善，服务进入结案阶段。为了强化小明已有的转变成效，下列社会工作者的做法中，最适宜的是（　　）。(2020)

A. 协助小明分析害怕上学的原因　　B. 帮助小明处理结案时的离别情绪

C. 帮助小明回顾会谈过程中的成长　　D. 鼓励小明把会谈学到的知识用于生活中

4. 以下对结案的理解错误的是（　　）。

A. 结案是一种事先计划好的行动

B. 结案意味着服务对象已有能力自己应付和解决问题

C. 结案是一个过程

D. 结案之后社会工作者仍然可以和服务对象保持密切的关系

5. 在社会工作者老李对网瘾少年小明进行个案辅导一个月后，小明感觉自己可以戒掉网瘾，自己可以控制自己了，就主动要求终止与老李的工作关系。此时社会工作进入到（　　）阶段。

A. 评估　　B. 计划　　C. 结案　　D. 研究

6. 结案时社会工作者要通过指明和强调服务对象自己取得的成绩来努力增进他们的自信，工作重点是让服务对象认识到他们自己所拥有的力量、他们在问题解决的过程中所发挥的作用。这种做法是（　　）。

A. 回顾工作过程　　B. 强化服务对象已有的改变

C. 结果评估　　D. 链接资源

7. 在网络成瘾青少年小组的最后一期，社会工作者通过视频，和组员一起回顾整个小组活动过程，让小组成员回顾他们曾经的问题，以及解决这些问题所采取的行动和步骤。上述做法是（　　）。

A. 给服务对象提供积极支持　　B. 回顾工作过程

C. 识别服务对象的积极因素　　D. 解除专业关系

8. 以下关于解除专业关系的说法错误的一项是（　　）。

A. 结案并不是说社会工作者绝对不再与服务对象接触，而是不再提供服务

B. 如果服务对象还需要其他服务，社会工作者应给予转介

C. 结案后社会工作者就不能再与服务对象接触与见面

D. 如果需要转介，转介服务对象时，社会工作者需要与其他机构建立互联网络，了解转介条件，为服务对象做准备，妥善结案

9. 经过评估以后，社会工作者和服务对象双方都认为问题已经基本解决、目标已经基本实现时，根据协议，社会工作者提议结案，服务对象也接受，由此就进入结案阶段。这种结案属于（　　）。

A. 社会工作者或服务对象身份发生变化时的结案

B. 存在不能实现目标的客观和实际原因的结案

C. 因服务对象不愿继续接受服务而必须终止专业关系的结案

D. 目标达成的结案

10. 小李是一名在北京工作的社会工作者，由于要辞职回家乡，需要与正在服务的服务对象结束工作关系。这种结案属于（　　）。

A. 社会工作者或服务对象身份发生变化时的结案

B. 存在不能实现目标的客观和实际原因的结案

C. 因服务对象不愿继续接受服务而必须终止专业关系的结案

D. 目标达成的结案

11. 结案意味着不再有社会工作者的陪伴，因此，终止专业关系可能给服务对象带来“分离焦虑”，例如，表现出避免讨论关于结案的话题，不准时参加与社会工作者会谈的（　　）负面反应。

A. 依赖　　B. 倒退　　C. 忧郁　　D. 否定

二、多项选择题

12. 当几位受暴妇女得知她们即将离开妇女庇护中心时，出现了担心、焦虑等情绪和

负面反应。为此，社会工作者小梅在接下来的服务中，带领她们回顾总结了在中心度过的日子，告知她们服务已完成，并与她们讨论各自未来的生活计划，表示有困难时会协助她们。小梅上述工作运用了社会工作者在结案阶段常用的方法，包括（　　）。（2019）

A. 回顾工作过程
B. 延长服务时间
C. 征得服务对象同意
D. 稳定服务对象情绪
E. 让服务对象做结案准备

13. 李奶奶的几个子女互相推脱赡养责任，在社会工作者小李的调解下，李奶奶的家庭赡养问题得到了解决。社会工作者准备结案时，李奶奶表现出对未来生活的忧虑，担心小李不再来看她，会谈时心不在焉，认为自己的问题还未得到解决，小李不该结束工作关系。这时李奶奶的表现反映了结案时服务对象常常会出现的反应，其中包括（　　）。

A. 倒退　B. 依赖　C. 否认　D. 抱怨　E. 愤怒

14. 学校社会工作者黄亮与浩浩一起工作了两个月，浩浩最初的焦虑状态已经得到了很大改善，但是一听说准备结案，浩浩突然又焦虑不安。这时黄亮可采取的工作方法有（　　）。

A. 继续陪伴一段时间，待服务对象稳定后再结案
B. 帮助疏导情绪、减少或消除焦虑
C. 通过减少接触次数让服务对象慢慢适应
D. 转介到其他机构
E. 教育服务对象要坚强

参考答案

一、单项选择题

1. D　考点：结案阶段巩固服务对象已有的改变
2. B　考点：结案后的跟进服务
3. C　考点：结案阶段巩固服务对象已有的改变
4. D　考点：结案的含义
5. C　考点：结案的含义
6. B　考点：结案阶段巩固服务对象已有的改变
7. B　考点：结案阶段的主要任务——回顾工作过程
8. C　考点：结案阶段的主要任务——解除专业工作关系
9. D　考点：结案的类型—目标实现的结案
10. A　考点：结案的类型—社会工作者或服务对象身份发生变化时的结案
11. D　考点：结案时服务对象的负面反应

二、多项选择题

12. AE　考点：结案时服务对象的反应及处理方法
13. BCD　考点：结案时服务对象的负面反应
14. BC　考点：结案时服务对象的反应及处理方法

第二章
儿童社会工作

【本章复习提示】

本章主要介绍儿童社会工作，需要掌握的知识点包括四个方面的内容：一是对儿童的了解，包括儿童的社会性及发展性特点，儿童的生存、发展、受保护及社会化等需要以及相关的问题；二是要理解儿童社会工作的概念，包括儿童社会工作的要素、类型、特点及工作原则；三是儿童社会工作的主要内容，包括促进儿童健康成长、补充改善家庭监护状况、救助保护儿童以及儿童社会工作的整体流程；四是儿童社会工作方法，包括以家庭为中心的方法、儿童友好社区建设倡导的方法。

摸底自测

一、单项选择题

1. 社会工作者小张在走访本村留守儿童时发现，留守儿童的辍学、营养不良等问题有了很大改善，但在学业辅导方面仍然有比较突出的需求。上述发现说明该村留守儿童目前面临的主要是（　　）问题。（2023）

A. 儿童生存　　B. 儿童发展　　C. 儿童保护　　D. 儿童参与

2. 五年级男孩丁丁的父亲两年前病逝，母亲无法承受打击，一直情绪低落，无心照顾丁丁。丁丁性格内向，学习能力较弱，还经常不去上学，社会工作者接案后，对丁丁进行需求评估。下列属于丁丁发展性需要的是（　　）。（2022）

A. 得到经济方面的帮助　　B. 获得基本的生活照料

C. 与同伴相互交流沟通　　D. 获得良好的家庭生活

3. 社会工作者小王发现社区内有一些准妈妈被即将面临的新生儿养育问题所困扰，为帮助她们学习育儿知识和技巧，小王组织了“新手妈妈训练营”。根据儿童社会工作服务的分类，上述服务属于（　　）。（2022）

A. 支持性儿童福利服务　　B. 补充性儿童福利服务

C. 替代性儿童福利服务　　D. 儿童保护服务

4. 儿童社会工作者需要掌握有关儿童发展的理论知识，在婴幼儿身体快速生长和发育过程中，他们先学会抬头，后学会抬胸、坐立和行走，这一过程体现了儿童成长发展的（　　）特点。（2021）

A. 快速性　　B. 阶段性　　C. 顺序性　　D. 差异性

5. 某社会工作服务机构在社区招募中小学生夏令营营员。租住在本社区的外来务工人员老张觉得这是一个让孩子增长见识、提升能力的好机会，想给儿子乐乐报名，但他又担心儿子不是本地户籍，可能没有资格参加，在报名处徘徊犹豫。社会工作者小杜主动向老张询问了解情况，并协助老张完成报名流程，使乐乐成为夏令营营员。小杜的做法体现了儿童社会工作中的（　　）原则。（2020）

A. 平等参与　　B. 家庭系统　　C. 最小伤害　　D. 儿童优先

6. 某社会工作机构了解到当地小学下午放学较早，许多学生家长因工作原因无法照看孩子，于是，该机构与社区居委会合作开办了“四点半课堂”，开展学生临时托管、课后学习辅导等服务。该机构的上述工作属于（　　）儿童福利服务。（2019）

A. 支持性　　B. 保护性　　C. 补充性　　D. 替代性

7. 社会工作者小谢在某村开展精准扶贫时发现一户需要帮助的家庭，这家的父母一年前意外离世，留下三个孩子，老大已成年在外务工，老二和老三在镇上读初中，家庭经济困难。老二和老三在小谢的协助下递交了孤儿资格条件认定的申请并获得通过，按时领到了生活费。小谢的上述服务属于（　　）。（2019）

A. 链接政策资源　　B. 提供家庭支持

C. 改善家庭监护　　D. 开展家庭寄养

8. 社会工作者老蒋在外展工作中发现了一名 13 岁男孩，男孩瘦小的身上留有许多新旧伤痕，经询问后得知，男孩常因吃饭慢、衣服脏、事情做不好而遭到母亲打骂。老蒋进一步调查评估后，初步判断男孩可能遭受了家庭暴力。为此，他首先应当（　　）。(2019)

A. 向公安机关报案
B. 为男孩寻求法律援助
C. 对母亲进行法制教育
D. 将男孩安置到儿童福利机构

9. 有些农村留守儿童在与父母长期分离的生活状态中，由于缺失亲情关爱和家庭教育，容易出现情绪和心理健康问题，也容易遭受意外伤害和不法侵害。上述现象反映出这些留守儿童存在（　　）问题。

A. 生存保障　B. 生活困难　C. 家庭监护　D. 辍学

10. 某县公安局接到当地学校老师报案，称该校 7 岁女生小花疑似被母亲刘某虐待，伤情严重。公安局调查后得知小花系刘某的非婚生女儿，刘某无稳定工作，家庭经济困难，生活压力大，常以各种借口打骂小花。经当地司法鉴定中心鉴定，小花的伤情为轻微伤。公安局将此案转介给了县民政局，县民政局请社会工作者小王跟进此案，小王首先应当采取的措施是（　　）。

A. 帮助刘某纠正错误的教养理念和行为
B. 发动网络募捐，为小花筹集医疗和生活费用
C. 联系儿童福利机构，为小花提供临时照料服务
D. 协助刘某参加职业技能培训，改善家庭经济状况

11. 小红 8 岁时，其父母因吸毒被送入强制隔离戒毒所，因无其他法定监护人，小红被送到儿童福利机构照管。近期，小红妈妈即将被解除强制隔离戒毒。为判断小红能否在妈妈出所后回家生活，社会工作者应对（　　）进行评估。

A. 小红的健康状况
B. 小红妈妈的监护能力
C. 小红的学习状况
D. 小红爸爸的戒毒效果

12. 社会工作者在调查中发现，一些家长认为孩子的教育支出是家庭的负担，投入高但回报少，还认为读不读书无所谓。在这种观念下，这些家长认为教育是学校的事情，自己供孩子上学已经是尽职尽责了，对孩子的学习放任不管。针对家长的上述观念和行为，社会工作者应为他们提供（　　）服务。

A. 亲职教育
B. 亲子关系辅导
C. 课后托管
D. 儿童问题辅导

二、多项选择题

13. 社会工作者小刘拟采用“以家庭为中心”的方法开展社区儿童服务。小刘对该方法的理解中，正确的有（　　）。(2023)

A. 并不是所有家庭都需要社区支持
B. 此方法中的家庭是指儿童的原生家庭
C. 所有家庭都需要与他人和社会资源有切实联系
D. 社区共建是儿童安全和建立良好家庭关系的基本保障
E. 为家庭提供个性化的支持服务有助于提升家庭改变的能力

14. 六年级女生小灿的父亲因意外失去了劳动能力，全家靠母亲外出工作艰难维持生活，母亲压力巨大，遇到不顺心的事，常常打骂小灿。小灿一年前被诊断为抑郁症，休学在家，终日与手机为伴，但母亲却限制她玩手机，频繁与她发生冲突。社会工作者组建了家庭工作

团队为小灿开展服务，在开展家庭团队工作环节需要完成的主要工作有（　　）。(2022)

A. 挖掘小灿家的亲戚资源　　B. 为小灿提供替代性福利服务

C. 挖掘小灿所在社区资源　　D. 界定小灿家庭风险类型和程度

E. 安排小灿入院接受治疗

15. 新修订的《中华人民共和国未成年人保护法》颁布实施后，各地积极行动。陆续建立了未成年人保护服务体系。某地未成年人保护中心计划采用“风险预防、发现报告、康复回归”的服务流程开展儿童保护服务。根据该服务流程，儿童社会工作者需要开展的工作内容包括（　　）。(2021)

A. 根据儿童的受侵害程度和父母的监护能力完成监护处置

B. 争取政策支持，建立跨部门的未成年人保护协调工作机制

C. 为进入国家替代照顾服务体系中的受侵害儿童寻找寄养服务

D. 依托公益慈善服务机构对辖区内有儿童侵害风险的家庭进行评估

E. 对照政策界定的服务对象，定期发放儿童津贴，提供基础福利服务

16. 某社会工作服务机构承接了政府委托的留守儿童关爱服务项目。社会工作者小李计划采用以家庭为中心的方法开展服务，她首先在社区开展家庭监护能力的评估，筛选风险家庭。小李应采用的评估指标有（　　）。(2021)

A. 父母的情感传递能力

B. 父母给予孩子安全保障的能力

C. 父母对社区资源的知晓情况

D. 父母培养孩子解决社交问题的能力

E. 父母为孩子提供持续一贯的情感关注的能力

参考答案

一、单项选择题

1. B　考点：儿童面临的问题
2. D　考点：儿童发展的需要
3. A　考点：支持性儿童福利服务
4. C　考点：儿童的特点—成长发展的特点
5. A　考点：儿童社会工作实务的原则
6. C　考点：补充性儿童福利服务
7. A　考点：补充性儿童福利服务
8. A　考点：儿童保护服务
9. C　考点：儿童面临的问题—家庭监护的问题
10. C　考点：儿童保护服务
11. B　考点：儿童社会工作的特点—聚焦亲职能力建设，突出家庭监护服务
12. A　考点：儿童社会工作的特点—聚焦亲职能力建设，突出家庭监护服务

二、多项选择题

13. CDE　考点：以家庭为中心的方法的定义及要素
14. ACD　考点：以家庭为中心的方法—组建家庭工作团队
15. ACDE　考点：儿童社会工作服务的内容与整体流程
16. ABDE　考点：家庭监护能力的监测和评估

第一节　儿童的特点和需要

考纲	重要考点		星级标记
儿童特点	社会属性	3个基础	★
	成长发展	6个特点	★★
儿童需要	生存需要	生命存在的需要、社会存在的需要	★★★
	发展需要	家庭生活、教育的机会、休闲和娱乐	★★★
	受保护需要	儿童虐待、儿童忽视、儿童剥削	★★★
	社会化需要	生活技能、自我观念发展、生活习惯、道德品质	★★★
儿童面临的问题	生存问题	新生儿健康问题、儿童营养问题	★★
	发展问题	身处困境的问题、辍学问题	★★
	保护问题	被遗弃、被体罚虐待、被性侵、被忽视、被拐卖、家庭监护	★★★
儿童社会工作定义及类型	定义要素	6个定义要素	★★
	支持性服务	个别化咨询辅导、休闲娱乐服务、准妈妈咨询、户籍登记等	★★
	补充性服务	提供经济补助；提供托育服务；提供健康育儿资讯和技能培训服务	★★
	替代性服务	家庭收养、家庭寄养和机构养育或教养等服务	★★
	保护性服务	为遭受到人为伤害儿童及其家庭提供伤害预防和伤害应对服务	★★★
儿童社会工作特点	特点	价值、知识、聚焦、路径4个角度	★★
	原则	优先、利益最大化、最小伤害、平等参与、生态系统、依法保护	★★★

习题精练

一、单项选择题

1. 3岁的贝贝，父母意外双亡，又无其他合法监护人照顾，被送到当地儿童福利院，福利院的社会工作者为其适配了寄养家庭提供照料。上述服务属于儿童社会工作中的（　　）。（2023）

A. 支持性儿童福利服务　　B. 补充性儿童福利服务

C. 替代性儿童福利服务　　D. 协调性儿童福利服务

2. 某村社会工作者小张对本村留守儿童摸排后发现，留守儿童课后娱乐方式单一，沉迷手机游戏的情况很普遍。为改善这一现状，小张在本村儿童之家举办“凤凰花助飞成长营”，为留守儿童提供适宜的文学读物，定期开设科学探索课堂，激发他们的求知欲和探索精神。小张上述服务满足了留守儿童的（　　）需要。（2022）

A. 生存　　B. 受保护　　C. 发展　　D. 社会化

3. 某地检察院就一起儿童保护案件召开审查逮捕听证会，听取各方意见。社会工作者小蓝被邀请参加。该案件的主要事实是一名小学五年级的男同学因考试成绩不理想而被母亲体罚造成轻伤。听证会上，有人提出，案件中母亲对儿童造成了伤害，性质恶劣，应依法逮捕。小蓝则认为案件中母亲有明显悔改表现，且儿童处于身心发展的关键时期，家庭对其成长意义重大，应对其家庭提供支持服务，而不应简单地将其逮捕。小蓝的观点体现了儿童社会工作实务的（　　）原则。（2021）

A. 儿童优先　　B. 儿童利益最大

C. 生态系统　　D. 儿童平等参与

4. “健康中国”战略强调对人民健康进行全方位全生命周期呵护。身高是学龄前儿童生长发育的重要指标之一。有些家长因为孩子身高暂时未达标，就四处打听增高方法，购买增高用品。社会工作者针对这一情况在社区中开展儿童健康知识讲座，让家长知道儿童成长发育有早有晚。上述知识说明了儿童生长发育具有（　　）。（2020）

A. 顺序性　　B. 个体差异性

C. 不均衡性　　D. 分化与互补性

5. 社会工作者小燕在社区开展“0~3岁婴幼儿父母亲职教育”服务项目，在对朵朵家进行家访时，9个月大的朵朵见到小燕就大哭。朵朵妈妈告诉小燕，朵朵面对生人或进入陌生的环境就会哭闹。小燕从积极人格培养的角度，建议朵朵妈妈对朵朵进行信任人格的培养。下列小燕给朵朵妈妈的建议中最适宜的是（　　）。（2020）

A. 让她想跟谁玩就跟谁玩　　B. 尽可能多带她到陌生的地方

C. 尽可能多留出时间陪伴她　　D. 尽可能多带她到人多的地方

6. 小李发现邻居小张经常打骂女儿，于是向社会工作者小邓反映，希望小邓进行干预。小张认为打骂孩子是自己的家事，不用外人管。小邓告诉小张，不能用打骂的方式管教孩子，如果管教不当造成严重伤害将承担相应的法律责任。小邓上述说法依据的基本价值理念是（　　）。

A. 家长对儿童具有权威性　　B. 儿童权利的保护和实现

C. 保障家庭利益的最大化　　　　D. 儿童教育发展的最优化

7. 儿童有受保护的需要，也被称为儿童的免遭伤害需要，是指儿童在其成长过程中，需要在身心两方面得到安全保障，不受到任何人为的伤害。这些人为的伤害除了儿童虐待、儿童剥削外还包括(　　)。

A. 儿童的交通事故　　　　B. 儿童的疾病

C. 儿童的忽视　　　　D. 自然灾难

8. 一向品学兼优的小明近来学习成绩下降、沉默寡言，身上还常常青一块紫一块。社会工作者了解到，小明父亲遭遇失业、离婚后借酒浇愁，打骂小明，小明害怕回家再遭父亲打骂，向同学借了钱，查好了南下广州的列车时刻表。这时社会工作者应该(　　)。

A. 辅导小明提高与父亲沟通的技巧，降低被打的风险

B. 向小明的同学和邻居了解情况，对虐待事实进行确认

C. 与小明沟通，告诉他不要着急，以后会帮他处理这个问题

D. 缓解小明的焦虑，并联系儿童保护中心提供庇护

9. 社会工作者在对小学三年级学生小军开展的个案辅导中发现，小军手臂及面部有多处瘀青，并且步态不正常。此时社会工作者首先应该(　　)。

A. 向公安机关或儿童权益保护机构报告

B. 立即通知小军的监护人到场

C. 辨别小军是否有受到虐待的危险

D. 继续按计划进行个案辅导

二、多项选择题

10. 儿童在成长和发展中有不同层面的需要，下列表述属于社会化需要的有（　　）。

A. 身心安全保障的需要

B. 分清自我与非我关系的需要

C. 免遭虐待和忽视的需要

D. 获得足够休闲和娱乐的需要

E. 掌握吃饭穿衣语言表达等生活技能的需要

11. 社会工作者小张针对社区内外来务工人员较多且大多工作忙碌无暇照管孩子的情况，在居委会支持下开办了“四点半课堂”，为下午放学后的儿童提供托管服务。下列“四点半课堂”的活动安排中，具有社会工作专业元素的有（　　）。

A. 链接资源，策划相关学业的辅导活动

B. 帮助家长照管孩子

C. 为有需要的儿童举办素质教育活动

D. 督促儿童完成作业

E. 为家长提供家庭教育咨询辅导

12. 去年冬天，某地居民在垃圾箱内发现 5 具 10 岁左右的男童尸体。经警方初步调查，这 5 名离家出走的男童困在垃圾箱内生火取暖导致一氧化碳中毒死亡。对于这些儿童来说，他们未能获得满足的基本需要有(　　)。

A. 生存的需要　　　　B. 冒险的需要　　　　C. 被保护的需要

D. 游戏的需要　　　　E. 社会化的需要

参考答案

一、单项选择题

1. C　考点：儿童社会工作的类型
2. C　考点：儿童的发展需要
3. C　考点：儿童社会工作实务的原则
4. B　考点：儿童的特点—成长发展的特点
5. C　考点：儿童的需要
6. B　考点：儿童的需要—受保护的需要
7. C　考点：儿童的需要—受保护的需要
8. D　考点：儿童面临的问题—儿童保护的问题
9. C　考点：儿童面临的问题—儿童保护的问题

二、多项选择题

10. BE　考点：儿童的需要—社会化需要
11. ACE　考点：儿童社会工作的特点
12. AC　考点：儿童的需要

第二节　儿童社会工作的主要内容

考纲	重要考点		星级标记
促进儿童健康成长	传播理念和知识	母婴保健服务；婴儿早期喂养理念和实践；幼儿早教、科学育儿	★
	提供家庭支持服务	亲职辅导；婚姻辅导；家庭辅导；亲子关系辅导	★
	开展儿童支持服务	儿童问题辅导；儿童的娱乐和休闲；儿童的社会化引导	★
家庭监护状况	补充和改善经济状况	链接现有政策资源；就业援助	★★
	补充和改善家庭监护	亲职教育；四点半课堂	★★★

续表

考纲	重要考点		星级标记
救助和保护儿童	儿童收养服务	注意9个工作程序	★★★
	家庭寄养服务	注意7个服务环节	★★★
	机构类家庭养育服务	注意7个服务程序	★★★
	机构集体养育服务	机构安置 尽力营造家庭氛围	★
服务内容的整体流程	社区儿童福利和儿童保护预防	发展性服务、政策落实服务、社区儿童保护服务	★★★
	儿童保护发现报告和伤害评估	及时发现、及时报告、及时评估	
	失依儿童的替代照料和康复回归	聚焦康复回归	
	三合一	风险预防—发现报告—康复回归	

习题精练

一、单项选择题

1. 小明的父母长期在外务工，经常和小明视频通话。最近，夫妻俩发现小明对视频通话比较抗拒，不愿意和他们说话，他们很无奈，遂向社会工作者小何求助。针对上述情况，小何应为小明父母提供的服务是（ ）。（2023）

A. 亲职辅导　　B. 婚姻辅导　　C. 科学喂养　　D. 儿童寄养

2. 按照儿童收养服务的相关程序，社会工作者小陆为失依儿童乐乐提供收养服务，协助收养家庭在当地民政部门完成了登记，乐乐正式进入收养家庭生活。下一步小陆应提供的服务内容是（ ）。（2022）

A. 评估结案　　B. 跟踪回访　　C. 家庭培训　　D. 信息发布

3. 某社区内一些年轻父母与孩子存在亲子沟通问题。父母觉得孩子们的要求太多，太折腾，孩子们觉得父母不理解他们。针对这一状况，某社会工作服务机构利用双休日开设了亲子平行小组，帮助家庭增强亲子间的有效沟通和互动。上述儿童社会工作服务内容属于家庭支持服务中的（ ）。（2022）

A. 家庭辅导　　B. 婚姻辅导　　C. 儿童辅导　　D. 亲职辅导

4. 为了促进儿童健康成长，社会工作者不仅定期走访了解本社区婴幼儿家庭的环境安全问题，还联络妇幼保健院的医生为婴幼儿家庭提供母乳喂养、幼儿早教等科学知识讲座。社会工作者的上述工作属于儿童社会工作中的（ ）服务。（2020）

A. 提供儿童救助　　B. 促进儿童社会化
C. 提供家庭支持　　D. 促进儿童身心健康

5. 小张夫妇结婚多年未育，向儿童福利院提出收养儿童的申请。为审核其资格，社会工作者小郑负责对小张夫妇进行家庭评估。评估时，小郑需要完成的核心任务是了解小张夫妇（　　）。

A. 家庭育儿能力和条件　　B. 是否知晓收养儿童的手续
C. 希望收养多大年龄的儿童　　D. 是否知晓收养家庭的权利

6. 社会工作者小王在社区调查中发现，许多年轻家长在育儿方面有困惑，不知如何与孩子沟通，如何避免对孩子发脾气。针对这些问题，小王应该为这些家长提供的服务是（　　）。

A. 婚姻辅导　　B. 家庭辅导　　C. 儿童辅导　　D. 亲职辅导

7. 小学一年级学生小刚，因父母入狱，没有亲戚照顾，无人抚养。为解决小刚目前的问题，社会工作者正确的做法是（　　）。

A. 联系民政部门，帮助小刚寻找领养家庭
B. 招募社区志愿者做小刚的监护人
C. 联系有关部门，帮助小刚寻找寄养家庭
D. 劝小刚父母好好改造，争取减刑早日回来

8. （　　）指为根据家长需要提供的如何做好父母的指导和教育工作，一般可采用个别辅导、家长自助小组和亲子互动团体等方式进行。其目标是帮助父母提高亲职能力，做个好家长。

A. 亲职辅导　　B. 亲职教育
C. 母婴保健指导　　D. 幼儿早教指导

9. 开展儿童支持服务是促进儿童健康成长的一项内容，而儿童的社会化引导服务又是开展儿童支持服务的一项重要内容。以下选项中关于儿童的社会化引导服务的描述不正确的是（　　）。

A. 主要内容是自我认同、技能学习、团队精神和社会责任
B. 辅导方式要多以儿童为中心，以一对一的方式进行
C. 需要更多地聚焦社会边缘群体儿童，即困境儿童和困境家庭儿童
D. 儿童社会工作需要根据儿童的年龄，联合父母和教师，采用体验式的方法

10. 小丽和小刚结婚两年后生了一个儿子，但是小丽一直想要一个女儿，生完孩子后小丽有点轻度的产后抑郁，不愿意看到孩子，甚至有时会打骂孩子。小刚十分担忧和郁闷，寻求社会工作者的帮助。社会工作者介入后，除了要给小丽做心理疏导以外，还需要为这对夫妻提供（　　）服务。

A. 儿童健康成长理念和知识　　B. 儿童支持服务
C. 补充和改善家庭监护状况　　D. 家庭寄养服务

二、多项选择题

11. 某社会工作服务机构与社区儿童绘本图书馆合作，面向社区内的学龄前儿童和家长开展“图书漂流”活动，并在暑期组织“悦读悦成长”社区亲子阅读大赛。这些工作旨在丰富儿童的社会活动、提升儿童自我认知能力和改善亲子关系。该机构的上述

工作属于儿童支持服务中的（　　）。（2020）

A. 家庭辅导　　B. 社会化引导人　　C. 亲职教育

D. 娱乐和休闲　　E. 儿童问题辅导

12. 社会工作者小赵了解到，社区里有许多老人与子女同住，帮助抚养孙辈。这些老人们反映他们与子女在幼儿养育和管教上经常发生矛盾。针对这种情况，小赵计划为这些老人开设以“科学育儿”为主题的教育小组。下列教育内容中，与小组主题相符的有（　　）。

A. 儿童权利观　　B. 与儿童的沟通技巧

C. 儿童问题辅导技巧　　D. 亲子关系辅导技巧

E. 儿童生理、心理和社会发展知识

13. 孕产期保健对于婴儿出生及婴儿健康都具有重大影响，应该做好（　　）。

A. 严重遗传性疾病和碘缺乏病知识学习

B. 为孕妇产妇提供卫生、营养、心理等方面的咨询

C. 生活技能辅导

D. 产前定期检查

E. 性卫生知识咨询

参考答案

一、单项选择题

1. A　考点：提供家庭支持服务
2. B　考点：儿童收养服务包括的服务环节和程序
3. D　考点：提供家庭支持服务
4. D　考点：母婴保健的知识传播和服务
5. A　考点：儿童收养服务—收养人/收养家庭评估
6. D　考点：提供家庭支持服务—亲职辅导
7. C　考点：救助和保护儿童—家庭寄养服务
8. A　考点：提供家庭支持服务—亲职辅导
9. B　考点：开展儿童支持服务—儿童的社会化引导
10. A　考点：传播理念和知识—科学育儿

二、多项选择题

11. BD　考点：促进儿童健康成长—开展儿童支持服务
12. ABE　考点：促进儿童健康成长—传播理念和知识—科学育儿
13. ABD　考点：促进儿童健康成长—传播理念和知识

第三节　儿童社会工作的主要方法

考纲	重要考点		星级标记
以家庭为中心的实务方法	家庭监护评估	儿童成长需求、家庭监护能力、环境监测	★★★
	评估结果分析	安全、环境、健康（表格分析框架）	★★★
	组建家庭工作团队	包括父母、亲戚、邻里、朋友、医生、教师、药物滥用治疗师及适龄儿童	★★
	开展家庭团队工作	界定儿童伤害的家庭风险类型和程度；挖掘所有与家庭相关的社会支持网络；制订服务计划（注意事项、表格）	★★★
	评估服务效果	儿童安全成长、家庭环境持久稳定	★★★
	及时结案	当家庭工作团队评估显示儿童成长的环境安全、永久和可持续时，团队就可以考虑将工作推进到结案阶段	★★★
儿童友好社区建设倡导的方法	概念	指整体环境有利于儿童身心健康发展的社区	★
	标志	7 个标志	★★★
	目的	5 个目的	★★★
	内容	4 个方面	★★
	方法	媒体倡导、名人效应倡导、海报宣传倡导、讲座论坛倡导等常见倡导方法	★★

习题精练

一、单项选择题

1. 小蓉是小学四年级学生，每天上学要走两小时山路，最近上课时多次晕倒。社会工作者小王家访时发现，小蓉与爷爷奶奶一起生活，父亲外出打工，收入很不稳定，母亲离家出走，音讯全无；爷爷患重病，治疗花掉家中所有积蓄。小王拟采用以家庭为中心的方法为小蓉一家提供服务，依据该方法的实务原则，首先，应该采取的措施是（　　）。(2019)

A. 链接医疗资源，查明小蓉晕倒的原因

B. 组建家庭工作团队，拟订具体帮扶计划

C. 联系小蓉的父亲，建议他每周与小蓉通话

D. 向村委会报告，协助小蓉一家申请困难救助

2. 小芳曾经吸毒，戒毒后偶有复吸。一次，小芳在与社会工作者小林会谈中提到，为防止被抓，有时会带着儿子去买毒品以作掩护。针对此情况，遵循儿童社会工作原则，小林应该（　　）。

A. 申请剥夺小芳对儿子的监护权

B. 提议小芳将儿子长期寄养在亲戚家

C. 评估小芳行为对儿子的潜在风险，尽量避免母子分离

D. 关注小芳积极改变的一面，相信她不会伤害到自己的孩子

3. 小王育有4个子女，因家庭负担过重，上网联系了收养家庭，在收了对方5000元钱后将小女儿送了人。不久，小王被人举报，因涉嫌贩卖婴儿被捕，小王的妻子着急万分，将孩子反锁在家，到相关部门了解小王的情况。社会工作者小林得知小王家的事情后，联系了社区志愿者照顾小王的孩子们，并推荐小王的妻子参加妇联组织的母婴保健和儿童教育等培训，以提升小王家庭的照顾能力。小林上述服务遵循的原则是（　　）。

A. 保障儿童的安全和健康

B. 家庭寄养照顾最好长期提供

C. 对于儿童安置的决策应在符合家庭需求的前提下进行

D. 当家庭不能发挥功能时，社会工作者可以替家庭作决定

4. 某机构社会工作者小林在发展滞后山区实施“6~10岁儿童教育与发展项目”，在设计儿童成长需要评估表时，下列指标中应被纳入该评估表中的是（　　）。

A. 家庭安全保障能力

B. 家庭的社会历史情况

C. 父母的基本生活照顾能力

D. 儿童的身份认同状况

5. 因学习成绩差，小梦被转介给学校社会工作者。通过观察，社会工作者发现小梦模仿某相声演员惟妙惟肖，讲起笑话来也十分动人，发现了小梦个体气质中(　　)的保护因素。

A. 与同学为善

B. 社会能力

C. 幽默感

D. 自我效能感

6. 以家庭为中心的儿童服务是指（　　）的方法。

A. 以建立有效的沟通模式为目标

B. 以家庭和睦为目标

C. 以建立严格的家庭规则为目标

D. 以儿童获得最佳照顾和保护为目标

7. 儿童友好社区建设倡导方法是另一种儿童社会工作实务方法，以下选项中关于儿童友好社区理解不正确的是（　　）。

A. 儿童友好社区是指整体环境有利于儿童身心健康发展的社区

B. 儿童友好社区就是能满足儿童所有需求的社区

C. 儿童友好社区是将儿童置于其关怀中心的社区

D. 儿童友好社区是儿童能参与家庭、社区和社会生活的社区

8. 小兰今年12岁，父母常年在外务工，与爷爷奶奶生活。小兰最近变得沉默寡言，课间休息时常一个人在角落发呆，学习成绩下滑，衣服也脏兮兮的。老师发现小兰这些变化后，请学校社会工作者小王一起为小兰提供帮助。小王拟运用以家庭为中心的方法对小兰家庭的监护能力进行监测和评估，他应该评估（　　）。(2020)

A. 小兰家的住房状况　　B. 小兰家使用社区资源的状况
C. 小兰父母的年收入情况　　D. 小兰与父母的沟通交流情况

二、多项选择题

9. 某街道社工站拟与社区协同推进儿童友好社区建设。下列计划实施的活动中，适宜的有（　　）。(2023)

A. 邀请专家为社区内居民提供育儿指导服务
B. 推动社区链接资源，满足儿童的所有需要
C. 关闭社区的儿童攀岩设施，保障儿童安全
D. 在小区大门至幼儿园的路上增设安全标志
E. 听取儿童对儿童友好社区建设方案的意见

10. 某社会工作服务机构承接了政府委托的留守儿童关爱服务项目。社会工作者小李计划采用以家庭为中心的方法开展服务，她首先在社区开展家庭监护能力评估，筛选风险家庭。小李应采用的评估指标有（　　）。(2021)

A. 父母的情感传递能力
B. 父母给予孩子安全保障的能力
C. 父母对社区资源的知晓情况
D. 父母培养孩子解决社交问题的能力
E. 父母为孩子提供持续一贯的情感关注的能力

11. 阿红是外来务工人员，独自带着刚上小学的孩子小军，阿红丈夫在另一个城市打工，因为工作忙，很少与家人联系。近期，阿红接到学校老师的电话，反映小军不合群，经常逃课，违反校规。阿红对小军进行了严厉管教，却没有任何效果。小军的问题让阿红很焦虑，于是向社会工作者小黄求助。小黄经预估后，拟通过构建社会支持网络帮助小军。小黄应采用的策略有（　　）。

A. 帮助小军建立正向的朋辈关系
B. 对小军进行课业辅导并与其谈心
C. 促进母子相互沟通、关心和鼓励
D. 与阿红丈夫协商，每周末与孩子通话
E. 联系学校老师，共同探讨小军的教育问题

12. 以家庭为中心方法的实务原则包括(　　)。

A. 儿童的安全和健康永远是第一需要考虑的
B. 了解儿童需要和儿童及其家庭情况
C. 必须为家庭外照料安置儿童提供必要的保障
D. 联合社区资源
E. 政策介入

参考答案

一、单项选择题

1. A　考点：以家庭为中心的方法的概念—实务原则
2. C　考点：以家庭为中心的方法的主要实务内容—以家庭为单位，在社区开展家庭监护评估，筛选风险家庭
3. A　考点：以家庭为中心的方法的实务原则
4. D　考点：以家庭为中心的方法的主要实务内容
5. C　考点：以家庭为中心的方法的主要实务内容
6. D　考点：以家庭为中心的方法的概念
7. B　考点：儿童友好社区建设倡导的方法—儿童友好社区的概念
8. D　考点：以家庭为中心的方法—家庭监护的监测和评估

二、多项选择题

9. ADE　考点：儿童友好社区的标志及倡导内容
10. ABDE　考点：以家庭为中心的方法的主要实务内容—以家庭为单位，在社区开展家庭监护评估，筛选风险家庭
11. ACDE　考点：以家庭为中心的方法的主要实务内容
12. ABC　考点：以家庭为中心的方法的概念—实务原则

第三章
青少年社会工作

【本章复习提示】

本章介绍青少年社会工作，需要掌握四个方面的知识点：一是对青少年群体的了解，包括青少年的生理心理及社会发展特点、青少年的个体发展性需要及青少年面临的问题；二是对青少年社会工作的理解，包括青少年社会工作的含义、层面及类型，青少年社会工作的特点及工作原则；三是关于青少年社会工作的内容，包括服务青少年成长发展、维护青少年合法权益、预防青少年违法犯罪；四是关于青少年社会工作方法，包括综合运用个案工作、小组工作、社会工作、社会工作行政、社会政策及社会工作研究等传统方法和危机介入、家庭治疗、外展服务、历奇辅导、朋辈辅导、向导服务等适合青少年的具体方法，以及在相关理论指导下的自我探索、生涯规划、建构和睦亲子关系、亲职辅导、促进青少年人际交往等具体的服务方法与过程，以及上述方法的整合性运用。

摸底自测

一、单项选择题

1. “爱满新航”是一个面向服刑人员子女的青少年关爱项目。该项目的服务内容中，属于中观层面青少年社会工作的是（　　）。（2023）

A. “成长加油站”个案辅导　　B. “OK，我最棒”社区联欢活动

C. “学长同行”爱心学业辅导　　D. “我的未来不是梦”生涯探索小组

2. 社会工作者小李发现，初一学生小兵很少主动与同学交流。小兵告诉小李，他也想跟大家学习，一起活动，但觉得自己作业做得慢，成绩不好，拖了全班后腿，同学们一定不愿意跟自己玩，因而感到自卑，与同学关系日益疏远。同学们则认为小兵性格孤僻，不愿与他交往。久而久之，小兵出现了逃学行为。小兵的上述状况说明了青少年个体发展具有（　　）的特点。（2020）

A. 动荡与稳定结合　　B. 主体与客体互动

C. 突变与渐变统一　　D. 理想与现实冲突

3. 社会工作者根据“生涯选择配合论”为青少年开展生涯规划小组工作，其中一节的工作目标是帮助他们了解自己的兴趣，更好地认识外在工作世界与个人内在世界的关系。与该节小组工作目标相匹配的小组活动应聚焦在帮助他们了解（　　）。（2019）

A. 职业所需能力　　B. 各种职业的报酬率

C. 职业所需特质　　D. 职业的分类和内容

4. 社会工作者小江运用艾瑞克·伯恩沟通分析理论中的“脚本分析技术”，帮助社区青少年了解成长环境对自己人际沟通形态的影响，提升他们的人际沟通能力。为此，小江应协助社区青少年（　　）。（2019）

A. 觉察自己的自我状态　　B. 反思自己的沟通形式

C. 反省自己的沟通技巧　　D. 觉察自己的“生活地位”模式

5. 为帮助社区内有偏差行为的青少年增强自我管理能力，养成良好的行为习惯，社会工作者拟为他们开办提升自我管理能力小组。下列表述中适宜作为该小组工作具体目标的是（　　）。

A. 协助服务对象掌握沟通技巧　　B. 协助服务对象学会自我约定

C. 协助服务对象了解自己的兴趣　　D. 协助服务对象增强自我表达能力

6. 社会工作者小李服务的社区有一些初中毕业后待业在家的青少年，他们常成群结伙在社区内闲逛，喝酒嬉闹。为预防这些青少年发生越轨行为，小李应（　　）。

A. 加强对他们的管理和控制

B. 协助司法机关对他们进行社会调查

C. 以合适成年人的身份为其提供帮教服务

D. 设立“人生导师计划”为其提供社会支持

7. 社会工作者拟为社区内的初中学生开办自我探索小组，协助他们成长。下列表述中适宜作为该小组目标的是（　　）。

A. 帮助他们发现优势、挖掘潜能

B. 帮助他们深入了解当下的社会环境

C. 帮助他们提升自信，克服学习困难

D. 帮助他们学习处理人际冲突的技巧

8. 根据艾德沃特（Atwater）对青少年时期身心、社会、文化状态的描述，在青少年早期阶段，其人际发展层面的交往对象开始转向（　　）。

A. 同辈　　B. 父母　　C. 老师　　D. 祖父母

9. 社会工作者运用小组工作方法协助社区青少年辨识和觉察自我状态，以改进其表达方式，其中一节的活动内容是：在地上画出分别标有 P、A、C 的三个圆圈，每两名小组成员为一组，就某一有争议的社会话题进行讨论，当他们使用情绪化、孩子气的语言，或有委屈、抱怨等行为表现时，就跳入 C 圈；当他们的语气变得成熟理性、情绪稳定时，就再跳入 A 圈；当他们的语气带有指使、命令、斥责的性质时，则要跳入 P 圈。该小组工作的活动设计所依据的是（　　）。

A. 弗洛伊德的自我理论　　B. 萨提亚的人际沟通理论

C. 埃里克森的自我理论　　D. 艾瑞克・伯恩的沟通分析理论

10. 班长小明在组织班级活动时，经常不听其他同学的想法和建议，表现比较强势，失去了同学们的信任。小明找社会工作者小王诉说自己的苦恼。依据艾瑞克・伯恩的沟通分析理论，小王判断小明的自我状态属于（　　）。

A. 儿童式　　B. 父母式　　C. 成人式　　D. 师长式

11. 有些父母与青春期孩子沟通时不会表达自己的感受。为了提升父母与“青春期”孩子有效沟通的能力，社会工作者小秦拟依据“父母效能训练模式”辅导服务对象学习使用“我—讯息”技巧与孩子沟通。根据这一技巧的要求，小秦合适的做法是帮助父母（　　）。

A. 觉察自己的倾听能力　　B. 了解自己的沟通方式

C. 从“我”的角度出发来看待世界　　D. 以“我”开头传达信息与子女沟通

12. 社会工作者发现，一些青少年因为缺乏与父母的有效沟通，亲子关系紧张而不想回家，以逃避父母的责问。为此，社会工作者计划举办“亲子平行小组”以改善青少年与父母间的关系。下列做法中，有助于实现上述目标的是（　　）。

A. 组织青少年和家长分别参加为期三天的夏令营活动

B. 为青少年和家长分别举办沟通技巧学习小组

C. 运用分组和跨组交流的方式，协助青少年和家长学习沟通技巧

D. 组织家庭教育专家，为青少年和家长举办亲子沟通讲座

二、多项选择题

13. 15 岁的小强幼年丧母，父亲失踪，由年迈的祖父母抚养。因自卑不愿与他人交流，受到班级同学的排斥，小强与社会上的不良行为青少年来往较多，以寻求同辈群体的认可。社会工作者为小强提供社会化引导服务，下列服务中属于自我认同感辅导的有（　　）。（2022）

A. 发展并肯定小强人际交往方面的优势

B. 组织小强所在班级开展互相赞赏活动

C. 对小强及其同学开展自我认知探索小组

D. 动员小强和他的朋友参与生活技能学习

E. 激励小强和他的朋友团结一致、互相帮助

14. 社会工作者小孙发现，某社区部分青少年过于依赖父母，个体发展水平不足，基于此，小孙拟为这些青少年开展小组服务，协助他们进行自我探索，下列做法中恰当的有（　　）。（2022）

A. 帮助青少年更清楚地认识自己　　B. 帮助青少年建立生涯价值观

C. 强化青少年的自我表达能力　　D. 协助青少年挖掘内在的潜能

E. 提升青少年的自我觉察能力

15. 受机构委派，社会工作者老钱与司法部门合作，负责开展民事案件处理中未成年人的社会工作服务。下列对老钱工作的描述正确的有（　　）。（2021）

A. 老钱应对未成年人开展家事调查

B. 老钱的服务对象是涉罪未成年人

C. 老钱应为未成年人提供社区矫正服务

D. 老钱的服务对象是未满 18 周岁的未成年人

E. 老钱的服务对象是涉及民事案件的未成年人

16. 社会工作者为青少年提供个案辅导，协助他们进行自我探索；开展青少年小组工作，训练其社交技巧；组织青少年参与志愿服务，提升他们的社会责任感。上述服务体现了青少年社会工作更加重视（　　）。（2020）

A. 倡导优化社会环境　　B. 发挥群体性示范效应

C. 维护青少年合法权益　　D. 预防青少年违法犯罪

E. 促进青少年自我认同

参考答案

一、单项选择题

1. D　考点：青少年社会工作的层面
2. C　考点：青少年的特点
3. D　考点：促进青少年个体发展的社会工作服务—生涯规划
4. D　考点：促进青少年人际交往的社会工作服务
5. B　考点：促进青少年个体发展的社会工作服务
6. C　考点：促进青少年社会参与的社会工作服务
7. A　考点：促进青少年个体发展的社会工作服务
8. A　考点：青少年的需要及问题—青少年的界定
9. D　考点：促进青少年人际交往的社会工作服务
10. B　考点：促进青少年人际交往的社会工作服务
11. D　考点：改善青少年家庭关系的社会工作服务—开展亲职教育辅导服务
12. C　考点：改善青少年家庭关系的社会工作服务—开展亲职教育辅导服务

二、多项选择题

13. AC　考点：促进青少年个体发展的社会工作服务

14. ACDE　考点：促进青少年个体发展的社会工作服务
15. ADE　考点：民事案件处理中的未成年人社会工作服务
16. ABE　考点：青少年社会工作的特点及原则

第一节　青少年的特点及需要

考纲	重要考点		星级标记
青少年的需要及问题	青少年	艾德沃特关于青少年心理状态描述	★
	特点	多变、创新、反叛是青少年时期的最主要特点	★★★
		生理角度、心理角度	★★
	需要	9个需要	★★★
	问题	问题类别。注意界定问题：避免对于青少年的标签和排斥	★★
青少年社会工作	工作层面	微观、中观、宏观	★
	工作类型	发展性、矫正性、预防性青少年社会工作服务	★
	工作特点	价值理念、专业方法、更加注重在优化社会环境方面的政策倡导	★
	工作原则	主体、发展、整体	★★

习题精练

一、单项选择题

1. 社区工作者小吕为异地搬迁社区青少年提供服务，在制订工作计划时，他邀请社区青少年代表充分表达自身需要，激发他们对社区发展问题的探索。小吕的上述做法遵循了青少年工作的（　　）原则。(2023)

A. 预防性　B. 治疗性　C. 主体性　D. 客观性

2. 六年级学生小军从小由奶奶照顾，母亲因工作单位较远且经常加班，与小军接触时间较少；父亲对小军十分严厉，经常责骂他。三个月前奶奶因为意外骨折卧病在床，无法照顾小军，小军出现逃学、打架等情况。针对上述情况，下列关于青少年社会工作的做法属于中观层面的是（　　）。(2022)

A. 指出小军的逃学问题　B. 制止小军父亲的不当行为
C. 为小军提供学业辅导　D. 了解小军一家的互动状态

3. 某社会工作服务机构为拓宽青少年社会参与渠道，组织青少年志愿者参与城市社区更新改造行动，包括参加社区居民意见征集、发挥所学专长参加学校邻近街区的改造方案设计等活动。上述属于青少年社会工作类型中的（　　）服务。（2021）

A. 预防性　　B. 矫正性　　C. 发展性　　D. 治疗性

4. 根据艾德沃特对青少年时期身心、社会、文化状态的描述，在青少年早期阶段，其人际发展层面的交往对象开始转向（　　）。

A. 同辈　　B. 父母　　C. 老师　　D. 祖父母

5. 我国宪法、未成年人保护法、预防未成年人犯罪法中规定，不满(　　)周岁的人员称为未成年人。

A. 14　　B. 16　　C. 18　　D. 20

6. 高二的小帆有 3 个好朋友，他们是在“英语角”认识的，他们从不玩游戏到深夜，也不追星，而是循规蹈矩地上学和放学，都是大人眼里放心的孩子。这类青少年属于（　　）。

A. 问题青年　　B. 正直青年

C. 文化叛逆青年　　D. 政治偏激青年

7. 小丽是一个很积极向上的高中生，为了未来能考上自己满意的大学，在高中期间努力学习、奋发图强。小丽的特征体现了青少年的（　　)需要。

A. 接纳自己的身体与容貌，表现符合社会规范的性别角色需求

B. 个体与同伴发展适当的人际关系

C. 对未来的生涯做准备

D. 自食其力，寻求经济独立

8. 关于青少年社会工作，以下表述不恰当的一项是（　　）。

A. 青少年社会工作是社会工作的重要实务领域

B. 青少年社会工作把青少年作为工作和服务对象

C. 青少年社会工作最大限度地挖掘青少年的潜能，促进青少年全面发展

D. 青少年社会工作是针对问题青少年的社会工作

9. 社会工作者老李将社区中有厌学情绪的青少年群体组织起来一起开展小组活动，这属于（　　)的青少年社会工作。

A. 宏观层面　　B. 中观层面　　C. 微观层面　　D. 纵向层面

10. 青少年社会工作服务中承认与接纳青少年的独特性与差异性，照顾青少年的特点与需要，体现了青少年社会工作的（　　）原则。

A. 发展性　　B. 整体性　　C. 主体性　　D. 基础性

11. 为青少年提供社会工作服务要特别关注那些好打抱不平、认同并采取激进行动以追求某些理想或社会取向的（　　）。

A. 问题青年　　B. 正直青年　　C. 文化叛逆青年　　D. 政治偏激青年

二、多项选择题

12. 社会工作者小王在开展青少年社会工作时，遇到了张华与齐飞堂两位同学，他们经常一起逃课，去网吧。在制订服务计划时，小王表现出对服务对象的理解与接纳，倾听他们的内心需要，帮助他们感受自己的资源与优势，并分别为两位同学制订了不同的服务计划，这体现了青少年社会工作服务原则中的（　　）。

A. 尊重青少年的价值与尊严
B. 接纳与关爱青少年
C. 注重青少年的个别需求
D. 协助青少年具备适应社会变化不断成长的能力
E. 注重经济效益

13. 小冉是社区青年汇的社会工作者，通过需求调查，他发现社区有几名流动青年面临不同困境：租住环境恶劣、没有收入、刚来北京无处求助。对此，小冉首先将其召集在一起，表达对他们的尊重，输送温暖和爱心，并整合资源，链接辖区房屋中介为需要者提供便宜租住的房源、链接辖区饭店安排工作、提供北京生活信息咨询等服务。小冉的工作体现了青少年社会工作(　　)的服务原则。

A. 尊重青少年的价值与尊严　B. 接纳与关爱青少年　C. 注重青少年个别需求
D. 协助青少年具备适应社会变化不断成长的能力　E. 尊重隐私

14. (　　)是进入青少年期面临的问题。

A. 厌学　B. 体能下降　C. 网瘾
D. 婚恋　E. 心理健康

15. 青少年时期是一个人发展的关键时期，是人生生命循环变化最多的时期，其在生理、心理方面不断成长，个人的心态及社会关系不断发生变化。青少年最主要的特点有(　　)。

A. 多变　B. 创新　C. 反叛
D. 沉稳　E. 伪善

参考答案

一、单项选择题

1. C　考点：青少年社会工作的原则
2. D　考点：青少年社会工作的层面
3. C　考点：青少年社会工作的类型
4. A　考点：青少年的界定
5. C　考点：青少年的界定
6. B　考点：青少年的界定
7. C　考点：青少年的特点与需要
8. D　考点：青少年社会工作的概念
9. B　考点：青少年社会工作的层面
10. C　考点：青少年社会工作的原则
11. D　考点：青少年社会工作的特点及原则

二、多项选择题

12. ABC　考点：青少年社会工作的原则
13. ABCD　考点：青少年社会工作的原则

14. ACDE 考点：青少年的问题
15. ABC 考点：青少年的特点

第二节 青少年社会工作的主要内容

<table>
<tr><th>考纲</th><th colspan="2">重要考点</th><th>星级标记</th></tr>
<tr><td rowspan="5">服务青少年成长发展</td><td>思想引导</td><td>价值观引导、法治教育、公益服务、感恩教育、生命教育</td><td>★★★</td></tr>
<tr><td>习惯养成</td><td>形成正确的生活、学习和行为习惯、“3R”理论</td><td>★</td></tr>
<tr><td>职业指导</td><td>就业信息、技能培训、职业规划等</td><td>★</td></tr>
<tr><td>婚恋服务</td><td>树立正确的婚恋观等</td><td>★</td></tr>
<tr><td>社交指导</td><td>培养良好的交往动机和交往品质等</td><td>★</td></tr>
<tr><td rowspan="4">维护青少年合法权益</td><td>困难帮扶</td><td>获得政府救济和保障以及社会资助和帮扶，培养自强自助的生活态度</td><td>★★★</td></tr>
<tr><td>权益保护</td><td>为青少年提供个案维权服务</td><td>★★★</td></tr>
<tr><td>法律服务</td><td>为青少年提供法治宣传教育和法律咨询服务</td><td>★★★</td></tr>
<tr><td>心理疏导</td><td>缓解或消除青少年的心理问题，促进其健康人格的形成</td><td>★★★</td></tr>
<tr><td rowspan="4">预防青少年违法犯罪</td><td>一般预防</td><td>3 项工作</td><td>★</td></tr>
<tr><td>不良行为干预</td><td>关注普通青少年向有不良行为青少年转化的边界</td><td>★★★</td></tr>
<tr><td>严重不良行为矫正</td><td>纠正和改变其不良行为习惯</td><td>★★★</td></tr>
<tr><td>重新犯罪的预防</td><td>刑事案件处理、民事案件处理等</td><td>★★</td></tr>
</table>

习题精练

一、单项选择题

1. 某社会工作服务机构积极开展青少年红色教育主题活动，引导青少年厚植爱国、爱党、爱社会主义的情感，让红色基因、革命薪火代代传承。这体现了青少年社会工作的（　　）内容。（2022）

A. 习惯养成　　B. 心理疏导　　C. 思想引导　　D. 权益保护

2. 社会工作者针对社区内16~25岁人群的不同需要，开展了下列活动：为学习困难青少年提供学习方法辅导；为待业青年提供求职面试技巧训练；对婚龄青年进行正确的婚恋观教育。上述活动属于青少年社会工作中的（　　）服务。

A. 促进青少年成长发展　　B. 保障青少年合法权益

C. 预防青少年违法犯罪　　D. 增强青少年心理健康

3. 社区青少年小强喜欢网络游戏，最近经常出入网吧，上课时间精神不集中。小强的父母非常担心，寻求社会工作者的帮助。下列做法中，容易给小强造成负面影响的是（　　）。

A. 让小强参加青少年戒除网瘾训练营

B. 与小强约定每天上网的时间

C. 和其父母商量安排小强参加其他培训课程

D. 安排小强参与社区志愿服务

4. 社会工作者小力晚上出去做外展，2点时看到一个男孩子在街上游荡，小力前去搭话聊天，了解到男孩叫路路，因其父亲赌博、母亲改嫁而缺少照顾，路路常在网吧或娱乐场所流连，彻夜不归。这时小力应（　　）。

A. 改善家庭环境　　B. 改善学校环境

C. 提供安置服务　　D. 倡导完善青少年保护政策

5. “守候花季”系列青春期性教育运用小组工作方法扩充青少年的性知识，引导青少年形成正向的性态度，增强自我保护意识和责任意识，健康快乐地成长。此为向青少年提供（　　）服务。

A. 思想引导　　B. 习惯养成　　C. 职业指导　　D. 婚恋

6. 某高中针对社交有障碍的高中生组织社交兴趣小组，培养高中生良好的交往动机和交往品质，提高其合作意识和能力、沟通交往技巧和能力。此项服务属于（　　）服务。

A. 思想引导　　B. 习惯养成　　C. 社交指导　　D. 婚恋

7. 对生活困难家庭青少年、残疾青少年，帮助他们获得政府救济和保障以及社会资助和帮扶，同时培养其自强自助的生活态度。这属于维护青少年合法权益的（　　）服务。

A. 困难帮扶　　B. 权益保护　　C. 法律服务　　D. 心理疏导

8. 在服刑人员子女聚集的社区，社会工作者为服刑人员子女提供法治宣传教育和法律咨询服务，帮助其提高自我保护意识和能力。此举属于维护青少年合法权益的（　　）。

A. 困难帮扶　　B. 权益保护　　C. 法律服务　　D. 心理疏导

9. 未成年人关爱行动的项目帮助未成年人缓解或消除心理问题，提高情绪自我管控能力，促进健康人格的形成。此举属于维护青少年合法权益的（　　）服务。

A. 困难帮扶　　B. 权益保护　　C. 法律服务　　D. 心理疏导

10. 为青少年提供思想引导服务主要包括法治教育、感恩教育、道德教育和（　　）。

A. 生活技能训练　　B. 行为习惯养成

C. 价值观引导　　D. 自我成长

11. 现实治疗法是帮助青少年进行自我管理的理论基础，“正确”“现实”（　　）的“3R”理论为服务的开展提供了逻辑依据。

A. “责任”　　B. “和睦”　　C. “探究”　　D. “确立”

二、多项选择题

12. 《关于加强青少年事务社会工作专业人才队伍建设的意见》指出，青少年社会工作的内容主要包括：服务青少年成长发展、维护青少年合法权益和预防青少年违法犯罪。下列工作中，有利于协助青少年成长发展的服务有（　　）。（2019）

A. 困难帮扶　　B. 职业指导　　C. 习惯养成

D. 婚恋服务　　E. 社会观护

13. 刑事案件处理中的未成年人社会工作服务在侦查、起诉、审判、刑罚执行、安置帮教等不同环节有其不同的工作内容，其中，刑罚执行阶段的工作包括（　　）。

A. 合适成年人　　B. 刑事和解　　C. 社区矫正

D. 保护处分　　E. 监所矫正

14. 某社区位于城乡接合部，环境条件差，服务设施不齐全，青少年课余时经常出入附近网吧或在街头闲逛。针对上述情况，社会工作者可以开展的发展性青少年服务包括（　　）。

A. 增设青少年休闲场所　　B. 开展青少年安全教育

C. 举办青少年兴趣小组活动　　D. 帮助青少年戒除网瘾

E. 联合社区加强对网吧的管理

参考答案

一、单项选择题

1. C　考点：青少年社会工作服务内容
2. A　考点：服务青少年成长发展方面
3. A　考点：服务青少年成长发展方面—习惯养成
4. C　考点：维护青少年合法权益方面
5. D　考点：服务青少年成长发展方面—婚恋服务
6. C　考点：服务青少年成长发展方面—社交指导
7. A　考点：维护青少年合法权益方面—困难帮扶
8. C　考点：维护青少年合法权益方面—法律服务
9. D　考点：维护青少年合法权益方面—心理疏导
10. C　考点：服务青少年成长发展方面—思想引导
11. A　考点：服务青少年成长发展方面—习惯养成

二、多项选择题

12. BCD　考点：服务青少年成长发展方面
13. CE　考点：刑事案件处理中的未成年人社会工作服务
14. ABC　考点：服务青少年成长发展方面

第三节 青少年社会工作的主要方法

考纲	重要考点		星级标记
方法概述	危机介入	安置服务、综合援助、紧急干预	★
	家庭治疗	家庭结构、互动关系	★
	外展服务	主动接触	★
	历奇辅导	经历新奇、促进改变与自我成长	★
	朋辈辅导	支持系统	★
	向导服务	觉察“自我状态”、强化沟通技巧；学习如何处理人际的冲突	★
服务案例	促进个体发展	自我探索：埃里克森“核心任务” 罗杰斯：自我概念	★★★
		生涯规划：生涯选择配合论	
	改善家庭关系	亲子关系：亲子平行小组架构	★★
		亲职教育：目标、理论	★
	促进人际交往	目标：6个目标	
		理论：沟通分析论	★★★
	促进社会参与	案例	★★
	加强社会观护	“合适成年人”制度、社会调查制度； 社会观护服务站、社会观护基地	★★
方法策略整合性特征	特征决定因素	青少年需求、资源综合性、通才要求	★

习题精练

一、单项选择题

1. 社会工作者小郑组织社区的同龄青少年分享学习和生活经验，协助他们组织建立互助小组，共同成长。上述服务中，小张运用的青少年社会工作方法是（　　）。(2023)

A. 朋辈辅导　　B. 向导服务　　C. 历奇辅导　　D. 外展服务

2. 社会工作者以社会连接理论中的“参与感”为理论参考，为社区青少年开展小组服务。根据该理论的具体要求，下列做法中恰当的是（　　）。(2022)

A. 帮助青少年形成健康的自我概念

B. 协助青少年树立正确的就业意识

C. 促使青少年提升社会交往的能力

D. 引导青少年更多地参加社会活动

3. 高考结束后，很多高中毕业生在填报高考志愿时，不知该如何选择合适的专业。针对这种情况，学校社会工作者小董拟运用“生涯选择配合论”为他们开展生涯规划辅导。在辅导过程中，小董首先应该帮助他们（　　）。(2021)

A. 了解专业高校的基本类别　　B. 了解自己的兴趣和追求

C. 分析不同专业的就业前景　　D. 评估不同专业的预期收入

4. 某城乡接合部社区有一些行为偏差青少年，他们有的存在不良行为，有的甚至受到过司法处置。为了帮助他们健康成长，社会工作者小王拟以社会连接理论为依据，为他们提供系列专业服务。小王应该为这些青少年提供的服务是（　　）。(2021)

A. 心理辅导　　B. 生涯规划辅导

C. 学业辅导　　D. 促进社区参与

5. 社会工作者小文在某地看守所为涉罪青少年开展以“守望阳光”为主题的小组工作，旨在引导涉罪青少年改变非理性信念，促进司法系统与社会工作专业的合作，共同为青少年提供服务。小文邀请看守所管教人员参与该小组方案设计、组员招募、过程实施等环节，使看守所管教人员成为服务涉罪青少年社会工作的重要合作伙伴。小文开展上述工作的依据是（　　）。(2020)

A. 社会工作方法运用的整合性要求　　B. 社会价值体系

C. 对社会工作者宏观专业能力要求　　D. 社会连接理论

6. 社会工作者小丁在社区为青少年的父母开展亲职教育小组工作，其中一节是根据父母效能训练模式帮助这些父母了解“积极倾听”的意义。小丁应在该节小组工作中帮助他们（　　）。(2019)

A. 觉察自己以往对子女教育方式的利弊

B. 用子女能接受的方式表达自己的想法

C. 从子女视角看问题，了解他们所思所想

D. 学习使用“我”信息，与子女进行沟通

7. 小杰，16岁，家住农村，学习成绩优异，父母长期在外打工，身边的小伙伴也陆续进城打工，感到十分孤单。临近毕业，小杰不知自己该选择继续升学还是进城打工，十分迷茫，心情焦虑。社会工作者计划开展的下列服务中，有助于小杰进行抉择的是（　　）。

A. 协助小杰学习压力管理技巧

B. 协助小杰多与父母沟通交流

C. 协助小杰学习情绪管理方法

D. 协助小杰绘制“自画像”，增加自我觉知

8. 社会工作者小秦运用“父母、成人、儿童”自我状态觉察训练方法协助高一新生提高自我觉察能力。训练开始时，全体组员站在“儿童”圈内。当组员与其他组员沟通，说话语气从情绪化转向成熟理性，行为表现从抱怨转向理性地看待和解决问题后，该组成员就可以（　　）。

A. 从父母圈跳到成人圈　　B. 从成人圈跳到儿童圈

C. 从儿童圈跳到成人圈　　D. 从儿童圈跳到父母圈

二、多项选择题

9. 和顺社区处于城乡接合部，青少年初中毕业辍学在家或读职业中专的比较多，经常出没网吧或游戏厅。针对上述情况，社区青年汇因此开展了以下有针对性的服务（　　）。

A. 开展改善亲子关系的教育活动

B. 组织提升青少年社会交往能力的交友小组

C. 开展提升青少年职业意识和技能的职业交流

D. 组织减少青少年偏差行为的小组

E. 建立预防青少年犯罪的社区网络

10. 因不满父亲的管教方式，15 岁的小强与父亲发生争吵后与几位同学一起离家出走，母亲求助社会工作者。社会工作者找到小强后听道：“我就不想回家，看见他我就生气！”为改善小强与父亲的关系，下列活动中，从个人层面介入的青少年社会工作服务包括（　　）。

A. 帮助小强调整非理性情绪

B. 指导小强改善与父亲的沟通技巧

C. 为小强和同伴开设成长小组

D. 协助小强父亲改善家庭教育方式

E. 学校加强对小强及同伴的教育

参考答案

一、单项选择题

1. A　考点：青少年社会工作方法—朋辈辅导
2. D　考点：促进青少年社会参与
3. B　考点：促进青少年个体发展的社会工作服务—生涯规划
4. D　考点：促进青少年社会参与和加强青少年社会观护的社会工作方法—促进青少年社会参与
5. A　考点：社会工作方法在青少年服务中运用的整合性
6. C　考点：改善青少年家庭关系的社会工作服务—开展亲职教育辅导服务
7. D　考点：促进青少年个体发展的社会工作服务—自我探索
8. C　考点：促进青少年人际交往的社会工作服务

二、多项选择题

9. CDE　考点：促进青少年社会参与和加强青少年社会观护的社会工作方法—促进青少年社会参与

10. BD　考点：改善青少年家庭关系的社会工作服务—开展亲职教育辅导服务

第四章
老年社会工作

【本章复习提示】

本章主要介绍老年社会工作，需要掌握的知识点包括三个方面：一是对老年群体的了解，包括老年人的年龄界定，老年人的生理、心理及社会角色变化等特点，老年人的需要及老年人社会工作应注意的事项；二是关于老年社会工作的主要内容，包括救助服务等 13 项一般性的老年服务及认知与情绪、自杀、虐待与疏于照顾、丧亲等特殊的老年社会工作服务；三是关于老年社会工作的主要方法，包括个案工作、个案管理、小组工作、社区工作、社区照顾、机构照顾等方法对老年服务对象的具体运用。

摸底自测

一、单项选择题

1. 刚退休的赵阿姨第一次参加社区活动，她向组织该活动的社会工作者展示了自己制作幻灯片、写文案、拍小视频等特长，希望能够在以后的活动中发挥自己的优势。赵阿姨的期待反映了老年人（　　）的需要。(2023)

A. 就业休闲　　B. 社会参与　　C. 健康维护　　D. 经济保障

2. 56 岁的李大爷由保姆照顾其日常生活起居，社会工作者小杨到李大爷家探访发现，李大爷的卧室凌乱；桌上放着几个用过的碗碟，还有半碗吃剩的稀饭；能闻到房间里有异味；室温很低，但李大爷衣着单薄，衣服上有不少食物的残渣。根据“恶意对待老人问题的综合描述”，小杨发现李大爷的上述问题属于（　　）。(2022)

A. 疏于照顾　　B. 身体虐待　　C. 经济虐待　　D. 心理虐待

3. 张大妈的老伴去世多年，她与儿子儿媳一起生活，家里大小事都是张大妈张罗，不久张大妈突发脑出血，半身不遂，出院后生活需要照顾，还要定期去做康复训练，张大妈的姐姐每天来家里照顾她，邻居也主动提出定期用车送她去做康复训练，张大妈不愿意给亲朋邻里添麻烦，但又无力改变现状，感觉很沮丧。为了提升张大妈的自我效能感，社会工作者适宜的做法是（　　）。(2022)

A. 与张大妈的儿子儿媳商讨需要哪些具体服务

B. 与张大妈的姐姐商量并逐项确定服务的内容

C. 与张大妈商量服务内容并逐项确定具体细节

D. 与张大妈邻居商量送其去做康复训练的时间

4. 长辈教育晚辈时经常说“我过的桥比你走的路都多!”这一现象说明，老年人的（　　）优于年轻人。(2021)

A. 液态智力　　B. 时空关系能力

C. 结晶智力　　D. 形态思维能力

5. 赵大爷的老伴去世多年，儿女都在省城工作。赵大爷是村老年协会的副会长，经常组织村里的老年人开展文娱活动，生活很充实。不久前，赵大爷突发脑梗，因救治不及时导致瘫痪在床，儿子和女儿轮流请假回来照顾赵大爷，与先前生活的落差和身体的痛苦，加之不想成为儿女的负担，让赵大爷有了轻生的念头。乡镇社会工作站的社会工作者走访时了解到赵大爷的情况，对赵大爷进行了自杀风险的评估。下列属于自杀风险直接线索的是（　　）。(2021)

A. 赵大爷口述让儿子记录立下了遗嘱

B. 赵大爷将银行卡交给儿子并告诉他密码

C. 赵大爷对儿女说：“唉，真不如死了算了!”

D. 赵大爷对儿女说：“我太麻烦你们了，没了我你们会过得轻松点。”

6. 独居的刘大爷在家意外摔倒卧床，在外地工作的儿子聘请了专业护理人员定时上门为刘大爷提供护理服务。社会工作者小白入户家访时发现刘大爷存在被疏于照顾的问题，其依据是（　　）。(2021)

A. 刘大爷身上有多处瘀青　　B. 刘大爷的个人卫生状况糟糕
C. 刘大爷身上有多处烫伤　　D. 护理员不让小白见刘大爷

7. 李姐是某老年服务中心的社会工作者，她觉得新入住中心的半失能老人张奶奶与自己过世的母亲在长相和性格上都有几分相像，又是同乡，因此对张奶奶格外关照，什么事情都主动替张奶奶做。这种情形属于社会工作者在服务过程中产生的（　　）问题。（2020）

A. 移情　　B. 工作倦怠　　C. 反移情　　D. 过度保护

8. 社会工作者小李参与实施医养结合的服务项目。在为某独居老人提供出院随访服务时，小李发现该老人表达有困难，说不清楚自己的身心状况。经查看老人病历，小李借助图片询问老人的身心状况，与老人进行沟通，通过精准评估为老人提供更好的服务。小李的上述评估方法注重的是（　　）。（2020）

A. 尊重老年人的隐私权　　B. 尊重老年人的独立性
C. 尊重老年人的自决权　　D. 尊重老年人的异质性

9. 社会工作者小凌发现，社区内有些老年人盲目购买保健品，花了很多钱却没什么效果。为回应老年人的健康维护需要，小凌可为老年人提供的服务是（　　）。（2019）

A. 举办理财知识讲座　　B. 举办防诈骗知识讲座
C. 建立社会支持网络　　D. 举办常见病预防知识讲座

10. 社会工作者小徐为某国有企业退休职工开展了“我的春夏秋冬”个性化台历制作活动。小徐采取入户的方式，与老人们一起收集整理工作时的老照片，回忆过去的美好时光，并将整理好的照片和感言制作成精美的台历。上述活动中，小徐工作的目的是帮助老人们（　　）。

A. 珍惜当下，享受当下生活　　B. 追忆往事，建构生命意义
C. 拓展个人爱好，增加社会交往　　D. 直面自身局限，看到过往生活的遗憾

11. 社会工作者在进行社区老年人居家养老需求评估时发现，老人们表示希望有更多机会为社区服务，也希望社区搭建一个平台，让老年人可以交流生活经验，表达个人意见，维护自身权益，彼此互相支持。老年人的上述建议反映了他们对（　　）的需要。

A. 健康维护　　B. 就业休闲　　C. 社会参与　　D. 居家安全

12. 李老伯入住福利院不久，记忆力退化明显，有时连食堂都找不到，对此他懊恼不已，怀疑自己患了老年痴呆症。下列说法中，能够说明李老伯记忆力变化的原因是（　　）。

A. 老年人的液态智力比年轻人多
B. 老年人处理形成记忆信息的能力有变化
C. 老年人在陌生环境中不容易丧失认知能力
D. 老年人记东西的能力会因为年老而有较多损伤

二、多项选择题

13. 关于老年人心理特点的说法中，正确的有（　　）。（2023）

A. 听力下降是影响老年人记忆力的因素之一

B. 老年人的液态智力通常比年轻人还要强些
C. 老年人的结晶智力是常年生活积累的结果
D. 老年人处理信息的速度与年轻人几乎无异
E. 跟老年人沟通时要告诉他尽可能多的信息

14. 王大爷与家人初步确定入住养老院并递交了申请，但他对去养老院还是有顾虑，表现出犹豫、恐惧和担心等情绪，王大爷的儿子遂向养老院社会工作者小唐求助。小唐了解情况后，安抚王大爷的情绪，分析了他是否适合入住养老院，向王大爷一家介绍了养老院的运行情况和入住要求，就入住养老院的利弊进行了讨论，并安排时间请他们到养老院参观。在上述服务过程中，小唐的角色包括（　　）。(2022)

A. 检讨者　　B. 辅导者　　C. 评估者
D. 支持者　　E. 倡导者

15. 刘大爷因脑梗后遗症行动不便，日常起居由老伴照料。前不久，老伴去世，刘大爷独自一人生活。街道社会工作者小王上门为刘大爷作全面评估，以便为刘大爷提供合适的服务。小王在对刘大爷评估时，需要注意的有（　　）。(2021)

A. 评估刘大爷家的居家环境
B. 关注刘大爷是否有认知方面的障碍
C. 了解刘大爷对评估的态度
D. 将了解到的刘大爷信息告诉其邻居
E. 尊重刘大爷独立生活的意愿

16. 某乡镇社会工作者所服务的辖区大部分青壮年外出打工，空巢老人越来越多。社会工作站的社会工作者小王拟通过增强村里空巢老人的非正式支持体系，提升他们的生活质量。小王的下列做法中正确的有（　　）。(2021)

A. 成立村志愿服务队为老人开展上门探访服务
B. 向县老龄办申请补贴在村里开办“老年餐桌”
C. 与社会信誉良好的养老机构合作，将其服务延伸至村庄
D. 与在外打工的子女约定，定期与老人打电话或视频关心老人生活
E. 请独居老人的邻居每天定时“敲门”，及时发现老人的意外情况

参考答案

一、单项选择题

1. B　　考点：老年人的需要
2. A　　考点：老年人社会工作服务中的要点—虐待和疏于照顾问题
3. C　　考点：老年个案工作—提升自我效能感
4. C　　考点：老年人的特点—心理老化
5. C　　考点：老年人社会工作服务中的要点—自杀问题—自杀评估
6. B　　考点：老年人社会工作服务中的要点—虐待和疏于照顾
7. C　　考点：老年社会工作应注意的事项—移情与工作倦怠问题
8. D　　考点：老年人问题和需求评估的方法

9. D　　考点：老年社会工作服务内容—权益保障
10. B　　考点：老年社会工作服务内容—精神慰藉
11. C　　考点：老年人的需要—社会参与
12. B　　考点：老年人的特点—心理老化

二、多项选择题

13. AC　　考点：老年人的特点
14. BC　　考点：养老机构照顾阶段社会工作者的角色
15. ABC　　考点：老年人问题和需求评估注意事项
16. ADE　　考点：老年社会工作服务内容—社会支持网络建立

第一节　老年人的特点及需要

考纲	重要考点		星级标记
老年人的特点	年龄界定	生理年龄、心理年龄、社会年龄	★
	老年期划分	60~69 岁低龄老人，70~79 岁中龄老人，80 岁以上高龄老人	
	生理老化	视觉、听觉、味觉/嗅觉、触觉	★★
	心理老化	注意：结晶智力升高、液态智力下降	★
	社会角色变化	注意：角色变化和角色丧失的调整适应	★★
老年人的需要	经济保障	“反哺式”的供养；现代发展社会中，养老退休金、老年社会保险金等	★★
	健康维护	最为关注和渴望满足的需求	★★★
	社会参与	注意维护权益	★★★
	就业休闲	丰富日常生活成为他们的新需求	★★
	婚姻家庭	获得和维持美好婚姻家庭生活的需求	★★
	居家安全	安全宜居的家庭氛围和社会环境	★★★
	善终安排	无痛苦、有尊严地安心离世	★★
	“一条龙”照顾工作	注意不同类型的照顾之间需要有良好的过渡与整合	★
注意事项	价值观	对年龄歧视问题保持敏感，防止把社会的不当价值观带入工作中	★★★
	移情与工作倦怠	防止把社会的不当价值观带入工作中，防止对老人特别不好，缺乏耐心和关怀及对老人过度保护	★

习题精练

一、单项选择题

1.《“十四五”国家老龄事业发展和养老服务体系规划》提出，积极开展家庭病床、上门巡诊等居家医疗服务，不断增加老年健康服务资源供给，不断扩大人才队伍。上述规划将更好地满足老年人（　　）的需要。（2022）

A. 健康维护　　B. 居家安全

C. 社会参与　　D. 就业休闲

2.“不听老人言，吃亏在眼前!”，这一俗语说明，老年人的（　　）优于年轻人。（2019）

A. 液态智力　　B. 空间关系能力

C. 结晶智力　　D. 形象思维能力

3. 以下关于老年人年龄的说法中，错误的一项是（　　）。

A. 不同角度的年龄界定提醒我们要全面地看待老年人

B. 社会年龄指的是根据一个人在与其他人交往中的角色作用来确定的个体年龄

C. 心理年龄在很大程度上决定了老人的人格特点、情绪特点和应对问题的方式

D. 生理年龄在很大程度上决定了老人的人格特点、情绪特点和应对问题的方式

4. 按照国际上的标准，我国一般把(　　)称为高龄老人。

A. 60~69 周岁　　B. 70~79 周岁

C. 80 周岁以上　　D. 70~75 周岁

5. 老年人处于人生的最后一个阶段，其最显著的特点是（　　）。

A. 老化　　B. 孤独

C. 体弱多病　　D. 注意力下降

6. 通过人们知识和经验的积累而形成，通过语言、文字的提炼和积累而毕生发展的智力被称为（　　）。

A. 结晶智力　　B. 液态智力

C. 晶体智力　　D. 固态智力

二、多项选择题

7. 在一次老年小组活动中，组员表达了各自对生活的愿望，社会工作者将其归纳如下：广泛参与社会生活，保持健康的生活方式，享有和谐、安全、宜居的家庭氛围和社会环境。上述愿望体现了老年人对（　　）的需要。

A. 婚姻家庭　　B. 居家安全　　C. 健康维护

D. 就业休闲　　E. 社会参与

8. 老刘的老伴去世 3 年了，社区广场舞的组织者张大妈发现老刘经常独自一人在小区散步，就招呼他加入广场舞健身。张大妈也是老伴去世后一个人生活。渐渐地老刘与张大妈熟悉、交往，产生了感情，不仅参与跳舞，还和张大妈一起成为组织跳舞的志愿者。老刘和张大妈的做法体现了老年人（　　）的需要。

A. 健康维护　　　　B. 婚姻家庭　　　　C. 社会参与
D. 身后事宜安排　　E. 就业休闲

9. (　　)是人生老年期的特点。

A. 信任对不信任的冲突　　B. 结晶智力退化　　C. 关怀下一代
D. 渐渐退出社会角色　　E. 生理老化

10. 老李是一名退休工人，现在赋闲在家想学一点东西，消遣时光。对于老李来说学习新东西时要注意的事项有(　　)。

A. 学习的内容要贴近个人的生活，注意知识的实用性
B. 有练习新行为的机会
C. 要善于利用新的科技进行辅助学习
D. 所学知识要紧跟时尚潮流
E. 多花一些时间用在学习中

11. 反移情是老年社会工作者经常会出现的问题，以下属于反移情的是(　　)。

A. 社会工作者对丧偶、孤寡老年人给予过度的安抚与保护
B. 老年人看见社会工作者很像自己老对头的孩子而心生敌意
C. 社会工作者被老年人的离世影响了自己的情绪，感到悲观无助
D. 社会工作者与老年人打交道的过程中，想到了自己的老人，并因此持有不同的心情
E. 老年人在与社会工作者沟通中想到了自己的孩子，对社会工作者表现出异样的热情

参考答案

一、单项选择题

1. A　　考点：老年人的需要
2. C　　考点：老年人的特点—心理老化
3. D　　考点：老年人的界定—老年人年龄的界定
4. C　　考点：老年人的界定—老年期的划分
5. A　　考点：老年人的特点
6. A　　考点：老年人的特点—心理老化

二、多项选择题

7. BCE　　考点：老年人的需要
8. BCE　　考点：老年人的需要
9. DE　　考点：老年人的特点
10. AB　　考点：老年社会工作应注意的事项
11. ACD　　考点：老年社会工作应注意的事项—移情与工作倦怠问题

第二节　老年社会工作的主要内容

考纲	重要考点	星级标记
救助服务	评估经济状况、提供救助	★★★
照顾安排	能力评估、建档案、协助获得照顾及衔接、训练照顾者技能	
适老化环境改造	环境评估、申请资助、改造环境	
家庭辅导	婚姻辅导、代际关系辅导	★★
精神慰藉	认知与情绪评估与疏导	
危机干预	自杀与伤害	
社会支持网络建设	评估、强化	
社区参与	防社会隔离、促进社会融合	
老年教育	健康、文化、安全、新媒体运用	
咨询服务	政策、法律、健康、消费等服务	
权益保障	财产、婚姻自由、防虐、协助享受福利	★★★
政策倡导	对相关的法律政策分析、建议、教育宣传	★★
老年临终关怀	生死观、痛症管理、心理支持、遗嘱、告别、哀伤辅导	★★
老年人社会工作服务中的要点	认知情绪：抑郁症、痴呆症、谵妄症、焦虑症	★★★
	自杀风险：直接线索、间接线索、行为线索；干预措施	
	恶意虐待：详见教材表 4-2、4 点介入措施	
	丧亲问题	
	临终关怀服务：3 点	

习题精练

一、单项选择题

1. 社会工作者小张了解到，社区内很多随迁老人经常感到孤独寂寞。针对这种情况，小张为他们开展了小组服务，协助随迁老人结识新朋友，丰富生活。小张的上述做法，属于老年社会工作服务内容中的（　　）。

A. 咨询服务　　　　B. 社区日间照料安排

C. 家庭辅导　　D. 社会支持网络建设

2. 丁大爷的独子在交通事故中丧生，儿媳受重伤，老伴得知噩耗后突发心脏病入院。丁大爷一个人既要跑医院，又要带孙子，分身乏术，心力交瘁，社会工作者小齐了解情况后，协助丁大爷联络家政服务，与医院沟通安排护工等。小齐的上述做法，是为丁大爷家庭提供（　　）。（2022）

A. 救助性服务　　B. 支持性服务

C. 权益保障服务　　D. 丧亲辅导服务

3. 社会工作者小林到老伴刚去世的张奶奶家探访，碰到张奶奶正与女儿聊天，聊天过程中，张奶奶表示要修改之前和老伴一起订立的遗嘱，还要尽快将老伴留下的字画分给孩子们……张奶奶女儿还悄悄对社会工作者说，她收拾房间时，在张奶奶的枕头下发现不少安眠药。针对上述情况，小林首先要做的是（　　）。

A. 请亲朋好友陪伴张奶奶　　B. 对张奶奶进行哀伤辅导

C. 对张奶奶进行自杀风险评估　　D. 请法律志愿者协助张奶奶修改遗嘱

4. 张老伯重病后卧床不起，生活不能自理，他常对老伴说："没有我，你就解放了。"并偷偷积攒安眠药。社会工作者小钱在评估中发现张老伯有自杀的可能，此时，他首先要做的是（　　）。

A. 找子女或老伴多陪伴张老伯　　B. 拿走张老伯积攒的过量安眠药

C. 联络医护人员开展进一步评估　　D. 与张老伯作安全约定，承诺不自杀

5. 某农村社区青壮年大多外出务工，留守、独居老人占社区老年人的比例很大，其中部分年老体弱、生活困难，为加强这些老人的非正式支持系统，社会工作者合适的做法是（　　）。

A. 为生活困难的老年人申请救助

B. 招募和组建志愿服务队为老年人提供服务

C. 请当地老龄委工作人员到社区宣传《中华人民共和国老年人权益保障法》

D. 请当地敬老院工作人员到社区做宣传以吸引老年人入住

6. 刘奶奶一直由小女儿小高照顾。最近，小高由于工作忙压力大，又处于更年期，和母亲说话有些急躁，刘奶奶不仅责骂女儿，还到外面哭诉。小高对此很苦恼，求助社会工作者。社会工作者前去刘奶奶家探访并耐心与刘奶奶交谈，帮助刘奶奶理解女儿 。此案例中，社会工作者的工作属于老年社会工作中的（　　）服务。

A. 身体健康　　B. 精神健康

C. 处理认知与情绪问题　　D. 维护社会支持网络

7. 社会工作者老李去家访王奶奶时，王奶奶向老李抱怨自己身体不适，但老李发现王奶奶身体没有不适，王奶奶还有一些非理性的恐惧，表现出过度忧虑不安。老李判断王奶奶可能出现的认知与情绪问题是（　　）。

A. 抑郁症　　B. 痴呆症　　C. 谵妄症　　D. 焦虑症

8. 老年社会工作服务尤其需要帮助评估和强化社会支持网络，小张在为张大爷提供的服务中，（　　）是在强化张大爷的社会支持网络。

A. 每周六晚上来给张大爷读报

B. 为张大爷申请低保

C. 陪护去医院看病

D. 打电话给张大爷的儿子，要求他每周探望父亲

9. 李奶奶年事已高，由媳妇照顾。媳妇和李奶奶以前有很多矛盾，现在照顾李奶奶时经常谩骂她，李奶奶稍有不从，媳妇就威胁她，有时还会阻断李奶奶与外界的接触，不让李奶奶见别人，更不让李奶奶出门。李奶奶遇到的这种虐待属于（　　）。

A. 身体虐待　　B. 性虐待　　C. 心理虐待　　D. 经济虐待

二、多项选择题

10. 社会工作者在某社区为老年人提供的服务包括：协助老年人组织舞蹈队、合唱团、棋艺社等兴趣团队，邀请医生、护士等专业人士开设知识讲座，为老年人答疑解惑，宣讲老年人权益保障法律法规，对社会公众进行宣传教育。上述做法体现了老年社会工作服务内容中的（　　）。（2022）

A. 政策倡导　　B. 救助服务　　C. 咨询服务　　D. 精神慰藉　　E. 社区参与

11. 某乡镇社会工作者所服务的辖区大部分青壮年外出打工，空巢老人越来越多。社会工作站的社会工作者小王拟通过增强村里空巢老人的非正式支持体系，提升他们的生活质量。小王的下列做法中正确的有（　　）。（2021）

A. 成立村志愿服务队为老人开展上门探访服务

B. 向县老龄办申请补贴在村里开办“老年餐桌”

C. 与社会信誉良好的养老机构合作，将其服务延伸至村庄

D. 与在外打工的子女约定，定期与老人打电话或视频关心老人生活

E. 请独居老人的邻居每天定时“敲门”，以及时发现老人的意外情况

12. 李兰指责保姆阿娟虐待自己卧床的母亲，并要进行控告，阿娟委屈辩解。经相关人员认定，以下的（　　）行为不属于虐待而是疏于照顾。

A. 做好吃的自己吃，而给老人吃剩了几天的饭菜

B. 整天看电视忘记关怀老人的需要

C. 老人的衣服脏得有难闻的异味

D. 出门不给老人穿上保暖衣服而致使老人感冒生病

E. 在小区晒太阳时只顾自己玩耍而使老人从车上摔下来

13. 身体方面的问题是老人遇到的比较普遍的问题，因而协助解决老人与健康有关的问题是社会工作者日常工作的重要内容。健康照顾服务的主要内容包括（　　）。

A. 送餐、家庭病床、家务、探访、电话慰问等个人协助服务

B. 出行和行动服务，包括提供手杖、轮椅和住所改造

C. 紧急呼叫系统安装等技术支持

D. 信息咨询、转介、代际互助、日托、营养配餐、房屋修缮、照顾人缓冲、入住老人院舍等服务

E. 为老年人医治疾病

参考答案

一、单项选择题

1. D　考点：老年社会工作服务内容
2. B　考点：老年社会工作服务内容—社会支持网络建立
3. C　考点：老年人社会工作服务的要点—自杀问题—自杀评估
4. B　考点：老年人社会工作服务的要点—自杀问题—干预措施
5. B　考点：老年社会工作服务内容
6. D　考点：老年社会工作服务内容—家庭辅导
7. D　考点：老年人社会工作服务中的要点—处理认知与情绪问题
8. D　考点：老年社会工作服务内容—社会支持网络建立
9. C　考点：老年人社会工作服务中的要点—虐待和疏于照顾

二、多项选择题

10. ACE　考点：老年社会工作服务内容
11. ADE　考点：老年社会工作服务内容—社会支持网络建立
12. BCDE　考点：老年人社会工作服务中的要点—虐待和疏于照顾
13. ABCD　考点：老年社会工作服务内容—照顾安排服务

第三节　老年社会工作的主要方法

考纲	重要考点		星级标记
老年需求评估	评估内容	5个方面	★★★
	工具方法	5个量表	★
	注意事项	5个方面	★
老年个案工作	特点	注意5个阶段不同特点	★
	注意事项	5个方面注意事项	★★
	个案管理	重视资源链接工作	★★★
老年小组工作	特点	3个特点	★
	注意事项	4个注意事项	★★

续表

考纲	重要考点		星级标记
老年社区工作	目标人群	独居老人、高龄老人、伤残老人、困难老人	★★
	工作目标	提高老人的生命质量和生活质量	★★
	类型与内容	居家服务、社区服务中心服务、社区老人照顾机构服务	★★
	工作原则	优势视角；充权；统筹规划；资源链接与整合	★★
老年人社区照顾	服务特点	由服务导向型向需求导向型转变	★★★
	服务内容	全方位服务	★★★
老年人机构照顾	机构类型	依据老年需要设置不同类型机构	★★
	老人特点	9个特点	★★
	社工角色	见教材表4-5	★★

习题精练

一、单项选择题

1. 赵奶奶因家庭无力照顾她，儿子将她送至养老院，赵奶奶不希望搬到养老院居住，但又不敢和儿子说。社会工作者了解赵奶奶的想法后，协助赵奶奶和她儿子表达自己的想法，决定自己的住处。根据上述社会工作者提供的服务，满足了老年人的（　　）。（2023）

A. 知情权　　B. 自决权　　C. 居住权　　D. 隐私权

2. 针对社区内老年人因中风导致的居家照顾需求大的情况，某社会工作服务机构拟开展老年人社区照顾服务。该机构社会工作者多方了解需求，制订相应的服务方案。在下列需求评估中，属于宏观层面评估的是（　　）。（2022）

A. 社区老年人口中风的比例　　B. 老年人照护者的不同需求

C. 服务方案评估的总体要求　　D. 老年人居家照顾个体需求

3. 某社区开展“新时代文明实践”活动，招募在“社区烹饪大赛”中评选出的老年烹饪能手当志愿者，参加“老年助餐”志愿服务，不仅解决了该社区的老年人吃饭难问题，还发挥了老年烹饪能手的一技之长。上述做法体现了老年社会工作（　　）的原则。（2020）

A. 权益保护　　B. 资源整合　　C. 健康维护　　D. 多方参与

4. 为了提升社区老年人的获得感和幸福感，某养老服务机构运用“互联网+”技术打造了“一站式”服务平台，为社区老年人提供“助浴”“助餐”“助医”“精神慰藉”等服务。社会工作者小蔡运用这一平台，通过链接卫生服务中心、送餐服务机构和相关志愿服务组织，为社区高龄独居老人李奶奶提供服务。小蔡在此服务过程中扮演的角色是（　　）。（2020）

A. 个案管理者　　B. 产品经理人　　C. 专业辅导者　　D. 平台打造者

5. 社会工作专业实习生小丁第一次独立做老年人小组工作，心里没底，向督导者张老师请教，张老师给了小丁一些建议。下列建议中，正确的是（　　）。

A. 根据老年人的节奏调整小组进度

B. 老人参加小组一定要征得家人同意

C. 为每位老人配备一名志愿者，以确保其安全

D. 确保老年人在小组内能够任意表达对其他组员的看法

6. 王大爷年近 80 岁，独居。社区社会工作者小杨发现王大爷腿脚不便，上门为王大爷进行个案评估。根据王大爷的状况，小杨认为应为王大爷提供家政、助餐等居家养老服务，王大爷表示："我可以照顾自己，不用外人到我家里来。"王大爷的反应说明，社会工作者在处理此类问题时应（　　）。

A. 平衡老人自立与他人协调间的需求　　B. 尊重老人的隐私权

C. 营造适宜与老人沟通的环境　　D. 极力说服老人接受居家照顾服务

7. 老年个案社会工作中，在（　　）阶段，要特别注意老人身体、心理社会方面的功能状况。

A. 接案　　B. 结案　　C. 介入　　D. 预估

8. 对于以前从未参加过小组的老人，参加小组活动会使他们接触到许多新奇的他人经历。对他们来说，抗拒诱惑、不与他人讲小组中发生的事是个挑战，此时社会工作者要重点强调的小组工作注意事项是（　　）。

A. 尊重自决权　　B. 平衡对小组和个人所负的责任

C. 尊重保密权　　D. 干预小组动力，保护小组成员免受伤害

9. 老年人的问题常常错综复杂，需要提供多种服务才能满足其需求，而满足这些需求常常需要跟不同的部门和人员打交道，作出统筹安排，才能获得最佳效果。因而，社会工作者在为老人提供服务时常常要充当个案管理员的角色，除了直接给老人提供服务外，还要（　　）。

A. 为老人做资源链接工作

B. 为节省成本，自始至终都是一个人做工作

C. 在儿女不在身边时给老年人找代言人

D. 替老人作一切决定

10. 养老机构的类型通常按照（　　）来区分，从不需要任何协助的老年人的养老服务机构直到需要 24 小时监护的老年人的服务机构。

A. 老年人生活需要协助的程度　　B. 老年人的经济条件

C. 老年人的健康状况　　D. 老年人的社会地位

11. 在老年社会工作中，适合社会工作者采用小组工作方法的情形有（　　）。

A. 老年人身体状况不好，不适宜出行　　B. 老年人有严重的精神疾病

C. 生命特征不稳定的老人　　D. 情绪比较低落的老人

12. 阿涛是一个社区工作者，他看到社区爱好广场舞的低龄老人自发地聚在一起练习跳舞，就决定运用小组工作的方法帮助老人凝聚小组，使小组具有持续性。在活动服务的过程中，组员们为了谁做领舞发生争执，阿涛就引导组员在彼此身上发现力量并成为彼此的支持者，阿涛的做法体现了老年小组工作（　　）的原则。

A. 尊重自决权
B. 尊重保密权
C. 干预小组动力
D. 平衡对小组和个人所负的责任

二、多项选择题

13. 陈大爷中风后入住医养中心，医养中心社会工作者小王在与陈大爷夫妇的会谈中详细询问了陈大爷进食、走动、洗澡、穿衣、梳洗、如厕等方面的自理情况，了解了他平时参与的社会活动和亲戚朋友的联系情况，以及他中风之后与妻子的生活压力与情绪感受。上述会谈中，小王评估了陈大爷的（　　）。（2023）

A. 环境安全情况
B. 经济状况
C. 心理情绪状况
D. 社会功能
E. 日常生活能力

14. 刘大爷因脑梗后遗症行动不便，日常起居由老伴照料。前不久，老伴去世，刘大爷独自一人生活。街道社会工作者小王上门为刘大爷作全面评估，以便为刘大爷提供合适的服务。小王在对刘大爷评估时，需要注意的有（　　）。（2021）

A. 评估刘大爷家的居家环境
B. 关注刘大爷是否有认知方面的障碍
C. 了解刘大爷对评估的态度
D. 将了解到的刘大爷信息告诉其邻居
E. 尊重刘大爷独立生活的意愿

15. 失去老伴的李奶奶在儿子的陪伴下，来到养老院申请入住。社会工作者小梁在与李奶奶的交谈中了解到，老人家不愿入住养老院，但又怕成为儿子的负担，内心纠结，心理压力较大。此时，小梁需要做的工作包括（　　）。

A. 介绍养老院情况
B. 劝说老人入住养老院
C. 带领李奶奶和儿子参观养老院
D. 初步评估老人是否适合入住养老院
E. 鼓励李奶奶的儿子克服困难，自己照顾老人

16. 李奶奶86岁，丧偶，患有阿尔茨海默病，与女儿一家共同生活。家人由于无力照顾，为李奶奶申请入住护理型老人院。老人院的社会工作者在李奶奶等候入院期间应开展的工作有（　　）。

A. 打电话询问李奶奶的情况
B. 帮李奶奶与院内老人结对
C. 提供李奶奶入院后的生活计划
D. 动员李奶奶的女儿做老人院的志愿者
E. 帮助家人缓解对李奶奶入住老人院的焦虑

参考答案

一、单项选择题

1. B　考点：老年个案工作的注意事项
2. A　考点：老年人社区照顾涉及宏观层面的需求评估
3. B　考点：老年社区工作方法—工作原则
4. A　考点：老年人社区照顾的服务内容
5. A　考点：老年小组工作方法
6. A　考点：老年个案工作方法

7. D　　考点：老年个案工作的特点
8. C　　考点：老年小组工作的注意事项—尊重保密权
9. A　　考点：老年个案工作方法
10. A　　考点：老年人机构照顾—养老机构的类型
11. D　　考点：老年小组工作方法的特点
12. C　　考点：老年小组工作的注意事项

二、多项选择题

13. CDE　　考点：老年人问题和需求评估
14. ABC　　考点：老年人问题和需求评估注意事项
15. ACD　　考点：老年人机构照顾—社会工作者在机构照顾中扮演的角色
16. AE　　考点：老年人机构照顾—社会工作者在机构照顾中扮演的角色

第五章 妇女社会工作

【本章复习提示】

本章主要介绍妇女社会工作，需要掌握的知识点包括四个方面：一是关于妇女群体生殖健康、个人发展、权益保护及性别平等的需要，妇女面临的各种现实性问题；二是关于妇女社会工作的内涵、特点、目标及原则；三是关于妇女社会工作的内容，包括妇女的婚姻与家庭工作，针对妇女暴力的干预，对流动妇女和留守妇女的服务，针对妇女生殖健康、就业、参与乡村振兴的工作，维护妇女权益，推进性别平等；四是关于妇女社会工作的方法，包括妇女赋权、性别视角、宣传教育倡导及多部门合作等方法。要特别关注增能理论和社会性别视角在妇女社会工作中的运用。

摸底自测

一、单项选择题

1. 社会工作者小王在社区走访时发现，单亲妈妈李女士不久前失业，由于文化程度不高，技能有限，找工作很难。加上其上初中的儿子与同学冲突不断，李女士深受困扰，压力很大。从妇女工作的角度，小王对李女士的情况进行分析。下列分析中，正确的是（　　）。(2023)

A. 李女士是一个值得社会大众同情的弱者

B. 社会因素是李女士困境产生的主要原因

C. 能力不足是导致李女士生活困境的主要原因

D. 李女士儿子的问题是家庭结构不完整造成的

2. 某市准妈妈和新生儿数量不断增加，对公共场所各类母婴设施的需求也逐渐增多，针对这一情况，某市印发了《关于加快推进母婴设施建设的实施意见》，要求所有应配置母婴设施的公共场所和用人单位建成标准化的母婴设施，实现母婴设施全覆盖。上述举措回应了妇女的（　　）需要。(2022)

A. 生殖健康　　B. 职业安全　　C. 心理健康　　D. 性别公正

3. 安女士与丈夫结婚一年，家里大小事情都由丈夫决定，自己的意见很少被听取。夫妻俩矛盾不断，关系紧张，安女士感到很困扰，向社会工作者小肖求助。针对上述情况，小肖提供服务时应遵循的性别视角家庭工作原则是（　　）。(2022)

A. 注意保持工作与家庭生活平衡　　B. 调整家庭权力关系以避免家庭冲突

C. 尊重和接纳家庭形式的多样性　　D. 强调父亲职责与母亲职责同样重要

4. 某地政府对当地妇女儿童发展规划（2010—2020 年）进行了终期评估，发现在“儿童与教育”领域，性别平等课程进校园工作做得不尽如人意。在整改中，当地教育行政部门组建了工作小组，开发出性别平等课程，在中小学开设专门课堂，引入专业社会工作力量开展了丰富多彩的性别平等教育活动。上述材料的最终目的是（　　）。(2021)

A. 推动社会性别主流化　　B. 提升教师性别平等教育能力

C. 在学生中开展性别平等教育　　D. 丰富学校性别平等教育内容

5. 某社会工作服务机构为做好脱贫攻坚与乡村振兴的有效衔接，支持所帮扶的裕村妇女草编合作社进一步深化发展，增量提质。下列体现妇女赋权原则的服务是（　　）。(2021)

A. 为裕村妇女草编合作社设计项目

B. 动员已脱贫的妇女加入妇女草编合作社

C. 请工艺美术大师为妇女草编合作社设计新产品

D. 将姐妹们提出的合作社发展建议反映给相关部门

6. 某社会工作服务机构运用妇女社会工作方法，开展“构建男女平等和谐社区”项目，社会工作者与社区工作人员组成小分队在社区开展了丰富多彩的促进性别平等的工作。下列工作中，属于性别视角妇女社会工作方法的是（　　）。(2021)

A. 开办“儿童社会性别小课堂”　　B. 举办“女性家庭贡献影像展”

C. 开展“五星好儿媳”评选活动　　　　D. 开展“五好家庭”表彰活动

7. 某校社会工作专业师生在某村实施“社会工作教育对口助力脱贫攻坚计划”，在需求评估中发现，该村的留守妇女较多，她们摆脱困境的愿望十分强烈。为提升留守妇女的致富能力，提高其家庭和社会地位，实现既扶贫又扶志的目标，该校师生为村里的留守妇女开办了传统手工技能培训班。上述活动关注了妇女的（　　）。（2020）

A. 战略性性别需求　　　　B. 成长性性别需求

C. 实用性性别需求　　　　D. 发展性性别需求

8. 某社会工作服务机构根据社区需求评估的结果，计划为社区妇女开展能力建设。该机构提供的下列服务中，能够满足妇女战略性社会性别需求的是（　　）。（2019）

A. 创业技能培训　　　　B. 健康保健知识培训

C. “女德”知识培训　　　　D. 子女教育技能培训

9. 小张在孩子3岁时因丈夫有外遇而与其离婚，她获得了孩子的监护权，出于怨恨，小张不让前夫见孩子，也拒绝了前夫支付给孩子的抚养费，以及孩子奶奶帮忙照看孩子的请求，但小张既要工作又要照顾孩子，心力交瘁，向社会工作者小王寻求帮助。根据性别视角的工作原则，小王应该做的是（　　）。

A. 让小张认识到单亲家庭对孩子的负面影响

B. 动员小张接受孩子奶奶帮忙照顾孩子的建议

C. 与小张分析现状，让其明白自己困难的状况和原因

D. 告诉小张，前夫有见孩子的权利和支付抚养费的义务

10. 某社区拟开展一系列表彰活动，以推动幸福家庭建设，营造和谐社区氛围。从妇女社会工作的角度来看，属于打破传统和定型的社会性别观念的活动是（　　）。

A. 评选表彰“贤内助”　　　　B. 评选表彰“新好男人”

C. 评选表彰“好媳妇”　　　　D. 评选表彰尊老敬老的“好孝子”

11. 某妇女发展机构发动村里的妇女成立了“巧娘”草编合作社。近期，镇政府将举办手工艺大赛，妇女们参与积极性很高。社会工作者小王运用增能的方法，协助妇女们为大赛做准备，其适宜的做法是（　　）。

A. 让“巧娘”们自己商量制作参赛作品

B. 让村里的能人帮助改进“巧娘”们的作品

C. 请工艺美术大师设计产品，由“巧娘”们制作参赛作品

D. 由小王从以往“巧娘”们的作品中挑选有特色的前去参赛

12. 某中学在招生广告中明确提出：“从我校毕业的学生，男生是绅士，女生是淑女。”该校的培养目标反映了（　　）。

A. 男女两性的发展特点　　　　B. 男女两性的自我选择

C. 社会对男女两性的刻板要求　　　　D. 社会发展对两性的要求

二、多项选择题

13. 燕女士被人贩子拐卖后，被解救回来，每次出门总会受到周围人背后的指指点点，公婆对她态度也不好了，在外地打工的丈夫也对她冷嘲热讽。燕女士内心特别难过，找到社会工作者诉说。社会工作者恰当的做法是（　　）。（2023）

A. 疏导燕女士的情绪

B. 让她去丈夫打工的地方躲一躲

C. 和燕女士的公婆，丈夫进行沟通，改变对燕女士的态度

D. 做好社区的宣教工作，改变对被拐卖人员的歧视

E. 劝说燕女士要忍一忍

14. 刘姐和大李结婚多年，一双儿女都已上中学。家里除了几亩地的收成，主要靠大李在外打零工维持生计。大李爱喝酒，喝多了就打刘姐。刘姐常年遭受家暴，具有典型的“受虐妇女综合征”的表现。下列对刘姐的表述中，属于“受虐妇女综合征”表现的有(　　)。(2021)

A. 大李的性格天生就是这样

B. 大李的工作压力实在太大了

C. 大李醉酒后我没服侍好他

D. 不管是婆家还是娘家都没人能帮我

E. 谁家都是这样，年龄大些就好了

15. 针对我国村民委员会主任中女性比例偏低的问题，某妇女发展中心在当地开展推动基层妇女参选参政项目。下列说法中，该中心的社会工作者运用增能方法开展的工作有(　　)。(2019)

A. 选拔妇女骨干到高校学习相关知识

B. 在当地高校选择优秀教师进行妇女参政意识培训

C. 建立女村干部协会并定期交流学习，增进其相互支持

D. 对当地民政和妇联干部进行培训，支持妇女参选参政

E. 为女村干部提供“种子资金”开展公益项目，提升其影响力

16. 长期遭受婚姻暴力的妇女具有一些共同的特征，称之为“受虐妇女综合征”，其特征包括(　　)。

A. 低自尊

B. 以暴制暴

C. 暴力循环

D. 抑郁症

E. 暴力正常化

参考答案

一、单项选择题

1. B　考点：妇女社会工作的特点—强调妇女个人问题的社会原因
2. A　考点：妇女的需要
3. B　考点：性别视角的家庭工作原则
4. A　考点：推动性别平等的工作—推动社会性别主流化的工作
5. D　考点：实施妇女赋权的原则
6. B　考点：性别视角的妇女社会工作方法
7. C　考点：性别视角的妇女社会工作方法—协助相同处境的妇女建立支持小组
8. A　考点：性别视角的妇女社会工作方法—协助相同处境的妇女建立支持小组
9. C　考点：性别视角的妇女社会工作方法—协助妇女重新界定问题，提升意识
10. B　考点：推动社会性别主流化的工作
11. A　考点：妇女赋权的方法
12. C　考点：性别视角的妇女社会工作方法

二、多项选择题

13. ACD　考点：针对被拐卖妇女的介入策略

14. CDE　考点：婚姻暴力的认识误区

15. AB　考点：妇女赋权的方法

16. ACE　考点：婚姻暴力的特征

第一节　妇女社会工作概述

考纲	重要考点	星级标记
妇女的需要	3 个需要	★★★
妇女面临的问题	8 个问题	★★★
妇女社会工作的特点	6 个特点	★
妇女社会工作的目标	直接目标、中间目标、最终目标	★★
妇女社会工作的原则	7 项原则	★★★

习题精练

一、单项选择题

1. 某社会工作服务机构进行自我评估时发现，机构有关女员工产假等方面的制度不健全，遂根据相关法律法规对员工的产假、哺乳假、带薪年假和体检等制度进行了修订和完善。这一工作满足了（　　）需要。（2021）

A. 妇女的生殖健康　　　　B. 保护妇女权益与发展

C. 贯彻男女平等基本国策　　　　D. 建立性别平等的社会环境

2. 何先生与张女士夫妇因在家庭角色认知上的差异而经常发生争吵。何先生强调女性就应以家庭为中心，在家相夫教子；张女士则认为家庭责任应夫妻共同承担。为此，夫妻之间的矛盾不断升级，甚至闹到要离婚。社会工作者从性别视角出发为何先生与张女士夫妇提供家庭辅导服务，其工作重点应是（　　）。（2019）

A. 强化张女士作为妻子的家庭角色

B. 劝说张女士认同丈夫的家庭观念

C. 强化何先生作为丈夫的家庭角色

D. 引导何先生尊重妻子的个性与权利

3. 社会工作者小王定期组织企业女工学习有关女性工作权利的法律法规。在女工们学习的下列政策法规中，居于主体地位的是（　　）。

A.《中华人民共和国劳动法》　　B.《中华人民共和国妇女权益保障法》

C.《中华人民共和国宪法》　　D.《中华人民共和国慈善法》

4. 某单位招聘广告中明文规定只招收男性，不招收女性。这是无视(　　)。

A. 妇女建立性别公正的政策、制度和社会环境的需要

B. 妇女自我实现的需要

C. 妇女生命权得到保障的需要

D. 妇女生殖健康的需要

5. 我国目前已基本形成了以《中华人民共和国宪法》为依据，以《中华人民共和国妇女权益保障法》为主体的关于女性工作权利的法律体系，这些法律法规意在满足妇女工作过程中(　　)。

A. 提升自身社会地位的需要　　B. 妇女"四期"的特殊保护需要

C. 参政议政的需要　　D. 当家作主的需要

6. 妇女参政率是衡量妇女政治地位的最重要的指标，但在现实政治生活中，妇女参政存在着"四多四少"的现象。这里的"四多四少"不包括(　　)。

A. 副职多，正职少　　B. 男性多，女性少

C. 基层多，高层少　　D. 虚职多，实职少

7. 针对妇女社会工作的主要特点，下列说法错误的是（　　）。

A. 遵守"个别化"的工作原则

B. 倾听妇女的声音是妇女社会工作的起点

C. 强调"个人的即政治的"

D. 将妇女问题个人化

8. 妇女社会工作的最终目标是（　　）。

A. 缓解压力和宣泄情绪

B. 协助妇女重新界定妇女问题，认识到"个人的即政治的"

C. 重新建构权力关系

D. 建立妇女的支持小组，减少成员的孤独感

9. 以下对妇女社会工作理解错误的是（　　）。

A. 承认妇女的多样性以及与其一起工作的视角的多样性

B. 尊重妇女作为独立的个体，而不是家庭角色的扮演者

C. 应该首要考虑家庭和孩子的感受和需要

D. 认识妇女本身也是一个资源，有能力处理自己的问题

10. 以下对妇女社会工作理解错误的是（　　）。

A. 妇女社会工作的服务对象只限于女性

B. 妇女是发展的主体，而不是客体

C. 要增加妇女的资源和选择的多样性

D. 将个体与群体连接起来，促进妇女之间特别是具有类似经历的妇女互助

11. 关于妇女社会工作，以下描述不正确的是（　　）。

A. 帮助女性更温柔

B. 着力解决妇女存在的特殊问题和发展问题

C. 推动社会性别视角的普及

D. 维护妇女权利

二、多项选择题

12. 以下对“个人的即政治的”理解正确的是（　　）。

A. 强调个人问题与整个社会环境之间的关系

B. 个人问题与他人无关

C. 将个人问题上升为制度问题和社会问题

D. 不要把个人问题与政治混为一谈

E. 性别问题和妇女问题的根本解决需要全社会树立积极健康的妇女观

13. 妇女社会工作的特点是（　　）。

A. 关注妇女的多样性

B. 理解和接纳妇女的现实处境

C. 注重本土妇女工作经验的总结和提炼

D. 关注妇女的声音和经验

E. 帮助女性把握好家庭角色

14. 小丽是一个 35 岁的农村妇女，丈夫常年在外打工，她除了干农活，家里行动不便的老人和瘫痪的孩子也要靠她照顾。一天她的婆婆突然发现她夜里偷偷服安眠药自杀了，悲痛之余不禁要问：媳妇向来开朗，怎么突然就想不开了呢？从社会工作的视角分析，小丽遇到的困难可能有（　　）。

A. 小丽丈夫常年在外，使得她心理压力大

B. 不仅要照顾行动不便的老人与瘫痪的孩子，还要干繁重的农活

C. 小丽个性差，比较自私，与老人相处不来

D. 经济负担重

E. 无力拓宽视野，精神压力大

15. 改革开放以来，妇女得到了更多的发展机会和空间，但也带来一些问题。下列情况中，属于婚姻与家庭问题的有（　　）。

A. 小丽因老公出轨而离婚

B. 小红是 32 岁的知识女性，相亲时却找不到合适的对象

C. 小敏是单亲母亲，无力给孩子买保险

D. 小夏在单位经常受到性骚扰

E. 小兰自愿从事性服务

参考答案

一、单项选择题

1. A　　考点：妇女生殖健康的需要

2. D　　考点：贯彻男女平等基本国策，建立性别公正的政策、制度和社会环境的需要

3. B　　考点：保障妇女的权益和发展的需要
4. A　　考点：贯彻男女平等基本国策，建立性别公正的政策、制度和社会环境的需要
5. B　　考点：保障妇女的权益和发展的需要
6. B　　考点：妇女面临的问题—参政问题
7. D　　考点：妇女社会工作的特点
8. C　　考点：妇女社会工作的目标和原则
9. C　　考点：妇女社会工作的特点
10. A　　考点：妇女社会工作的特点
11. A　　考点：妇女社会工作的特点和内涵

二、多项选择题

12. ACE　　考点：妇女社会工作的特点
13. ABCD　考点：妇女社会工作的特点
14. ABDE　考点：妇女面临的问题
15. ABC　　考点：妇女面临的问题—婚姻与家庭的问题

第二节　妇女社会工作的主要内容

<table>
<tr><th>考纲</th><th colspan="2">重要考点</th><th>星级标记</th></tr>
<tr><td rowspan="2">婚姻和家庭工作</td><td>关系调适</td><td>家庭工作的视角和5项原则；夫妻关系；婆媳关系；亲子关系</td><td>★</td></tr>
<tr><td>单亲母亲</td><td>问题、观念、服务体系</td><td>★★</td></tr>
<tr><td rowspan="5">妇女暴力行为的干预</td><td>婚姻暴力</td><td>特征、干预原则、认识误区、后果</td><td rowspan="5">★★★</td></tr>
<tr><td>拐卖妇女</td><td>危害、介入策略</td></tr>
<tr><td>性暴力</td><td>表现：强奸、性骚扰、猥亵
危害：对个人身心、家庭、社会</td></tr>
<tr><td>干预原则</td><td>5项原则</td></tr>
<tr><td>干预策略</td><td>4项策略</td></tr>
<tr><td rowspan="2">流动和留守妇女的工作</td><td>流动妇女</td><td>问题现状、倡导服务、回应需求服务</td><td>★★★</td></tr>
<tr><td>留守妇女</td><td>问题现状、干预措施</td><td>★★★</td></tr>
</table>

续表

考纲	重要考点		星级标记
妇女生殖健康的工作	概念	见教材	★★
	问题成因	将妇女当成传宗接代的生育工具、缺乏对生殖健康权利的认识等	
	干预原则	主体原则、参与原则	
	干预策略	政策倡导、服务策略、健康检查的制度	
妇女就业问题的工作	性别问题	报酬低、缺乏必要的社会保障、劳动权益受到严重损害	★
	干预	培训、扩大就业岗位，政策和法律的保障、社会平等	★★
妇女参与乡村振兴	妇女与乡村振兴	农村妇女作为家庭经营者、农业生产者、乡村守候者，是乡村振兴的重要力量	★★
	妇女参与乡村振兴的作用	助力乡村产业发展；改善乡村生态环境；推动乡村文明建设；参与乡村社区治理	★★
	保障机制	完善管理机制；灵活运用现代媒体渠道；加强各种教育培训；建立妇女组织化参与机制	★★
	社会工作参与乡村振兴	赋权视角、社会性别视角	★★
维护妇女权益的工作	维权内容	维护妇女合法权益	★★
	维权途径	宣传，调查研究，提供服务，倡导、督促健全机制	
推进性别平等社会工作	马克思主义妇女观	5项内容	★
	男女平等的基本国策	男女两性在政治、经济、文化、社会和家庭生活等方面平等	
	社会性别主流化	社会性别是由后天社会建构而成 社会性别分析与决策主流化 推动措施	★★

习题精练

一、单项选择题

1. 由于个人经历和家庭观念不同，人们对婚姻暴力的认识差异很大。下列对婚姻暴力的认识中正确的是（　　）。（2023）

A. 两口子打架是家务事　　B. 家庭暴力由暴力性格所导致的

C. 挨打一定有挨打的理由　　D. 任何理由都不是实施暴力的借口

2. 某地遭遇特大暴雨，多处房屋被冲毁，当地政府迅速启动应急响应，组织防汛救灾，安置受灾群众，并及时将受灾数据向社会公布，为开展救援提供依据。某社会工作服务机构发现在受灾数据中没有受灾人口分性别的统计，遂与政府积极沟通，建议他们加入分性别统计指标，并据此提供相应物资。该机构的做法体现了（　　）。（2022）

A. 维护妇女儿童权益　　B. 注重性别分析

C. 实施妇女儿童赋权　　D. 宣传男女平等

3. 打击拐卖妇女犯罪活动是维护妇女权益的重要举措。某区实施多部门合作，开展“打击拐卖妇女犯罪专项行动”，社会工作服务机构也参与其中。下列工作中，属于社会工作服务机构工作职责的是（　　）。（2020）

A. 解救被拐卖的妇女　　B. 为受害妇女进行全面体检

C. 加大打击犯罪力度　　D. 为受害妇女提供创伤辅导

4. 下列关于婚姻和家庭关系调适的说法中，错误的是（　　）。

A. 家庭问题与传统社会性别对妇女角色的定位相关

B. 婆媳矛盾是婆媳个人的素质问题

C. 婚姻问题是社会性别问题在家庭中的反映

D. 传统性别观念是导致婆媳矛盾的深层根源

5. 小丽结婚以后，难以平衡自己与婆婆和娘家母亲的亲属关系，于是找到了社会工作者老李。你如果是老李，应该引导小丽（　　）。

A. 放弃对自己娘家的私心，全力照顾婆婆

B. 记住父母的养育之恩，全力照顾娘家人

C. 认识到婆家和娘家都要平等对待

D. 远离婆家和娘家

6. 单亲母亲家庭是因为丧偶或者离异以及其他一些原因而导致母亲和孩子一起组成的家庭。小兰作为一名社会工作者，应该怎样看待单亲母亲家庭？（　　）。

A. 把单亲母亲视为可怜的弱者　　B. 单亲母亲的问题是单亲母亲个人的问题

C. 单亲母亲问题是一个社会问题　　D. 单亲家庭是导致孩子问题的根源

7. 小丽平日里习惯于将自己打扮得花枝招展，以美好的形象示人。某日在回家的路上遭遇了歹徒的强奸，精神变得萎靡不振。作为一名社会工作者，（　　）的干预原则是不合适的。

A. 重塑小丽的人格独立　　B. 怀疑小丽是因为特定的行为吸引了歹徒

C. 关注小丽的安全　　D. 与小丽建立信任的专业关系

8. 夏丽的丈夫脾气暴躁且大男子主义，认为夫妻相处之道就是要把女人制伏了，经常因为一点小事就破口大骂、动手打人，社工张娟看到夏丽脸上的伤心疼地说：“他打你你怎么不躲避一下啊！”张娟这样的回应违背了针对妇女暴力干预的（　　）原则。

A. 尊重受害妇女的人格独立
B. 关注受害妇女的安全
C. 与妇女建立信任真诚的关系
D. 接纳受害妇女描述的问题而不是指责

二、多项选择题

9. 吴女士的丈夫脾气不好，长期对她施暴，一喝醉酒就打她，社会工作者在与吴女士交谈中发现，她已有“受虐妇女综合征”的表现。下列表述中体现该特征的有（　　）。（2022）

A. 是我自己没本事哄丈夫开心
B. 谁家的日子都是这么过来的
C. 他主要是因为喝酒才打我的
D. 过了那股劲儿他对我挺好的
E. 不管怎么说他都不应该打我

10. 小赵来到社会工作服务机构，哭诉说她丈夫性情粗暴，喜欢抽烟喝酒，且酒后经常打骂她。小赵实在忍无可忍，求助社会工作者。社会工作者在帮助小赵时，应遵循的干预原则有（　　）。

A. 私人问题个人负责
B. 关注人身安全
C. 建立专业关系
D. 尊重人格独立
E. 接纳其描述的问题

11. 在针对婚姻和家庭关系调适中，以下对于家庭工作的视角和原则的说法错误的是（　　）。

A. 尊重家庭形式和婚姻形式的多样性
B. 要重新调整家庭权力关系
C. 工作和家庭生活要协调与平衡
D. 父母的职责是天职，不需要训练
E. 父亲的职责比母亲的职责更加重要

参考答案

一、单项选择题

1. D　考点：对婚姻暴力的认识误区
2. B　考点：社会性别分析和决策主流化
3. D　考点：针对妇女暴力行为的干预—拐卖妇女
4. B　考点：婚姻和家庭关系调适
5. C　考点：婚姻和家庭关系调适
6. C　考点：针对单亲母亲家庭的服务
7. B　考点：针对妇女性暴力
8. D　考点：针对妇女暴力的干预原则和策略

二、多项选择题

9. ABCD　考点：受虐妇女综合征
10. BCDE　考点：针对妇女暴力的干预原则和策略
11. DE　考点：婚姻和家庭关系调适

第三节　妇女社会工作的主要方法

考纲	重要考点		星级标记
妇女赋权	赋权概念	感觉有自我控制的能力，尊重自己、充满自信，并且相信自己有能力改变现状	★★★
	赋权目标	个人、人际、环境3个层次	
	赋权原则	5项原则	
	案例	3个步骤	
性别视角的妇女社会工作方法	建立协作关系	6个信任关系建立的具体技巧	★★★
	重新界定问题	4个技巧	
	挖掘潜能	5种方法挖掘自身潜能、链接周围的资源并解决问题	
	建立支持小组	3点注意事项	
宣传教育、倡导和多部门合作的5个方法			★

习题精练

一、单项选择题

1. 小文和丈夫都要工作，经常因为接送女儿而发生矛盾。社会工作者小李运用赋权方法组织社区年轻妇女成立“妈妈团”，妈妈们根据各自家庭的时间，互相帮助接送并照看孩子。“妈妈团”的成立解决了小文家的问题。小李上述做法体现了赋权目标的（　　）。(2023)

A. 生活层次　　B. 个人层次　　C. 人际层次　　D. 环境层次

2. 为落实《中国妇女发展纲要（2021—2030）》，某地将男女平等的课程纳入乡镇社会工作者培训体系，该举措属于妇女社会工作者中的（　　）方法。(2022)

A. 妇女赋权　　B. 舆论干预　　C. 性别分析　　D. 宣传教育

3. 某社会工作服务机构运用妇女社会工作方法，开展“构建男女平等和谐社区”项目，社会工作者与社区工作人员组成小分队在社区开展了丰富多彩的促进性别平等的工作。下列工作中，属于性别视角妇女社会工作方法的是（ ）。(2021)

A. 开办“儿童社会性别小课堂” B. 举办“女性家庭贡献影像展”

C. 开展“五星好儿媳”评选活动 D. 开展“五好家庭”表彰活动

4. 有媒体曾报道一些不会做家务的大龄未婚女青年遭到家长“催婚”和亲友“非议”的现象，形成了公众参与讨论两性角色规范的舆论场。为推进社会性别主流化，社会工作者应采取的措施是（ ）。(2020)

A. 为女青年举办家务技能培训

B. 为相关人群提供婚恋咨询服务

C. 借助该议题向社会宣传性别平等观念

D. 组织大龄女青年通过角色扮演增进自我认识

5. 为了减轻家庭负担，小肖初中毕业后就外出打工，一直在玩具厂的生产线上工作，最近，因企业智能化改造而失业。小肖认为失业的原因是自己没有一技之长、文化程度不高、跟不上时代的发展，觉得自己很无能，对未来感到茫然，遂向社会工作者小张求助。小张同小肖一起分析了她的个人现实条件与企业发展的相互关系，引导她认识个人失业与社会转型的关系。小张的做法属于性别视角妇女社会工作方法中的（ ）。(2020)

A. 建立信任关系 B. 挖掘自身潜能

C. 链接周围资源 D. 重新界定问题

6. 某社会工作服务机构在杨村开展关爱留守妇女项目，该机构的社会工作者小江针对部分留守妇女存在的精神孤寂、家庭教育知识缺乏、家务劳动繁重等问题，开展了“姐妹牵手”支持小组工作。小江下列做法中，体现了社会性别视角的是（ ）。(2019)

A. 为姐妹们提供心理咨询服务

B. 为姐妹们选择开办小组的地点

C. 由姐妹们确定开办小组的时间

D. 邀请专家为姐妹们讲授家庭教育知识

7. 社会工作者小王来到经济发展滞后的山村参加支援乡村建设工作。小王发现，建档立卡的生活困难人口中，有一部分是妇女，她们大多50岁左右，文化程度低，也没有一技之长，小王计划链接资源帮助这些妇女摆脱困境。为达此目的，应采取的措施是（ ）。

A. 协助妇女姐妹树立信心

B. 与妇女姐妹一道分析生活困难原因

C. 让妇女姐妹利用空闲时间学习技能

D. 邀请农技专家为妇女姐妹提供培训

8. 小雅是一位单亲妈妈，去年下岗，家庭经济遭遇危机，女儿又生病需要手术，亲戚朋友几乎都借遍了钱，还是不够高昂的医疗费用，于是到社区求助。社会工作者郭飞帮助申请了医疗救助，解了燃眉之急。但是，以后的日子怎么办？郭飞查找资料，了解到西方很多国家都有专门帮扶单亲母亲的福利政策，但是目前我国没有，郭飞接下来的工作可以进行（ ）。

A. 社区动员 B. 政策倡导

C. 链接非正式支持资源 D. 链接专业机构的帮助

9. 摩塞把妇女的需求分为实用性社会性别需求和战略性社会性别需求两种，以下情况中属于满足妇女的战略性社会性别需求的是（　　）。

A. 社会工作者小李帮助王女士找到一份织补工作

B. 志愿者帮助张女士看护宝宝

C. 沼气改建项目使妇女用上清洁能源做饭

D. 李女士竞选村委会主任

10. 李女士因家庭暴力而备受折磨，从而找到了社会工作者小张。小张进行了仔细的评估后决定用增能的办法来帮助李女士，并把自己的行动目标、将要采取的具体方法与过程向李女士说明。小张的这一做法属于（　　）。

A. 权力分析　　B. 透明化　　C. 意识醒觉　　D. 倡导政策改变

11. 阿芳自从结婚以后，花钱就变得不自由，丈夫不仅要求阿芳上交她自己的工资，而且家庭财务如何开销也从不让阿芳过问。社会工作者小张告诉阿芳，作为妻子，阿芳是有权利支配家庭财产的，阿芳应当积极参与家庭财产的分配。小张的做法属于（　　）。

A. 权力分析　　B. 透明化　　C. 意识醒觉　　D. 倡导政策改变

二、多项选择题

12. 为改变村“两委”（党支部和村委会）女性成员比例偏低的状况，某地妇联的社会工作者运用倡导的方法关注该问题，可采用的做法有（　　）。

A. 针对女性参与治理现状形成调研报告，提交相关部门

B. 撰写提高村“两委”女性成员比例的议案、提案，提交当地人大和政协

C. 与民政部、组织部等部门沟通出台相关政策，保证女性进村“两委”比例

D. 建立妇女骨干支持小组，鼓励她们参与选举

E. 为女性候选人进行竞选技巧培训

13. 为改变社区居民重男轻女的传统观念，社会工作者小彬运用增能的方法，组织社区居民排练以“男女平等”为主题的戏剧，准备在社区进行演出。小彬适宜的做法有（　　）。

A. 将主题确定为“妈妈与女儿的故事”

B. 请社区居民骨干到社区收集与主题相关的故事

C. 请戏剧专家为社区居民骨干进行相关培训

D. 与社区居民一起将收集的故事编成剧本

E. 为居民进行角色分配并计划排练时间

14. 倡导指的是为了确保社会公正，站在服务对象或者受助团体的立场上，直接从事代表、捍卫、支持受助个人或者团体的利益的活动过程。倡导通常采取的方式有（　　）。

A. 游说　　B. 政策建议　　C. 个案管理　　D. 小组工作　　E. 运用传媒

参考答案

一、单项选择题

1. C　　考点：赋权的目标层次

2. D　　考点：妇女社会工作的主要方法—宣传和教育的方法

3. B　　考点：性别视角的妇女社会工作方法
4. C　　考点：性别视角的妇女社会工作方法
5. D　　考点：性别视角的妇女社会工作方法
6. C　　考点：性别视角的妇女社会工作方法
7. D　　考点：性别视角的妇女社会工作方法
8. B　　考点：宣传教育、倡导和多部门合作的方法
9. D　　考点：性别视角的妇女社会工作方法
10. B　　考点：妇女赋权的方法
11. A　　考点：妇女赋权的方法

二、多项选择题

12. ABC　　考点：宣传教育、倡导和多部门合作的方法
13. BCD　　考点：宣传教育、倡导和多部门合作的方法
14. ABE　　考点：宣传教育、倡导和多部门合作的方法

第六章
残疾人社会工作

【本章复习提示】

本章主要介绍残疾人社会工作，需要掌握四个方面的知识点：一是对残疾人群体的了解，包括残疾人的分类、残疾人的需求及面临的问题；二是关于残疾人社会工作的含义和特点，包括理论视角的特殊性、功能发挥的特殊性；三是关于残疾人社会工作的内容，包括服务理念的变迁和服务模式的变迁、本土化的视野、保障合法权益的政策体系及不同层面的残疾人康复服务；四是关于残疾人社会工作的方法，包括个案管理、促进残疾人社会融入、促进残疾人就业权利实现等，要特别关注残疾人权利的维护。

摸底自测

一、单项选择题

1. 某社会工作服务机构开展了国际助残日宣传活动，在许多公司宣讲了残疾人按比例就业政策。上述活动是为了保障残疾人的（　　）。（2023）

A. 环境友好权　　B. 劳动权　　C. 社会福利权　　D. 康复权

2. 2022年3月13日，北京冬残奥会圆满闭幕，我国残疾人运动员取得金牌榜、奖牌榜第一的成绩。值此时机，某社会工作服务机构计划在社区开展助残爱残宣传活动。下列关于残疾的说法正确的是（　　）。（2022）

A. 残疾人是个群体规模很小的社会群体

B. 残疾是人类多元差异化的表现之一

C. 残疾是指由于身体上的缺陷而带来的器官的丧失或功能的不正常

D. 残疾包括视力残疾、听力残疾、语言残疾、肢体残疾和精神残疾共五类

3. 35岁的高先生因交通事故意外致残，经过一段时间的医疗康复后，他被转分至残疾人职业康复服务站。该服务站的社会工作者全面了解高先生的基本情况后，有针对性地梳理支持性资源，协助高先生实现职业康复。下列做法属于就业指导环节的是（　　）。（2022）

A. 对高先生的身体、心理和职业适应性进行评估

B. 协助高先生报名参加电子商务行业岗前培训班

C. 向高先生介绍本机构为残疾人提供的系列服务

D. 对高先生入职中遇到的具体问题给予解答建议

4. 为落实国家《“十四五”残疾人保障和发展规划》中“强化残疾预防”的任务要求，某社会工作服务机构承接政府购买服务，与社区卫生服务中心合作，在社区开展残疾早期筛查和早期医疗干预服务。上述服务属于我国残疾人预防工作体系中（　　）的内容。（2021）

A. 一级预防　　B. 二级预防　　C. 三级预防　　D. 四级预防

5. 残疾人小青所在的服装厂关闭了，收入减少，生活出现困难。社会工作者小方在定期入户探访中了解到小青的情况，在评估小青的生活状况、家庭关系和社会支持后，制订了服务计划，拟通过加强小青与亲朋好友和邻里的联结，强化邻里互助在特殊时期的作用，为小青及其家庭提供心理及情绪支持、就业信息和咨询意见，在可能的情况下为她提供经济上的帮助。小方上述做法的理论依据是（　　）。（2021）

A. 社区照顾理论　　B. 社区管理理论

C. 社会代价理论　　D. 社会网络理论

6. 芳华社区的六位残疾人希望通过自主创业打破人们的成见，实现自身价值，社会工作者大李了解到这个情况后，对他们的身体状况进行评估，邀请烘焙师向他们传授面包烘烤的技术，并协助他们办理了营业执照。经过近一年的筹备，“芳华面包坊”正式开业。大李的上述工作属于残疾人康复服务中的（　　）。（2021）

A. 教育康复　　B. 职业康复　　C. 社区康复　　D. 社会康复

7. 独居老人张爷爷患有多种慢性病。最近，张爷爷突发脑梗，导致日常生活起居、外出行动和就医等都出现了困难。社区居委会将张爷爷转介给社会工作者小袁。小袁初步了解了张爷爷的情况后，决定将张爷爷列为个案管理工作的服务对象。在与张爷爷建立了专业关系后，小袁下一步需要完成的工作是（　　）。（2020）

A. 评估张爷爷的需求和生活中的问题

B. 与张爷爷签订个案管理服务契约

C. 邀请邻居作为志愿者照顾张爷爷

D. 为张爷爷制订个案管理服务方案

8. 75 岁的兰奶奶是独居老人，因脑梗住院治疗后回家康复中。社会工作者小李跟进兰奶奶的个案，经过综合评估发现兰奶奶有做饭、打扫卫生、针灸按摩、喂药和精神慰藉等服务需求。根据上述兰奶奶的需要，小李拟采用个案管理的工作方法为其提供服务。小李下列做法中，正确的是（　　）。（2019）

A. 将兰奶奶转介给家政中心

B. 自己为兰奶奶提供所有服务

C. 组织亲戚朋友为兰奶奶提供临时服务

D. 整合相关资源为兰奶奶提供多种服务

9. 社会工作者老李应邀到小伟家进行探访。老李了解到，7 岁的小伟去年被诊断为中度智障，未能到普通小学就读。小伟母亲辞职在家照顾小伟，但她觉得自己只能照顾其生活，无法为他提供系统的知识和社会技能训练，因而非常担心影响小伟的顺利成长。老李评估后认为，小伟当下最急需的是（　　）康复资源。（2019）

A. 职业　　B. 社区　　C. 教育　　D. 社会

10. 社会工作者小张依据“回归社会理论”为社区脑瘫儿童提供服务，小张的下列做法中，符合该理论观点的是（　　）。

A. 为脑瘫儿童家庭捐赠康复器材

B. 邀请脑瘫儿童参加社区融合夏令营

C. 协助经济收入水平低的脑瘫儿童家庭申请经济救助

D. 向经济困难家庭的脑瘫儿童送节日礼物

11. 某社会工作服务机构在农村开展残障人士社区康复工作。下列做法中，体现社区康复工作社会化原则的是（　　）。

A. 协助家庭成员参与康复服务

B. 就近就地开展家庭康复服务

C. 利用本地资源制作简易实用的康复工具

D. 推动村委会与专业合作社对康复工作的支持

12. 老王因公出差时遭遇车祸致残，生活不能自理，情绪低落，对生活失去信心。社会工作者小马对老王的现状进行评估后，拟采用个案管理的方式为其提供服务，小马首先应做的工作是（　　）。

A. 找出解决问题时可用的资源

B. 评估服务绩效，巩固其变化成果

C. 整合资源并增强其使用资源的能力

D. 取得多专业团队对其“共同性”目标的认同

二、多项选择题

13. 17 岁的阿泰因户外运动发生意外，导致高位截瘫，阿泰一时无法接受，情绪低落拒绝与家人、同学和朋友交流。社会工作者在接到阿泰父亲的求助后，开展了一系列服务，其中属于建立非正式社会支持网络的有（　　）。（2023）

A. 联系康复机构为阿泰提供康复服务

B. 联系阿泰的学校为其营造友好的环境

C. 帮助阿泰和申请重度残疾人康复补贴

D. 帮助阿泰和有同样遭遇的人士建立互助小组

E. 请阿泰同学为其提供学习和情感上支持

14. 老周因交通事故意外致残，无法站立，其妻子辞职回家照顾他，家庭经济遭遇困难。社会工作者小张在家访中发现老周家这一情况后，协助老周申请残疾人轮椅、残疾人“两项补贴”和街道残疾人之家的日间照料服务。老周在残疾人之家参加了很多文娱活动，认识了很多朋友。小张还为其联系了医院进行物理治疗，经过一段时间的照顾和支持，老周的病情有了较大的改善，人也变得开朗起来，老周及其家人都对未来生活有了信心。小张的上述做法维护了残疾人的（　　）。（2021）

A. 文化生活权　　B. 康复权　　C. 环境友好权

D. 劳动权　　E. 社会福利权

15. 某社区建立了残疾人服务中心，在社区内积极开发就业岗位，帮助残疾人实现社区内就业，但在工作中仍面临残疾人自信心不足、参与度不高、社区内就业岗位不足、资金紧张和面向残疾人的专业服务缺乏等问题。针对上述情况，从增加支持性资源的角度，该中心的社会工作者应开展的工作包括（　　）。（2020）

A. 到当地人力资源和社会保障局争取用人指标

B. 与企业接洽协商，开发线上线下的就业岗位

C. 发动社区社会组织，为残疾人提供关爱服务

D. 引进社会工作服务机构，为残疾人提供专业服务

E. 为残疾人办理个人住房抵押贷款，解决资金问题

16. 老李车祸致残后，始终无法接受现实，心情沮丧，对生活丧失信心。社会工作者小刘得知上述情况后，着手为老李提供服务。在与老李建立专业关系的过程中，小刘恰当的做法有（　　）。（2019）

A. 同情老李的处境　　B. 要求老李接受现实

C. 接纳老李沮丧的情绪　　D. 相信老李的改变能力

E. 鼓励老李维护自身权益

参考答案

一、单项选择题

1. B　　考点：残疾人的权利和基本需求

2. B　　考点：残疾的定义

3. D　　考点：职业康复的流程

4. B　　考点：残疾人预防工作体系二级预防内容
5. D　　考点：残疾人社会工作理论视角的特殊性—社会网络理论
6. B　　考点：残疾人职业康复及主要内容
7. A　　考点：残疾人社会工作服务的个案管理
8. D　　考点：残疾人社会工作服务的个案管理
9. C　　考点：残疾人康复服务
10. B　　考点：促进残疾人社会融入的方法
11. D　　考点：残疾人社区康复及其主要内容
12. A　　考点：残疾人社会工作服务的个案管理

二、多项选择题

13. DE　　考点：残疾人社会融入的目标和措施
14. ABE　　考点：残疾人的权利和基本需求
15. ABCD　考点：促进残疾人就业权利实现的方法：残疾人就业的支持性资源
16. DE　　考点：残疾人专业关系建立的特殊性

第一节　残疾人社会工作概述

考纲	重要考点		星级标记
残疾人需求和问题	残疾人需求	康复权、教育权、劳动权、文化生活权、社会福利权、环境友好权	★★★
	面临的问题	物质层面、精神层面、社会交往	★★
残疾人社会工作	特点	理论：社会代价、社区照顾、社会网络 功能：微观、中观、宏观 实务：长期照顾、整合资源、增能	★★

习题精练

一、单项选择题

1. 某社会工作服务机构开展了一系列无障碍体验活动，记录了残障人士在公园、医院、银行、超市等公共场合的体验感受，并以此为依据，撰写了关于无障碍环境建设的政策建议稿。该机构上述做法体现了残疾人社会工作在（　　）层面的功能。(2023)

A. 微观　　B. 中观　　C. 宏观　　D. 客观

2. 受市地铁公司的邀请，某残疾人社会工作服务机构组织残疾人朋友参与新建地铁线路的试运行体验活动，并以此为基础提出了增加地铁信息标识、声音提示等方面的详细建议。该机构的工作维护了残疾人的（　　）。（2022）

A. 社会福利权　　B. 文化生活权　　C. 康复享有权　　D. 环境友好权

3. 针对一些人随意将共享单车停放在盲道上的现象，社会工作者小王策划了一次“还盲人朋友一个安全的交通环境”的宣传倡导，引导公众将共享单车规范停放，并建议城市管理部门加强监管。小王上述做法维护了残疾人的（　　）。（2019）

A. 康复权　　B. 文化生活权　　C. 社会福利权　　D. 环境友好权

4. 小赵是负责社区残疾人事务的社会工作者，经过需求评估后发现，社区的一些残疾人在家庭日常生活、出行等方面存在诸多不便，缺乏帮助和照顾。小赵拟从中观层面介入，适应的做法是（　　）。

A. 推动城乡基本医疗公共服务均衡发展　　B. 完善残疾人社会保障体系

C. 提升残疾人适应社会环境的能力　　D. 发展残疾人社区支持系统

5. 残疾人社会工作应该持有(　　)的残疾人观。

A. 残疾人具有与正常人一样的价值和尊严

B. 残疾人是“上天施加惩罚”

C. 残疾是前世造孽的结果

D. 残疾人是社会的负担

6. 以下属于残疾人社会福利权的是（　　）。

A. 平等参加各种文娱活动　　B. 享受义务教育

C. 接受社会救助　　D. 交通设施无障碍

7. 残疾人接受心理辅导等服务属于其应享有的（　　）。

A. 康复权　　B. 教育权　　C. 文化生活权　　D. 社会福利权

8. 以下属于残疾人面临的精神层面的困难是（　　）。

A. 听障人士很难表达自己的病情

B. 残疾人的婚姻恋爱受到影响

C. “污名化”残疾文化使残疾人心理负担加重

D. 残疾人居住环境的舒适性较差

9. 以下属于残疾人社会工作微观层面功能的是（　　）。

A. 推进残疾人社会政策的变迁　　B. 推动残疾人组织的发育

C. 为残疾人提供直接的物质性帮助　　D. 推动社区性残疾人社会支持系统的发育

10. 以下属于残疾人社会工作中观层面功能的是（　　）。

A. 为残疾人提供直接的物质性帮助　　B. 推进残疾人社会政策的变迁

C. 为残疾人提供能力建设的支持服务　　D. 推动社区性残疾人社会支持系统的发育

11. （　　）理论认为“院舍化”的照顾是一种昂贵且效果不好的模式，不利于正能量的传递。

A. 社会代价　　B. 社区照顾　　C. 社会网络　　D. 社会活动

二、多项选择题

12. 某地遭遇罕见特大暴雨，残疾人老方家小卖部的很多货物都被大水冲走，损失惨重，老方一时无法接受现实，又担心以后的生计问题，情绪十分低落。社会工作者小李得

知上述情况后，计划通过增强老方的非正式社会支持，为其提供服务。小李恰当的做法有（　　）。（2022）

A. 联络当地爱心人士为老方捐款
B. 联系当地残联为老方提供生活补贴
C. 号召社区邻里为老方提供力所能及的支持
D. 联络老方的亲戚朋友对他进行安慰和鼓励
E. 联系老方所在的街道办事处为他发放受灾补贴

13. 残疾人社会工作的目标包括（　　）。

A. 尊重残疾人的公民权利
B. 促进残疾人平等的社会参与
C. 使残疾人得到周围人的接纳
D. 实现残疾人体面工作和尊严生活
E. 要求残疾人与正常人同工同酬

14. 残疾人社会工作倡导（　　）的工作新理念。

A. 平等
B. 参与
C. 合作
D. 互惠
E. 共享

参考答案

一、单项选择题

1. C　考点：残疾人社会工作功能发挥的特殊性
2. D　考点：残疾人的权利和基本需求
3. D　考点：残疾人的权利和基本需求
4. D　考点：残疾人社会工作功能发挥的特殊性—中观层面
5. A　考点：残疾人社会工作的定义及其特点
6. C　考点：残疾人的权利和基本需求
7. A　考点：残疾人的权利和基本需求
8. C　考点：残疾人面临的主要问题
9. C　考点：残疾人社会工作功能发挥的特殊性—微观层面
10. D　考点：残疾人社会工作功能发挥的特殊性—中观层面
11. B　考点：残疾人社会工作理论视角的特殊性

二、多项选择题

12. ACD　考点：社会网络理论—非正式社会支持
13. ABD　考点：残疾人社会工作的定义及其特点
14. ABE　考点：“残疾人国际”倡导“平等、参与、共享”的理念

第二节　残疾人社会工作的主要内容

考纲	重要考点		星级标记
服务发展	理念变迁、模式变迁（理论、方法转型）		★★
工作的主要内容	本土化服务	新理念、法律建设、工作机制、队伍建设、“友善”的残疾人价值观及文化	★
	保护政策体系建设	社会补偿方式降低社会损害	★
		民生权、人身权的法律确认及保障	★
		国家发展规划：注意 2010 年两个体系建设	★
	服务层面	教育康复：针对残疾人、针对残疾人的监护人、针对服务组织	★★
		职业康复：《公约》；目标；《原则》：6 项内容	★★
		社区康复：3 项内容	★★★

习题精练

一、单项选择题

1. 随着残疾人社会工作的发展，社会工作常常基于社会建构理念开展服务。下列关于残疾人的观念中体现该理念的是（　　）。（2023）

A. 残疾人的主要特征是个体差异很小　　B. 残疾人随时随地都需要特别的帮助

C. 消除社会障碍是残疾人权利实现的关键　D. 分析残疾的原因应该从个人层面入手

2. 脑瘫儿童小亮由妈妈独自照顾。随着小亮逐渐长大，妈妈对如何帮助他康复感到力不从心。社会工作者小武邀请小亮妈妈参加照顾者支持小组，学习相关知识，提升其照顾技能，建立互助网络。小武的上述做法属于残疾人康复服务中的（　　）。（2022）

A. 职业康复　　B. 教育康复　　C. 社区康复　　D. 功能康复

3. 社会工作者小李带领团队在某社区运用社会康复理念开展精神障碍人士的社区康复服务。他们充分利用社区资源，在医疗、职业、教育和社会等领域为精神障碍人士提供全面康复服务，推动其参与社区公共事务，努力构建关爱残疾人的高“亲和性”社区文化，小李团队实施的上述整合性服务是（　　）。（2021）

A. 治疗—康复—服务　　B. 治疗—康复—发展

C. 教育—康复—支持　　D. 咨询—康复—陪伴

4. 社会工作者小刘在与残疾人老王交谈中了解到，老王一直自责自己工作时不小心导致伤残。小刘了解事情经过后，作出以下分析：事故的发生不仅与老王个人工作时操作失误有关，也与老王工作单位的安全教育和安全管理缺失有关。小刘上述分析依据的是

(　　)观点。

A. 社会化理论　　B. 社会标签理论

C. 社会责任论　　D. 市场责任论

5. 残疾人社会工作的发展正经历(　　)的转型。

A. 医学治疗模式向社会康复模式　　B. 心理治疗模式向社会交往模式

C. 问题模式向资源模式　　D. 行为治疗模式向心理咨询模式

6. 小张是一名肢体残疾人，一天他去做康复，执业医师说："来，咱们先做一个全方位的身体检查。"国际劳工组织在1985年《残疾人职业康复的基本原则》第三版中明确规定了职业康复的主要内容包括6个方面，该执业医师做的属于（　　）。

A. 掌握残疾人的身体状况　　B. 了解心理和职业能力状况

C. 残疾人职业培训　　D. 提供必要的适应性培训

7. 近年来，国家越发重视残疾人的社会工作领域。中国需要发展本土化的残疾人社会工作，把本土化和国际化有机结合起来。下列说法中错误的是（　　）。

A. 确立残疾人社会工作的新理念　　B. 实现残疾人工作机制的创新

C. 构建全社会"友善"的残疾人价值观　　D. 形成"单级"的网络服务体系

8. 小萌今年4岁，去年因为一场车祸，再也看不到东西了，家里人决定带他去接受教育康复。下列对于教育康复的说法中，不正确的是（　　）。

A. 教育康复是指狭义上的残疾人特殊教育

B. 教育康复的重点是早期干预

C. 教育康复的对象只能是未成年人

D. 残疾人本身是康复的动力源之一

9. 残疾人社会工作具有很大的特殊性，其工作内容和范围广泛。其中(　　)是帮助残疾人融入社会的最有效途径，它集合了"治疗—康复—发展"三个功能，不仅奠定了自身独立的经济地位，同时通过劳动也使得某些已经丧失生理性能力的器官得到某种程度的恢复。

A. 教育康复　　B. 职业康复　　C. 社区康复　　D. 社区优抚

10. 大刚是一位出租车司机，由于疲劳驾驶遭遇车祸，失去了一条腿，治疗出院后在家情绪低落，避不见人。妻子寻求社会工作者的帮助。社会工作者除了要提供个案辅导疏导情绪外，还应该提供（　　）服务。

A. 教育康复　　B. 职业康复　　C. 社区康复　　D. 社区优抚

二、多项选择题

11. 国际劳工组织在1985年《残疾人职业康复的基本原则》第三版中明确规定了职业康复的内容包括(　　)。

A. 职业培训　　B. 就残疾人职业培训和就业的可能性进行指导

C. 生涯规划　　D. 提供需要特殊安置的就业机会

E. 残疾人就业后的跟踪服务

12. 回归理论是"去机构化"运动的代表性理论，它强调(　　)。

A. 专业社会工作者与残疾人的互动　　B. 重建服务对象的社会关系

C. 增能　　D. 注重经济和物质层面的供养

E. 社会的责任

13. 在残疾现象的理论分析上，正在从社会标签理论向社会照顾理论转化。社会照顾理论强调(　　)。

A. 要将残疾人正常化

B. 文化机制层面的多元性

C. 注重激发服务对象的自我潜能

D. 残疾是强势群体强加给困难群体的标签

E. 要寻找残疾人在“当下生活情境中”的合理性

14. 小满是一名听障女童，在父母的带领下，她每天都坚持去专业机构做康复，终于可以听到一点声音了。根据世界卫生组织关于残疾人康复的动力源分析，涉及的群体有(　　)。

A. 残疾人本身

B. 残疾人的家属

C. 从事残疾康复的专业人士

D. 社会志愿者

E. 街坊邻居

参考答案

一、单项选择题

1. C　考点：残疾人社会工作服务理念的“社会建构模型”
2. B　考点：残疾人教育康复及其主要内容
3. A　考点：残疾人社区康复及其主要内容
4. C　考点：残疾人社会工作理论层面的转型：致残原因理论分析
5. A　考点：残疾人社会工作服务模式变迁
6. A　考点：残疾人职业康复及其主要内容
7. D　考点：本土化视野下的残疾人社会工作服务
8. C　考点：残疾人教育康复及其主要内容
9. B　考点：残疾人职业康复及其主要内容
10. B　考点：残疾人职业康复及其主要内容

二、多项选择题

11. ABDE　考点：残疾人职业康复及其主要内容
12. ABC　考点：残疾人社会工作方法层面的转型
13. ABCE　考点：残疾人社会工作理论层面的转型—致残现象的理论分析
14. ABCD　考点：残疾人康复服务

第三节　残疾人社会工作的主要方法

考纲	重要考点		星级标记
个案管理	评估	理解并评估残疾人及其家庭的内心感知；消除社会上对残疾人的误解	★
	关系	信任是专业关系的基础；专业关系的建立是一个过程	★★
	步骤	6个阶段	★★
社会融入	社会参与	政治、经济、文化、社会	★★
	融入目标	生理功能、社会适应、助人自助	★★★
	主要措施	8项措施	★★
就业权利实现	支持资源	政府、企事业单位、社会组织、志愿服务	★★
	就业场所	福利企业、庇护工场	★★
	职业康复流程管理	4个步骤	★★

习题精练

一、单项选择题

1. 某残疾人服务机构的督导发现，有的新入职社会工作者在首次面对重度心智障碍人士时，会产生恐惧心理。为预防这种情况发生，促进专业关系建立，机构督导应该协助新入职社会工作者（　　）。（2023）

A. 增进对服务对象的同情　　B. 提升自我觉察与反思的能力

C. 隐藏自己内心真实感受　　D. 强化自我保护的意识和能力

2. 社会工作者小初所在机构受某区残疾人联合会委托，了解辖区内残疾人的社会参与状况。小初拟采用评估残疾人社会参与的“4R”指标开展工作。在小初的评估方案中，除角色、关系和反应3个评估维度外，还应评估的维度是（　　）。（2021）

A. 生理　　B. 资源　　C. 心理　　D. 责任

3. 社会工作者小郑向督导老张询问如何与残疾人建立专业关系。老张提供的下列建议中，符合与残疾人建立专业关系指导原则的是（　　）。

A. 同情残疾人的处境　　B. 避免当面讨论残疾问题

C. 为残疾人提供建议　　D. 设身处地理解残疾人感受

4. 68岁的张阿姨因脑中风丧失了部分生活自理能力，且身边无子女照顾。社会工作者小马对张阿姨进行了需求评估，发现其需要医护、生活照料、营养以及心理等方面的服务。据此，小马计划协调并整合医生、护士、家政工、营养师、志愿者和心理咨询师等组成跨专业团队，对张阿姨进行全面和持续的服务。小马上述工作采用的方法是（　　）。

A. 个案工作　　B. 个案管理　　C. 社区康复　　D. 社会康复

5. 小芮是一名年轻的社会工作者，老李是一位聋哑人。面对小芮的帮扶，老李持有怀疑态度，他认为小芮只是3分钟热度，最后什么问题都解决不了不说，还会耗费他好多的精力。面对这种状况，小芮不应该（　　）。

A. 接纳和尊重老李　　B. 积极地表达同感

C. 对老李“居高临下”地劝导　　D. 敏感于自己专业实践的表现

6. 社会工作者小陈对因工伤而失去双手的纺织工小红进行的个案管理服务到了（　　）阶段，他开始注重对小红的内在资源进行发掘，通过对小红的心理辅导帮助她重新树立对自己、对生活的信心。

A. 评估　　B. 制订服务方案

C. 建立关系　　D. 获得整合性资源

7. 个案管理是残疾人社会工作的主要方法之一。下列对于个案管理的说法不正确的是（　　）。

A. 坚持以残疾人及其需求为本

B. 需要以社会工作者为主导

C. 需要运用不同的专业知识和技巧

D. 整个过程只需要社会工作者一个人的努力

8. 社会工作者小冰鼓励因工伤失去了双腿的服务对象阿力，注重发掘阿力的内在资源，同时找出阿力内在障碍的本质，这体现对阿力的个案管理服务到了（　　）阶段。

A. 建立关系　　B. 制订服务方案

C. 获得整合性资源　　D. 整合实施

9. 下列关于社会工作者与残疾人专业关系建立的说法，错误的是（　　）。

A. 专业关系建立的基础是社会工作者与残疾人之间的信任关系的建立

B. 建立专业关系时，社会工作者要相信服务对象有改变的潜能

C. 建立专业关系时，服务对象要相信社会工作者有解决问题的能力

D. 建立专业关系时，社会工作者无须关注残疾个人体验的独特性

10. 在个案管理服务中，对残疾人需求评估具有其特殊性，以下描述错误的是（　　）。

A. 要理解残疾人及家人内心的感知　　B. 不能仅凭自己的价值观作判断

C. 重要的是评估残疾的等级　　D. 评估过往的生活经验

11. 促进残疾人社会融入首先要通过“4R”对残疾人社会参与现状进行评估，以下哪一个不属于“4R”的内容？（　　）

A. 角色（Roles）　　B. 关系（Relationship）

C. 资源（Resources）　　D. 研究（Research）

二、多项选择题

12. 社会工作者小马在家访中了解到，残障人士小峰想找工作，但又不确定自己能做

什么。为了帮助小峰找到合适的工作，小马应该（ ）。

A. 评估小峰就业的适应性
B. 评估小峰的职业兴趣
C. 为小峰寻求庇护工厂就业
D. 为小峰申请社会救助
E. 为小峰制订职业指导计划

13. 在教育康复中社会工作者主要是要配合特殊教育，要做的工作包括（ ）。

A. 有选择性地开展个案工作
B. 及时开展小组工作
C. 对残疾人进行康复训练
D. 对不能到专门机构去的残疾人开展咨询服务
E. 加强对学龄前和学龄期残疾儿童身心全面发展的课外训练

14. 下列对于残疾人社会工作的个案管理方法中，说法正确的是（ ）。

A. 服务坚持以残疾人为本
B. 鼓励他们维护自身的利益
C. 对服务对象要有耐心
D. 只能运用个案管理的方法
E. 要具备良好的自我觉察能力

参考答案

一、单项选择题

1. B 考点：残疾人专业关系建立的特殊性
2. B 考点：残疾人社会融入的目标和主要措施
3. D 考点：残疾人专业关系建立的特殊性
4. B 考点：残疾人社会工作服务的个案管理
5. C 考点：残疾人专业关系建立的特殊性
6. D 考点：残疾人个案管理工作模式的主要步骤
7. D 考点：残疾人社会工作服务的个案管理
8. C 考点：残疾人个案管理工作模式的主要步骤
9. D 考点：残疾人专业关系建立的特殊性
10. C 考点：残疾人需求评估的特殊性
11. D 考点：残疾人社会融入的目标和主要措施

二、多项选择题

12. ABE 考点：促进残疾人就业权利实现的方法
13. ABDE 考点：残疾人教育康复及其主要内容
14. ABCE 考点：残疾人社会工作服务的个案管理

第七章 矫正社会工作

【本章复习提示】

本章主要介绍矫正社会工作，需要掌握的知识点包括三个方面：一是矫正社会工作概念、含义及特点、矫正社会工作的功能与作用、矫正社会工作服务对象的特殊性及需求，以及矫正社会工作起源及发展；二是关于矫正社会工作的主要内容，矫正社会工作分为对涉罪成年人的服务和针对涉毒人员的服务，对涉罪成年人的服务包括司法判决前的社会工作、监禁场所中的社会工作、社区矫正中的社会工作、刑满释放后的社会工作。针对涉毒人员的服务包括提供戒毒康复、帮教救助、参与禁毒宣传教育及协助开展有关禁毒管理事务；三是关于矫正社会工作的主要方法，主要是指个案工作、小组工作、社区工作、社会工作行政及社会工作研究在社区矫正中的运用。

摸底自测

一、单项选择题

1. 社会工作者小李在为服刑人员开展小组工作中发现，组员小盛对别人常常抱有敌意，看问题较偏激，经常发生人际冲突。小李为此与小盛一起分析他的思想和行为状况，使其对自我有更准确的认识。小李所提供的上述服务是（　　）。(2023)

A. 心理情绪辅导　　B. 预防交叉感染

C. 职业技能训练　　D. 生活习惯矫正

2. 大李因吸毒成瘾被责令社区戒毒后成为社会工作者老秦的服务对象。近期，在一次个案会谈中，大李告诉老秦由于医生给药量难以满足需要，他计划在黑市上购买戒毒药物。此时，老秦恰当的做法是（　　）。(2022)

A. 斥责大李打算在黑市购买药物的想法

B. 默认大李打算在黑市购买药物的想法

C. 尊重大李的想法，鼓励他作出自我选择和决定

D. 重视大李的独特性，协助他与医生沟通给药量

3. 姚女士因吸毒成瘾被强制隔离戒毒，12 岁的儿子小君被送往救助站临时看护。姚女士在入所前是无房、无户、无业的典型“三无”人员，小君一直跟着妈妈四处流浪，从未正式上过学。禁毒社会工作者了解到姚女士和小君的处境后，开展了系列服务。下列服务中，运用了社区工作方法的是（　　）。(2022)

A. 通过和儿子远程连线，劝导姚女士安心戒毒

B. 链接周边志愿者资源，为姚女士和小君开展服务

C. 收集社区中类似小君处境的困境儿童案例

D. 联络公安和教育部门，帮助小君完成落户及入学

4. 老赵结束强制隔离戒毒回到社区，发现妻女已搬家，不知去向。邻居对他避而远之，找工作也屡屡碰壁。老赵找到社会工作者，要求获得经济补助。当得知无法马上获得补助时，老赵突然情绪失控，指责社会工作者不负责任，扬言要复吸报复社会。面对老赵这种情况，下列社会工作者的做法中，体现社会工作接纳原则的是（　　）。(2021)

A. 对老赵的境遇表示理解，请他坐下慢慢说

B. 让老赵冷静下来，并告知申请补助的流程

C. 向老赵宣讲禁毒法，并强调复吸的危害性

D. 向街道禁毒工作部门反映老赵的具体情况

5. 社会工作者小梁在为社区矫正服务对象开展就业能力提升小组工作中，邀请已成功就业的服务对象担任辅导员、分享就业信息、负责就业面试辅导的活动策划、带领情景模拟活动等。小梁在小组工作中的上述安排，目的是（　　）。(2021)

A. 促进服务对象的社会融入　　B. 提升服务对象的就业技能

C. 发挥服务对象的正面影响　　D. 提高服务对象的自决能力

6. 社区戒毒人员大李在一次个案访谈中向禁毒社会工作者透露，他已被吊销驾照，但仍然偷偷开车帮朋友运送货物，他运气很好，从未被交警发现。根据矫正社会工作的保

密原则，针对大李所说的事情，禁毒社会工作者合适的做法是（　　）。（2021）

A. 告知大李会向警方报告此事　　B. 严厉批评大李的无证驾驶行为

C. 肯定大李"助人为乐"的行为　　D. 为大李保密，提醒其注意安全

7. 大刚因吸食毒品被责令社区戒毒。社会工作者小林家访时发现，大刚对吸毒的危害知之甚少，认为小吸无碍；大刚的父亲和几位邻居也曾是吸毒者；大刚居住的社区周边有许多网吧，一些青少年流连其中。小林计划采用社区工作的方法帮助大刚戒毒。下列做法中适宜的是（　　）。（2020）

A. 以父亲吸毒的前车之鉴激发大刚的戒毒决心

B. 让大刚从模拟影像中看"吸毒 10 年后"自己的样子

C. 与相关部门会商，联动治理大刚居住周边的生活环境

D. 采用青少年拓展训练的方法，助其增强体质，调节情绪

8. 赵某因琐事与邻居发生纠纷，将对方打伤，被判处拘役 6 个月，缓刑 6 个月，成为社区矫正对象。赵某参加公益劳动时，常被社区居民指指点点。社区矫正社会工作者老李发现这一问题后，在社区中举办了社区矫正专家讲座，利用微信公众号推送矫正知识，以改变居民的偏见，营造良好的社区环境。老李在上述社区矫正服务过程中使用的方法是（　　）。（2020）

A. 开展社区宣传教育　　B. 挖掘矫正志愿力量

C. 制订矫正工作计划　　D. 培育矫正互助小组

9. 社会工作者小王受法庭委托撰写服务对象李某的社会调查报告。该报告的主要内容如下："李某，于 2018 年 6 月 18 日以欠债不还为由，将被害人张某扣留于一辆商务车内。两天后警察介入，张某获救。李某以前没有犯罪记录，此案件主要因经济纠纷而致。"小王上述社会调查中还应补充的信息是（　　）。（2019）

A. 小王的工作简历　　B. 非法拘禁的认定标准

C. 李某的现实生活状况　　D. 社区矫正的帮教建议

10. 为了预防被监禁人员犯罪思想观念和行为的"交叉感染"，社会工作者拟采用"现实治疗法"，对新入监的青少年初犯开展"提升自我管理能力"的小组工作。下列小组工作的服务目标中，正确的是协助这些青少年（　　）。（2019）

A. 戒除不健康的生活习惯　　B. 改变偏差扭曲的心理结构

C. 了解合法公民应具有的素养　　D. 为自己行为负起完全的责任

11. 研究表明，涉毒家庭大多存在对未成年子女监护不当的问题，同时，孩子在学业和生活上取得的进步是一种支持服刑对象戒毒的正向力量。据此，禁毒社会工作者计划运用小组工作方法为有未成年子女的吸毒人员提供帮助，激发他们关注子女成长的动机，提升其对孩子的监护能力。为了达到上述目的，最适宜开设的小组是（　　）。

A. "爱如明镜"亲职教育小组　　B. "涅槃重生"同伴教育小组

C. "生命如歌"戒毒康复小组　　D. "无毒人生"社会适应小组

12. 矫正社会工作者小林针对有些矫正对象因长期服刑不适应出狱后的生活这一问题，为其开办了以"生活适应"为主题的小组。在小组活动过程中，小林模拟西餐厅的情境，让服务对象分别扮演"主厨""侍应生"与"顾客"，尝试体验不同角色的感受和需求，以提升服务对象的人际交往能力。小林的上述做法回应了服务对象（　　）的需要。

A. 再社会化　　B. 正常家庭生活

C. 基本生存保障　　　　D. 就业权益保障

二、多项选择题

13. 社会工作者小林走访发现，社区戒毒康复人员张女士面临多重困境：处于精神障碍发作期无法就业；以精神障碍为由拒绝履行社区戒毒协议；与毒友往来，存在复吸隐患；与父母同住，靠父母的退休金生活；与女儿经常吵架，冲突不断。针对张女士的问题，小林开展的服务应包括（　　）。（2023）

A. 督促并帮助张女士履行社区戒毒的协议
B. 运用同伴教育方法，开展预防复吸训练
C. 开展亲职教育辅导，协助改善亲子关系
D. 诊断张女士精神障碍的种类及严重程度
E. 到有关部门为张女士申请最低生活保障

14. 小刚高中毕业后一直没找到工作，靠父母养活，最近因交通肇事被判处有期徒刑一年缓刑一年，为此，小刚情绪十分低落，躲在家中足不出户，拒绝与外人交往。小刚父母也因此事经常发生争吵，家庭关系十分紧张。本案例中，小刚的服务需求主要有（　　）。（2019）

A. 正常家庭生活的需要　　　　B. 再社会化的需要
C. 教育、就业的保障需要　　　　D. 法律维权的需要
E. 基本生存条件的保障需要

15. 小王因涉嫌欺诈罪被起诉，社会工作者撰写了小王的社会调查报告提交法院作审判参考。该调查报告陈述了小王的“犯罪”过程，呈现了小王以前的犯罪记录；描述了小王的家庭、教育和工作经历等状况；分析了小王“犯罪”的原因及其对自己行为的认识。上述社会调查报告包括了（　　）等基本内容。

A. 审判建议　　　　B. 小王的前科　　　　C. 小王犯罪事实的记录
D. 小王的生活史　　　　E. 社区矫正的目标和任务

16. 矫正社会工作的主要内容包括(　　)。

A. 司法判决前　　　　B. 监禁场所中
C. 社区矫正中　　　　D. 刑满释放后
E. 重返工作后

参考答案

一、单项选择题

1. A　考点：为在监服刑人员提供专业咨询服务
2. D　考点：个案工作方法在社区矫正中的伦理原则—个别化原则
3. B　考点：社区工作方法在社区矫正中的运用
4. A　考点：个案工作方法在社区矫正中的伦理原则—接纳原则
5. C　考点：小组工作方法在社区矫正中的运用
6. A　考点：个案工作方法在社区矫正中的伦理原则—保密原则

7. C　考点：社区工作方法在社区矫正中的运用—进行综合治理，以改善矫正对象的生活环境

8. A　考点：社区工作方法在社区矫正中的运用—开展社区教育、培育社区居民接纳、尊重矫正对象的意识和习惯

9. C　考点：社会工作者在社会调查报告中应当呈现的内容

10. D　考点：小组工作方法在社区矫正中的运用

11. A　考点：针对涉毒人员的社会工作介入

12. A　考点：刑满释放人员的需求

二、多项选择题

13. ABCE　考点：针对涉毒人员的社会工作介入

14. ABC　考点：针对缓刑人员的监督管理和教育帮扶

15. BCD　考点：社会调查报告所包含的基本内容

16. ABCD　考点：矫正社会工作的主要内容

第一节　矫正社会工作概述

考纲	重要考点		星级标记
矫正社会工作的概念及其功能	概念	矫正社会工作	★
	功能	针对罪犯：监管、矫正、服务	★★
		针对环境：营造环境、促进刑罚制度	★
服务对象的特点及需要	特点	4 个特点	★★★
	需要	4 方面需要	★★★
矫正社会工作的特点	特殊性	为社会特殊群体提供的福利服务	★
	复杂性	强制性监管与人性化服务交织相伴	
	长期性	服务期限与刑罚执行期限基本一致	★
	专业性	法律专业与社会工作专业相结合	
起源与发展	起源发展	美国、英国、日本、我国港台地区	★
	我国发展	社区矫正	★★

习题精练

一、单项选择题

1. 社区矫正对象胡先生向社会工作者倾诉，自己出狱后面临许多问题：有严重的心脏病，看病费用负担较重；几次求职被拒，生活得靠母亲微薄的退休金；几年前与妻子离婚后，一直联系不上前妻与儿女。根据胡先生的表述，他呈现出的明显特征是（　　）。（2022）

A. 困难重重的生活特征　　B. 冲动好斗的人格特征
C. 与社会严重脱节的社会特征　　D. 患得患失的心理特征

2. 小刚被判缓刑并接受社区矫正，父母为防止其再犯错，把他的身份证、社保卡、银行卡全部收了起来，并规定晚饭后不许出门，导致小刚与其父母的关系日趋紧张。社会工作者通过多次家访，协助小刚理解父母的苦心，并帮助父母建立对小刚的尊重和信任，促进双方的理解和沟通，小刚与父母的关系得到了改善。社会工作者的上述做法，满足了小刚（　　）的需要。

A. 获得基本生活保障　　B. 实现再社会化
C. 获得正常家庭生活　　D. 维护就业权益

3. 刘力因故意伤害罪在监狱生活了 15 年后被刑满释放，出狱后他几乎找不到家了，周围的环境都变了，过去的熟人也联系不上了，他甚至不知道微信怎么用。作为矫正社会工作服务对象的刘力具有（　　）。

A. 自卑消沉的心理特征　　B. 冲动好斗的人格特征
C. 与社会严重脱节的社会特征　　D. 困难重重的生活特征

4. 小张是一位社会工作者，他的服务对象小马是一名盗窃犯，小马的妻子因他是盗窃犯而要和他离婚，弄得小马心灰意懒，小张便帮助小马进行家庭关系调适、化解家庭危机。小张的做法体现了矫正社会工作针对罪犯的主要功能是（　　）。

A. 监管功能　　B. 矫正功能　　C. 服务功能　　D. 社会化功能

5. 矫正社会工作者阿娟近期把工作的重心转移到了罪犯的家庭和社区环境的改善上来，阿娟这样做的目的是（　　）。

A. 营造有利于罪犯更新改造的环境　　B. 促进刑罚制度更加人性化
C. 促进刑罚制度更加科学化　　D. 促进刑罚制度的非监禁化

6. 社会工作者小王在帮助罪犯小张时，发现小张行为冲动，缺乏同情心，对人有敌意，不关心人，喜欢古怪不平常的事，不顾安危，喜欢恶作剧，适应环境不良，对小王的引导非常敏感且抱有很强的戒心。这里体现了小张身上具有的特征是（　　）。

A. 自卑消沉的心理特征　　B. 冲动好斗的人格特征
C. 与社会严重脱节的社会特征　　D. 困难重重的生活特征

7. 社会工作者阿芳在帮助罪犯刘刚时，发现他自我评价低、依赖心强、拨一拨动一动、缺乏主动进取精神。这里体现了刘刚身上具有的特征是（　　）。

A. 自卑消沉的心理特征　　B. 冲动好斗的人格特征
C. 与社会严重脱节的社会特征　　D. 困难重重的生活特征

8. 罪犯小军因不堪忍受最近一连串发生的事情而找到社会工作者小王求助。小军说他自从被判了刑，妻子便以儿子在学校中受到歧视为由要与他离婚，他的单位把他辞退了，老父亲听到消息大病一场，朋友却没有人愿意借钱给他……这里体现了小军目前具有的特征是（　　）。

A. 自卑消沉的心理特征　　B. 冲动好斗的人格特征
C. 与社会严重脱节的社会特征　　D. 困难重重的生活特征

9. 罪犯张帆是社会工作者小王的服务对象，小王积极地帮助他申请低保、联系社区为他安排住处。这里小王的做法是致力于满足张帆的（　　）需求。

A. 基本生存条件的保障　　B. 教育、就业权益的保障
C. 正常家庭生活　　D. 再社会化的服务

10. 罪犯赵虎是社会工作者小王的服务对象，赵虎积极地想要通过自身努力来维持他的基本生存条件，小王便帮他联系到了一份工作，如今赵虎正在积极学习、接受相关的职业技能培训。这里小王的做法是致力于满足赵虎的（　　）需求。

A. 基本生存条件的保障　　B. 教育、就业权益的保障
C. 正常家庭生活　　D. 再社会化的服务

11. 罪犯罗力是社会工作者小王的服务对象，罗力的妻子得知他被判了刑之后，一直不肯原谅他。罗力因此苦恼万分，小王积极鼓励和协助罗力构建和恢复正常的家庭生活，终于初见成效。这里小王的做法是致力于满足罗力的（　　）需求。

A. 基本生存条件的保障　　B. 教育、就业权益的保障
C. 正常家庭生活　　D. 再社会化的服务

12. 19 岁的小亮因偷窃多次被劳教，释放后回到社区。社会工作者赵刚到家里探访，与之会谈，也与小亮的母亲沟通，了解到，小亮的家庭经济并不困难，小亮的日常生活需要也都是被满足的，小亮的偷盗行为习惯也令他自己不满意，于是，赵刚与小亮一起讨论个案服务方案，制订帮助小亮矫治偷盗行为习惯的计划。上述服务体现了矫正社会工作的（　　）功能。

A. 服务　　B. 监管　　C. 矫正　　D. 预防

二、多项选择题

13. 阿华因挪用公款被判入狱 3 年，刑满释放后，他觉得无脸见人，整天闷在家里不出门，不和任何人联系，也不愿意找工作，妻子劝说几句便暴跳如雷动手打了妻子，妻子一气之下带着孩子回了娘家，还提出了离婚。没有收入的阿华作为矫正社会工作的对象被评估为具有（　　）。

A. 自卑消沉的心理特征　　B. 冲动好斗的人格特征
C. 与社会严重脱节的社会特征　　D. 困难重重的生活特征
E. 争强好胜

14. 李春因伤人获罪 10 年，妻子提出离婚，刑满释放后无家可归、无收入来源。矫正社会工作者伟伟评估李春至少有（　　）的需要。

A. 基本生存条件的保障　　B. 教育、就业权益的保障
C. 医疗　　D. 正常家庭生活
E. 再社会化的服务

15. 将“矫正”概念引入社会领域，成为司法方面的专门用语，意指国家司法机关和工作人员通过各种措施和手段，使犯罪者或具有犯罪倾向的违法人员得到(　　)的矫正治疗，从而重新融入社会，成为其中正常成员的过程。

A. 思想上　　B. 心理上　　C. 行为上　　D. 组织上　　E. 理论上

参考答案

一、单项选择题

1. A　考点：矫正社会工作服务对象的特点
2. C　考点：社区矫正人员的主要需求
3. C　考点：矫正社会工作服务对象的特点
4. C　考点：矫正社会工作针对罪犯的主要功能
5. A　考点：矫正社会工作针对社会环境的功能与作用
6. B　考点：矫正社会工作服务对象的特点
7. A　考点：矫正社会工作服务对象的特点
8. D　考点：矫正社会工作服务对象的特点
9. A　考点：矫正社会工作服务对象的需要
10. B　考点：矫正社会工作服务对象的需要
11. C　考点：矫正社会工作服务对象的需要
12. C　考点：矫正社会工作的功能

二、多项选择题

13. ABCD　考点：矫正社会工作服务对象的特点
14. ABDE　考点：矫正社会工作服务对象的需要
15. ABC　考点：矫正社会工作的功能与作用

第二节　矫正社会工作的主要内容

<table>
<tr><th>考纲</th><th colspan="2">重要考点</th><th>星级标记</th></tr>
<tr><td rowspan="2">涉罪成年人服务</td><td rowspan="2">司法判决前</td><td>针对犯罪嫌疑人：调查报告（犯罪事实的记录、前科、本人的生活史）</td><td>★★★</td></tr>
<tr><td>针对亲友：寻找社会资源、安排照料失去依靠儿童少年的生活、辅导服务</td><td>★</td></tr>
</table>

续表

考纲	重要考点		星级标记
涉罪成年人服务	监禁场所中	生活适应：4 项工作	★★
		专业咨询：4 项工作	★★★
		社会联系：3 项工作	★★
	社区矫正中	缓刑、假释、监外执行人员的监督管理和教育帮扶	★★
		院舍服务：中途家庭、寄养家庭、教养院、感化院等	★★★
		社会服务计划的执行	
		社会服务：4 项工作	
	刑满释放后	提供住宿场所、就业就学辅导、生活辅导、物质援助	★★
涉毒人员服务	戒毒康复	4 项工作	★★
	帮扶救助	2 方面工作	
	禁毒宣传	参与宣传、倡导禁毒理念	
	禁毒管理	4 方面工作	

习题精练

一、单项选择题

1. 25 岁的小新因吸食冰毒成瘾被责令社区戒毒，成为社会工作者小林的服务对象。小林通过评估发现，小新“溜冰”是为了“助兴”，他身边很多朋友也这样，小新没有什么改变动机，持续吸毒的可能性较大。对此，小林拟运用激发小新内在动机改变的方法为小新进行个案辅导，以帮助其戒除毒瘾。下列小林制定的干预策略中，有助于激发小新内在动机改变的是（　　）。(2019)

A. 与小新探讨远离毒友的方法

B. 与小新探讨持续吸毒的好处与坏处

C. 与小新探讨如何调整不良的生活方式

D. 与小新探讨如何遵守社区戒毒的相关规定

2. 社区戒毒人员小王得知自己因吸毒感染了艾滋病病毒后，沮丧绝望，精神几近崩溃，把自己锁在家中，不愿见人。家人请社会工作者小林对小王进行个案辅导。此时，小林需要重点开展的服务是协助小王（　　）。

A. 处理负面情绪　　B. 增强抵制毒品诱惑的能力

C. 建立良好的人际关系　　D. 提高社会适应能力

3. 社会工作者介入司法过程自司法判决前的案件审理阶段就已经开始，这时的主要服务对象是已被拘押或保释的、尚未被判定有罪的犯罪嫌疑人，社会工作者此时的主要工作职责是（　　）。

A. 评估服务对象的问题与需要

B. 对服务对象做行为矫正

C. 帮助审理案件

D. 写出一份有关服务对象背景的调查报告，提交法庭作审判参考

4. 嫌犯小张之前与妻子小袁离婚了，小袁不要儿子明明，8 岁的明明便归小张抚养。如今小张被捕，明明成了一个无人看顾的孩子。社会工作者小王去探视明明，发现明明的头上都长满了虱子，非常可怜，便着手帮助他寻找替代家庭或收养机构。小王的做法属于（　　）。

A. 帮助困境中的嫌犯家人维持生计　　B. 帮助困境中的嫌犯家人安置照顾

C. 帮助困境中的嫌犯家人心理辅导　　D. 给予困境中的嫌犯家人物质帮扶

5. 嫌犯小黄是一名 26 岁的青年，家里生活困难，父母过早离世，又没有成家，天气寒冷时，连一个给他送厚衣服的人都没有，几个月的狱中生活使他染上了咳疾。社会工作者小王为他添置了一些衣物，见小黄的病依然不见好，因此准备帮他申请保外就医。小王的做法属于（　　）。

A. 帮助服刑人员熟悉监狱环境　　B. 协助服刑人员戒除不健康的生活习惯

C. 协助服刑人员解决生活困难　　D. 预防服刑人员间犯罪观念“交叉感染”

6. 嫌犯阿祥刚刚入狱就和其他的嫌犯打成一片，令社会工作者小王感到非常担忧，小王便和阿祥作了较为深入的交流，提醒阿祥狱中什么样的人都有，交朋友务必要慎重。小王的做法属于（　　）。

A. 帮助服刑人员熟悉监狱环境　　B. 协助服刑人员戒除不健康的生活习惯

C. 协助服刑人员解决生活困难　　D. 预防服刑人员间犯罪观念“交叉感染”

7. 矫正社会工作领域中的院舍训练通常是为违法犯罪人员尤其是（　　）而设置的，在不同国家和地区有不同的名称，但一般不外乎中途家庭、寄养家庭、教养院、感化院等。

A. 违法犯罪青少年　　B. 违法犯罪妇女

C. 违法犯罪流浪人员　　D. 违法犯罪老年人

8. 嫌犯小高在社会工作者的帮助下，决定出狱后找个工作，本本分分地赚钱。（　　）部门负责对有需求的社区服刑人员进行职业技能培训，并将其纳入本地职业技能培训总体规划。符合条件的社区服刑人员可以申请享受相关就业扶持政策，接受公共就业服务机构提供的职业指导和职业介绍等服务。

A. 司法行政部门　　B. 民政部门

C. 公安部门　　D. 人力资源和社会保障部门

9. 小强现年 15 岁，小学时学习成绩差，未去念初中，便在街上游走，后被歹人哄骗，终因抢劫而入狱。对于未完成义务教育的未成年社区服刑人员，司法行政部门应当配合（　　）部门，协调并督促其法定监护人，帮助其接受义务教育。

A. 司法行政部门　　B. 教育部门

C. 公安部门　　D. 人力资源和社会保障部门

10. 犯罪嫌疑人张强因抢劫而入狱，而他实施抢劫的动机仅仅是为了让怀孕的妻子吃一顿饱饭。张强的妻子自怀孕以后就被饭店解雇了，之后家庭的经济收入全靠张强一个

人，而张强的工厂倒闭后其也没有了经济来源，于是萌生了劫富的念头。此时，社会工作者最应该做的是（　　）。

A. 促进张强就业　　B. 帮助张强接受教育

C. 做好基本生活救助　　D. 落实社会保险

二、多项选择题

11. 新冠疫情暴发以后，某地禁毒社会工作服务机构积极响应号召，组织禁毒社会工作者依法有序地参与疫情防控工作，力争禁毒与抗疫两不误。下列工作中，属于禁毒社会工作职业任务的有（　　）。（2022）

A. 协助街镇做好服务对象的接所及防疫措施落实等工作

B. 灵活运用线上形式，指导社会面服务对象做好防护

C. 积极协调资源，为社区戒毒人员提供支持和帮助

D. 参与抗疫志愿服务，开展道口测温、社区出入登记等工作

E. 为戒毒人员提供心理疏导，缓解疫情带来的压力

12. 社会服务计划是通过判定罪犯在社区中从事规定时间的无偿劳动或服务，以此赎罪悔过的刑罚措施。社会服务计划的益处是（　　）。

A. 培养罪犯的劳动习惯和社会责任感

B. 使罪犯学会生产、生活技能以增强就业能力

C. 使罪犯学会处理人际关系以增强社会适应能力

D. 可以利用社区居民监督以节省资源

E. 避免了监禁刑罚造成的隔绝和恶习的“交叉感染”

13. 在社区矫正工作中，矫正社会工作者要对缓刑、假释和监外执行人员实施监督管理，要求他们做到(　　)。

A. 不随意与人沟通

B. 服从司法行政机关、社区矫正机构的命令

C. 保持良好品行，不得与品行不端者来往

D. 接受矫正社会工作者辅导

E. 及时汇报工作、生活和居住状况，不经批准不得离开居住地

14. 庆生 25 岁时因故意伤害罪被判 20 年，其间父母双双去世，住房被姐姐变卖。刑满释放后的庆生无家可归，社会工作者小华评估后，准备为其提供(　　)等社会服务。

A. 促进就业　　B. 介绍对象　　C. 做好基本生活救助

D. 落实社会保险　　E. 帮助制订旅游计划

参考答案

一、单项选择题

1. B　　考点：针对涉毒人员的社会工作介入

2. A　　考点：针对涉毒人员的社会工作介入

3. D　　考点：司法判决前的社会工作
4. B　　考点：针对犯罪嫌疑人亲友的社会工作介入
5. C　　考点：监禁场所中的社会工作
6. D　　考点：监禁场所中的社会工作
7. A　　考点：社区矫正中的社会工作
8. D　　考点：为社区服刑人员提供社会服务
9. B　　考点：社区矫正中的社会工作
10. C　　考点：针对犯罪嫌疑人亲友的社会工作介入

二、多项选择题

11. ACE　　考点：针对涉毒人员的社会工作介入
12. ABCE　考点：社会工作者制定社会服务计划的益处
13. BCDE　考点：缓刑、假释和监外执行人员的监督管理和教育帮扶
14. ACD　　考点：社会工作者对刑满释放人员的主要工作内容

第三节　矫正社会工作的主要方法

考纲	重要考点	星级标记
个案工作	6 个伦理原则、4 个注意的问题	★★
小组工作	4 个模式、4 个注意的问题	★★
社区工作	3 方面工作	★★
社会工作行政	宏观：政策实践、政策倡导；微观：规划、组织、领导、督导训练等	★★
社会工作研究	获取知识，发现事实	★

习题精练

一、单项选择题

1. 老方获假释后去社区矫正服务中心报到，被告知要接受心理社会状况评估，老方十分紧张。社会工作者小黄见到老方后请他坐下，递上一杯水，微笑着询问其近况。小黄的上述举动，体现了矫正社会工作（　　）的原则。（2023）

A. 个别化　　B. 接纳　　C. 非评判　　D. 自决

2. 司法社会工作者小蒋接受委托，为未成年的社区服刑人员小芳开展服务，小芳向小蒋说自己已经怀孕，并打算找一个私人诊所去做人工流产，叮嘱小蒋不要告诉父母和老

师。接下来小蒋在服务过程中，首先要妥善处理好（　　）。（2022）

A. 为小芳保密和维护社会安全的关系

B. 为小芳保密和维护学校纪律的关系

C. 为小芳保密和维护其人身安全的关系

D. 为小芳保密和维护其家庭稳定的关系

3. 社会工作者小黄开办了“希望印社”为社区矫正对象提供服务，社员们在篆刻活动中逐渐建立起健康的自我观，重塑了自信，与家人的关系也得到改善。然而，社区居民依然戴着“有色眼镜”看待他们，经常在背后对他们指指点点。为改变居民对矫正对象的刻板印象，帮助矫正对象顺利回归社会，小黄适宜的做法是（　　）。（2021）

A. 举办篆刻作品鉴赏会，提升矫正对象的艺术素养

B. 举办才艺作品展示会，向社区居民展示矫正对象的优势及能力

C. 召开“篆刻与生活”小组讨论会，引导矫正对象思考积极的生活方式

D. 召开“石头成长记”小组分享会，邀请已成功创业的矫正对象分享经验

4. 赵某因琐事与邻居发生纠纷，将对方打伤，被判处拘役 6 个月缓刑 6 个月，成为社区矫正对象。赵某参加公益劳动时，常被社区居民指指点点。社区矫正社会工作者老李发现这一问题后，在社区中举办了社区矫正专家讲座，利用微信公众号推送矫正知识，以改变居民的偏见，营造良好的社区环境。老李在上述社区矫正服务过程中使用的方法是（　　）。（2020）

A. 开展社区宣传教育

B. 挖掘矫正志愿力量

C. 制订矫正工作计划

D. 培育矫正互助小组

5. 新入职的矫正社会工作者小杨对如何处理遵守保密原则与维护社会安全的关系存在困惑，向督导请教。督导通过对实际案例的讨论分析，协助小杨厘清保密原则及其界限。下列情景中，小杨可以打破保密原则的是（　　）。（2020）

A. 某来访机构希望能翻阅矫正社会工作者的服务记录

B. 矫正对象告知社会工作者自己每天靠吸食冰毒来抵抗驾驶疲劳

C. 矫正对象向社会工作者描述之前犯罪经过以及在监狱里的感受

D. 矫正对象告诉社会工作者自己年轻时曾偷邻居家阳台上的香肠

6. 老张戒除毒瘾已满 3 年，他经常参与同伴演讲活动，是当地禁毒部门优秀的同伴志愿者。近期，社会工作者小赵发现老张一改常态，多次缺席应参加的活动，遂对老张进行了个别访谈。在访谈中小赵了解到，老张因赌博欠下了巨额债务，觉得自己作为一名优秀的同伴志愿者，却做错了事，实在无颜面对信任他的家人、小赵和民警，悔恨与愧疚的情绪一直缠绕在心头，甚至有了破罐子破摔的念头。为预防老张再次以毒品麻痹自己，协助老张学习以自己的能力去解决问题，小赵合适的做法是（　　）。（2020）

A. 帮助老张提高对赌博危害性的认识

B. 帮助老张提高对吸毒危害性的认识

C. 与老张探讨压力产生的原因，寻找改变的途径

D. 建议老张跟家人坦白，请家人帮忙筹资还赌债

7. 杨某因信用卡诈骗罪被判有期徒刑 2 年，缓期执行。杨某一直认为自己运气不好，对法院判决耿耿于怀，经常无故缺席社区服务活动。针对杨某的情况，社会工作者为其提供帮助，宜采取的方法是（　　）。

A. 加强监督管理　　B. 培养劳动习惯
C. 开展风险评估　　D. 认知行为治疗

8. 社会工作者为假释回到社区的顾某提供了就业、社会保障等政策咨询服务，并协助其申领了临时救助。社会工作者的上述做法体现了矫正社会工作的（　　）功能。

A. 监管　　B. 矫正　　C. 服务　　D. 改造

9. 戒毒康复人员大李回到社区后表现良好。近日，他偶遇昔日毒友，没禁住诱惑，开始复吸，工作也因此丢了。大李为此感到很自责，觉得自己没救了，开始自暴自弃。社会工作者拟采用优势视角理论为大李提供服务，适宜的做法是（　　）。

A. 动员大李参与同伴志愿者队伍，在社区巡讲戒毒知识
B. 与大李讨论目前生活的积极因素，增强其戒毒信心
C. 开展职业辅导，鼓励其自食其力
D. 与大李讨论毒品的危害，劝其尽快戒毒

二、多项选择题

10. 为服务对象保密的原则是社会工作专业价值观的重要体现，即便是矫正服务对象这样特殊的服务对象，也有与生俱来的尊严，也有权保全自己的隐私和不受外人干扰的生活空间。矫正社会工作中对保密原则的理解包括(　　)。

A. 不能将服务对象的基本资料随意公开
B. 不能将在工作过程中了解到的服务对象的想法和打算随意地告诉别人
C. 应该把所有信息随时报告给有关部门
D. 任何的信息都不能向外透露
E. 当了解到服务对象的思想和行为隐含着对他人和社会造成新的危害时，要及时报告有关部门和人员

11. 根据社会工作者在开展工作时所涉及的矫正对象的特点和问题性质、实施计划所要实现的目标，以及其周围环境的不同状况，可以把矫正社会工作的方法分为（　　）。

A. 直接方法　　B. 间接方法　　C. 主观方法
D. 客观方法　　E. 专业方法

12. 矫正对象张某出狱后面对的问题一大堆：严重的风湿病和心脏病需要花钱治疗；判刑后主动要求与妻子离婚，出狱后只能与年迈的母亲和兄嫂挤住一处；几次求职被拒，生活靠母亲微薄的退休金；长期没有与儿子共同生活，父子间的交流缺乏感情基础。对此，社会工作者小王需要做的有(　　)。

A. 了解张某的困难和想法
B. 与张某一起确定最紧迫的问题
C. 一次性地解决张某所有的问题
D. 有重点、分步骤地制订矫正工作计划
E. 制订切合实际的计划

参考答案

一、单项选择题

1. B　　考点：个案工作方法在社区矫正中的伦理原则—接纳原则
2. C　　考点：个案工作方法在社区矫正中应注意的问题
3. B　　考点：社区工作方法在社区矫正中的应用
4. A　　考点：开展社区教育，培育社区居民接纳、尊重矫正对象的意识和习惯
5. B　　考点：个案工作方法运用中应注意的问题
6. C　　考点：个案工作方法在社区矫正中的应用
7. D　　考点：社区工作方法在社区矫正中的应用
8. C　　考点：矫正社会工作的功能
9. B　　考点：优势视角理论在矫正社会工作中的应用

二、多项选择题

10. ABE　　考点：个案工作方法在社区矫正中的伦理原则
11. AB　　考点：矫正社会工作的主要方法
12. ABDE　　考点：个案工作方法在社区矫正中的应用

第八章 优抚安置社会工作

【本章复习提示】

本章主要介绍优抚安置社会工作，考试要点主要包括服务对象的特点及需要、优抚安置社会工作的主要内容和主要方法。优抚安置社会工作按照不同的服务载体可分为优抚医院社会工作、光荣院社会工作、军转复退军人安置社会工作、军休社会工作、英烈褒扬社会工作、军供社会工作。针对不同的优抚安置社会工作服务人群又有不同的切入点和着重点，重点聚焦优抚医院社会工作、光荣院社会工作、军转复退军人安置社会工作以及军休社会工作等方面，把握针对性介入方法和介入实施策略。

摸底自测

一、单项选择题

1. 某军休所的社会工作者小徐发现，一些军休老人认为过去在部队里生活费用全免，现在却要自己承担社会化养老服务费用，感到很难接受。针对这一现象，小徐拟运用社会工作专业方法，引导他们学习养老服务的相关制度与政策，理性看待社会化养老服务。小徐这一做法采用的干预技巧是（　　）。（2023）

A. 放松技巧　　B. 系统脱敏
C. 认知重构　　D. 社交技能训练

2. 某部队医院妇产科护士长许女士退役后自主择业，创办了月子中心。创业期间，许女士面临亲朋好友不理解、找不到场地、资金短缺、缺乏市场运营经验等困难。街道退役军人服务站的社会工作者老范帮助许女士申请到就业创业扶助资金，协助寻找相关服务场地，邀请同行介绍市场运营经验，提供政府的相关培训信息。老范的上述服务内容属于军转复退军人安置社会工作服务中的（　　）。（2022）

A. 搭建再就业信息咨询平台　　B. 协助服务对象适应新生活
C. 维护服务对象的合法权益　　D. 协调政府与社会力量参与

3. 某高校社会工作专业学生利用课余时间探访抗美援朝志愿军老兵，传承红色基因，缅怀英雄先烈，弘扬抗美援朝精神，开启奋斗新征程。社会工作专业学生探访的陈老，1950 年年底参军，被分配到炮兵学校学习，1953 年参战，战争结束后，被授予中尉军衔。根据《军人抚恤优待条例》，陈老属于（　　）。（2021）

A. 复员军人　　B. 复员干部　　C. 退伍士官　　D. 退伍军人

4. 老肖因公致残，入住荣军医院进行康复治疗，但治疗效果不佳。老肖既要忍受身体的疼痛，又要面对生活方式的调整、自我价值的重新确认、社会支持网络的重建等问题。社会工作者对老肖目前的状况进行了评估，认为他的问题与需求是多元的，且融合在他的日常生活中。上述老肖的问题和需求在其生活中呈现出（　　）的状态。（2020）

A. “未分化”　　B. “常态化”　　C. “动态化”　　D. “个性化”

5. 某军休干部管理与服务中心的社会工作者小宋设计了“岁月如歌”生命回顾小组工作方案，为军休所的老干部提供服务。小宋采用分享老照片的方式帮助军休老干部重温在部队时取得的人生成就，引导他们分享现在的欢乐时光和幸福生活，鼓励其参与社会活动，力所能及地关心他人、服务社会。小宋这样做的主要目的在于（　　）。（2020）

A. 缓解老人的寂寞孤独感　　B. 帮助老人坦然面对死亡
C. 建立老人间的信任关系　　D. 协助老人重构生命价值

6. 某市第一军休所安置了 30 名军队离退休老干部，他们原先大多属于同一部队，有专业技术和特长，大部分身体健康，有从事力所能及工作的愿望。于是，军休所的社会工作者组织了老干部志愿工作队，并为老干部服务社会牵线搭桥。老干部中有的作为专家顾问为社区的环境建设出谋划策，有的受聘担任中小学少先队大队辅导员。上述案例中，社会工作者的工作满足了服务对象（　　）的需要。

A. 军队情结　　B. 社会参与　　C. 多元养老　　D. 心理调适

7. 因优抚对象自然减员，某地光荣院出现了空置床位。为了充分利用资源，该院接收了社会老人入住。为了化解优抚老人与社会老人在生活习惯等方面的矛盾，提升光荣院老人的生活质量，社会工作者应（　　）。

A. 呼吁为地方养老院增加床位　　B. 优先安抚光荣院的优抚对象

C. 促进优抚老人与社会老人的融合　　D. 协助社会老人适应光荣院的居住条件

8. 乐龄光荣院的老人们因李大爷突发心梗离世而陷入沉闷悲伤的氛围中。社会工作者小韩组织了李大爷的追思会，放映李大爷生前的照片，协助老人们表达失去同伴的感受及对死亡的看法。小韩为老人们提供的服务属于（　　）。

A. 危机干预　　B. 行为治疗　　C. 哀伤辅导　　D. 生命回顾

9. 某社区负责优抚安置工作的社会工作者为了推进军休社区与驻地社区的融合，设计了一系列服务活动。下列活动中，符合上述服务目标，属于中观层面介入的说法是（　　）。

A. 实现军地社会保障“无缝衔接”　　B. 协助军休干部构建社会支持系统

C. 推进军地管理体制“一体化”建设　　D. 提升驻地社区对军休干部的社会认同

10. 义务兵小潘 2013 年 6 月退役，当年 10 月在工商行政管理部门首次登记成立了个体餐饮公司。社会工作者老王获悉后，积极了解相关政策，主动协助小潘免费参加政府职能部门举办的企业管理培训，免交餐饮公司管理类的行政事业收费。老王所做的工作实现了社会工作(　　)的目标。

A. 治疗　　B. 救助　　C. 预防　　D. 权利保障

11. 部分复员退伍军人在新安置的工作岗位上感到社会再适应的压力，存在焦虑、愤怒、抑郁等情绪。针对这种情况，社会工作者首先应为他们提供的服务是（　　）。

A. 联系相关部门，协商安置措施　　B. 整合社会资源，开发就业岗位

C. 搭建信息平台，开展就业指导　　D. 进行心理辅导，协助适应社会

12. 社会工作者小李正在运用人生回顾的干预措施为老赵提供回顾一生经历的机会，在老赵倾诉的过程当中，小李用“嗯、对、没错”等语气词予以“口头”跟随，或者以点头、投以关注的眼神、将身体向服务对象稍微倾斜、握住服务对象的手等方式予以“行为”肯定。这里，小李积极倾听的过程中运用的具体步骤是（　　）。

A. 聆听　　B. 回应　　C. 否定　　D. 邀请

二、多项选择题

13. 某区退役军人服务站的社会工作者在上门探访退役士兵小狄时，小狄说：“我高中毕业就参军了，现在什么都不会，没什么朋友，大家都挺忙的，没有时间关注我的事情，爸妈也不理解我。”小狄上述表述说明其面临的问题有（　　）。(2022)

A. 自我评价低　　B. 社会支持少　　C. 家庭支持弱

D. 经济压力大　　E. 学习动力低

14. 某社区退役军人服务站的社会工作者小魏运用社会工作行政的方法，促进所在社区的退役军人实现自主就业，小魏恰当的做法有（　　）。(2021)

A. 成立退役军人志愿服务队

B. 推动设立退役军人创业就业基金

C. 推动退役军人社区工作岗位的开发

D. 为退役军人开办就业创业能力提升培训班

E. 协助搭建退役军人就业创业信息咨询平台

15. 优抚安置社会工作是新时代中国特色强军之路的组成部分，其服务对象特点鲜明，主要包括（　　）。

A. 年龄结构优　　B. 覆盖范围广　　C. 军队情结深

D. 需要层次多　　E. 问题压力重

16. 社会工作者小邓在军休所开展服务时发现，所里的军休干部很少与当地社区居民接触交流。为促进军民融合和军地融合，满足军休干部多层面的需要，小邓拟从中观层面进行介入，可以采取的做法有（　　）。

A. 在军休所内为军休干部开展丰富多彩的文体活动

B. 将军休干部安置保障政策与国家社会保障政策接轨

C. 通过“生命故事”的方法，帮助军休干部重构生命意义

D. 与某老年人健康协会合作，为军休干部定期举办健康养生讲座

E. 与军休所附近某小学结成友好单位，定期开展红色教育活动

参考答案

一、单项选择题

1. C　　考点：军休社会工作的干预技巧
2. A　　考点：军转复退军人安置社会工作的内容
3. A　　考点：军转复退军人安置社会工作服务对象的界定
4. A　　考点：优抚安置社会工作服务对象的特点
5. D　　考点：军休社会工作的主要方法
6. B　　考点：军休社会工作服务对象的需要
7. C　　考点：光荣院社会工作的内容
8. C　　考点：光荣院社会工作的介入策略
9. D　　考点：军休社会工作的介入策略
10. D　　考点：军转复退军人安置社会工作的主要方法
11. D　　考点：军转复退军人安置社会工作的内容
12. B　　考点：光荣院社会工作的介入策略

二、多项选择题

13. ABC　　考点：军转复退军人安置社会工作服务对象的需要
14. BCE　　考点：军转复退军人安置社会工作的内容
15. BCDE　　考点：优抚安置社会工作服务对象的特点
16. DE　　考点：军休社会工作的介入策略

第一节　优抚安置社会工作概述

考纲	重要考点	星级标记
服务对象的特点	优抚安置社会工作的界定与分类	★★★
	服务对象的特点：覆盖范围广、军队情结深、需要层次多、问题压力重	★★★
服务对象的需要	优抚医院社会工作服务对象的界定及需要；光荣院社会工作服务对象的需要；军转复退军人安置社会工作服务对象的界定及需要；军休社会工作服务对象的界定及需要	★★★

习题精练

一、单项选择题

1. 优抚安置社会工作的服务对象分布在社会各个领域，涵盖了各个年龄层次，他们的需求侧重点各不相同。其中孤老优抚对象有着较高的（　　）需要。(2023)

A. 生活保障　　B. 医疗救助　　C. 情感慰藉　　D. 权益维护

2. 某地突发罕见特大暴雨灾害，许多退役军人第一时间到所在社区报到，主动请缨，他们认为汛情就是命令，救灾就是责任，他们临危不惧，冲在抗洪抢险第一线，用实际行动诠释了退役军人“若有战，召必回，战必胜”的政治担当与使命担当。上述行动充分体现了退役军人群体（　　）的特点。(2021)

A. 分布范围广　　B. 集体荣誉感强　　C. 军队情结深　　D. 团队协作性强

3. 老王年轻时在战争中负伤，导致下肢瘫痪，背部长期疼痛。伤病严重影响了老王的身心健康，降低了他的价值感和自尊感，也限制了他社会交往和职业发展的空间。老王的上述情况呈现出优抚安置对象具有（　　）的特点。(2019)

A. 行动能力强　　B. 军队情结深　　C. 需求层次多　　D. 年龄结构优

4. 为了加快培养现代化建设人才，财政部等五个部门自 2011 年开始实施自主就业退役士兵教育赞助政策。这项政策满足的是退役士兵(　　)的需要。

A. 适应角色转变　　B. 获取社会承认

C. 赢得社会尊重　　D. 提高就业能力

5. 军人的抚恤优待，实行国家和社会相结合的方针，保障军人的抚恤优待与国民经济和社会发展相适应，保障抚恤优待对象的生活(　　)当地的平均生活水平。

A. 高于　　B. 略高于　　C. 不低于　　D. 不明显低于

6. 以下不属于优抚安置社会工作的是（　　）。

A. 复员退伍军人安置社会工作　　B. 烈士褒扬社会工作

C. 军供社会工作　　D. 随军家属社会工作

7. 近年来为吸引大学生入伍，北京、上海等大城市相继出台了一系列鼓励性政策，比如非京籍、非沪籍大学生士兵复学后完成学业且被当地用人单位接收的，可办理京、沪落户手续。这项政策属于（　　）措施。

A. 抚慰　　B. 优待　　C. 优惠　　D. 抚恤

8. 江叔叔是一位退伍军人，退伍前在部队执行任务时负伤，小肠被切除 1 米有余。去年，他领到了民政部门颁发的《残疾军人证》，根据规定，他可凭此证件免费乘坐市内轨道交通工具。这属于优抚安置工作中的（　　）措施。

A. 优待　　B. 抚恤　　C. 安置　　D. 补助

二、多项选择题

9. 以下属于军休社会工作服务对象的主要需要的有（　　）。（2019）

A. 社会参与需要　　B. 多元养老需要

C. 基本生存需要　　D. 军队情结需要

E. 健康维护需要

10. 以下属于优抚医院社会工作服务对象的主要需要的是（　　）。

A. 基本生存需要　　B. 经济独立需要　　C. 治疗康复需要

D. 家庭生活需要　　E. 军队情结需要

11. 优抚安置工作包括（　　）。

A. 抚慰工作　　B. 优待工作　　C. 优惠工作　　D. 抚恤工作　　E. 安置工作

参考答案

一、单项选择题

1. C　考点：光荣院社会工作服务对象的需要
2. C　考点：优抚安置社会工作服务对象的特点
3. C　考点：优抚安置社会工作服务对象的特点
4. D　考点：军转复退军人安置社会工作服务对象的需要
5. C　考点：优抚安置工作的界定
6. D　考点：优抚安置社会工作的分类
7. B　考点：优抚安置工作的界定
8. A　考点：优抚安置工作的界定

二、多项选择题

9. ABDE　考点：军休社会工作服务对象的需要
10. ACD　考点：优抚医院社会工作服务对象的需要
11. BDE　考点：优抚安置工作的界定

第二节 优抚安置社会工作的主要内容

考纲	重要考点	星级标记
优抚医院社会工作的内容	协助处理服务对象及其家庭的问题，协助增强服务对象对医院环境的适应，协助处理服务对象与医疗系统的关系，出院及跟进服务，其他方面 特别内容：复员军人慢性病医院社会工作，退役残疾军人康复医院社会工作，军转复退军人精神病院社会工作	★★★
光荣院社会工作的内容	评估和准备工作，适应，个案心理辅导，开展活动，自我管理和自我服务的能力，鼓励参与活动，正确看待死亡，利用资源，督导，发展和专业质量的提高，影响决策，其他 特别内容：疏于照顾问题、药物滥用与药物依赖问题的预防、性与亲密关系的处理	★★★
军转复退军人安置社会工作的内容	协助服务对象适应新工作和新生活，顺利度过军地转化的过渡期；协助服务对象充分利用和发掘自身和外部的正式和非正式社会支持网络；加强协调沟通，推进政府主导、部门协作、社会参与的安置格局形成；做好信访接待工作，倾听心声、舒缓情绪、提供慰藉；协助搭建信息咨询平台；积极推进社会政策的良性改变 特别内容：社会再适应	★★★
军休社会工作的内容	嵌入在接收安置和服务管理的各个环节中：接收安置前、接收安置中、接收安置后	★★★
英烈褒扬社会工作的内容	引导讲解员和参观群众，加强阵地宣传，开展群体性的心理辅导；策划有针对性的宣传纪念活动；协助烈士遗物史料的收集；协调烈属与陵园的纠纷；协助做好前来扫墓的烈属及亲朋的精神抚慰工作，帮助走出心理阴影；协助完善解说词，针对不同人群凸显宣传教育重点；推动志愿服务并对志愿服务进行督导；推动相关政策完善，协助做好宣传解释工作	★★
军供社会工作的内容	及时发现过往部队中存在的生理、心理问题，配合部队做好预防、解决和转介；动员社会力量，整合社会资源，完成好军供保障任务；协调组建工作人员支援网络，加强工作人员的心理辅导及沟通技巧，协助工作人员进行压力释放、情绪疏导和问题解决；开展研究工作，提供军供站管理和发展方面的政策建议	★★

习题精练

一、单项选择题

1. 为了实现军供工作由传统的单一饮食服务向综合保障服务转变，需要引入社会力量推动新型服务体系的建构，某地军供站的社会工作者小王，运用社会工作专业知识和方法，科学评估军供站所在区域的物质、人力、组织等要素，凝聚企事业单位、社区组织和志愿团队的服务力量，推动形成关心和支持军供工作的浓厚氛围。小王的上述工作属于（　　）。（2021）

A. 协调社会关系　　B. 整合社会资源

C. 提供社会支持　　D. 完成服务保障

2. 某光荣院孤老优抚对象日益减少，因此院方决定在保证为原有孤老优抚对象提供优质服务的前提下，为社区老人提供服务。“开门”办院的第一周，就有多名社会老人申请并入住，但是社会工作者小毛发现，光荣院的孤老优抚对象对社会老人有明显的抵触情绪。针对此种情况，小毛的工作重心应该是（　　）。

A. 帮助孤老优抚对象融入社区　　B. 引导孤老优抚对象接纳社会老人

C. 帮助社会老人接纳孤老优抚对象　　D. 协助社会老人适应光荣院的环境

3. 小王在某光荣院工作，长期服务伤残的优抚安置对象，工作任务繁重，还经常因小事不被服务对象理解而感到担忧。小王因此越来越压抑和倦怠。与小王有类似情况的工作人员在光荣院还有很多。为缓解他们的压力，社会工作者最宜采用的做法是（　　）。

A. 开展支持小组　　B. 消除社会隔离　　C. 提供物质支持　　D. 增进社会融合

4. 以下属于安置社会工作内容的是（　　）。

A. 为安置对象提供康复服务　　B. 为安置对象提供婚姻介绍服务

C. 协助安置对象适应新工作和新生活　　D. 协助安置对象处理医疗纠纷

5. 老李是一位 67 岁的退伍军人，社会工作者小丽最近和他聊天时，发现他的话语中经常有关于性的暗示，表明自己有这方面的需求。吃惊和尴尬之余，小丽感到非常苦恼。小丽遇到的问题属于（　　）。

A. 疏于照顾的问题　　B. 药物滥用与药物依赖问题

C. 性与亲密关系的处理　　D. 教育服务对象的问题

6. 由于光荣院存在自然减员，符合收养条件的优抚对象不断减少，为充分利用现有的基础设施、设备和人员，有些光荣院开始了接收社会老人，因此，（　　）是社会工作者面临的一个新课题。

A. 如何推进孤老优抚对象与社会老人的融合

B. 如何协助服务对象适应光荣院的新生活

C. 如何为服务对象提供个案心理辅导

D. 如何影响社会及环境的决策

7. 老李是一位经历过抗日战争的退伍老人，老伴去世后，他便一个人住在光荣院。他经常对社会工作者小张讲起战争时代的激情岁月，和他那些死在战场上的战友，提起他们，老李经常老泪纵横。此时，小张应该(　　)。

A. 推进老李与社会老人的融合　　B. 为老李提供个案心理辅导
C. 影响社会及环境的决策　　D. 协助老李提高自我管理

8. 63 岁的退伍军人老王在光荣院经常服用一些抗抑郁类药物、镇静剂、镇痛剂和安眠药等精神调节类的药物，以缓解经常的剧烈性头痛，这些药对于中枢神经系统有直接的化学副作用，但工作人员如果将这些药拿走，老王便会发脾气。这种情况属于（　　）。

A. 疏于照顾的问题　　B. 药物滥用与药物依赖问题
C. 性与亲密关系的处理问题　　D. 教育服务对象的问题

二、多项选择题

9. 大学生退役士兵复学后，学校社会工作者小王为他们提供了多元化服务，专业与学业教育指导、人际关系及适应性训练、“一对一”同学帮扶活动，协助他们顺利实现角色转变。上述服务旨在协助服务对象（　　）。（2023）

A. 做好压力预防　　B. 提升就业能力
C. 提升学习能力　　D. 做好职业规划
E. 构建同辈支持网络

10. 下列对于军供社会工作的说法中，正确的是（　　）。

A. 服务对象主要是军供保障单位的职工
B. 需要及时发现过往部队中存在的问题
C. 目的是完成好军供保障任务
D. 要协助工作人员进行情绪疏导
E. 服务对象主要是军人

11. 某省第一军休所安置来自不同地区的 40 名军休干部，他们政治觉悟高，并且有技术专长。离退休后有些人感到“无所事事”，有些人还封闭自己。鉴于此，军休所的社会工作者组织军休干部成立了志愿服务队，他们有的担任中小学校大队辅导员，有的成为社区环境监督员等。通过志愿服务，军休干部们结交了新朋友，生活也变得充实了。本案例中，社会工作者的主要作用是协助军休干部（　　）。

A. 倡导和挖掘社会资源　　B. 实现社会角色转变
C. 维护自身合法权益　　D. 增强人际关系
E. 发挥自身优势服务社会

参考答案

一、单项选择题

1. B　考点：军供社会工作的内容
2. B　考点：光荣院社会工作的内容
3. A　考点：光荣院社会工作的内容
4. C　考点：优抚安置社会工作的内容
5. C　考点：光荣院社会工作的内容
6. A　考点：光荣院社会工作的内容

7. B　　考点：光荣院社会工作的内容
8. B　　考点：光荣院社会工作的内容

二、多项选择题
9. ACE　　考点：军转复退军人安置社会工作的内容
10. ABCD　考点：军供社会工作的内容
11. ABDE　考点：军休社会工作的内容

第三节　优抚安置社会工作的主要方法

考纲	重要考点	星级标记
优抚医院社会工作的主要方法	介入重点：危机干预 介入策略：开展评估、建立关系、聚焦问题、稳定情绪、制订方案、实施计划、后续跟进	★★★
光荣院社会工作的主要方法	介入重点：生命回顾与哀伤辅导 介入策略：人生回顾、哀伤辅导	★★★
军转复退军人安置社会工作的主要方法	介入重点：社会再适应 介入策略：开展个案辅导、开展小组辅导	★★★
军休社会工作的主要方法	介入重点：认知和情绪问题的处理，干预的技巧、语言运用的技巧 介入策略：微观层面，推进军休老人与社会老人融合；中观层面，推进军休社区与住地社区融合；宏观层面，推进军队保障与地方保障融合	★★★

习题精练

一、单项选择题

1. 社会工作者老王发现，有些退役士兵在从军营到地方的转变中存在较大的心理冲击，觉得自己既无学历优势又无专业特长，面临职业转岗的挑战。针对这种情况老王拟为他们开展小组服务，促进他们适应职业的转变。在小组中期，该小组的主要任务应是（　　）。（2023）

A. 职业准备　　B. 面试模拟　　C. 简历设计　　D. 环境探知

2. 大刘退役后，回到校园继续学业，面对“军人”到“学生”角色的转换，因与同学经历不同，大刘难以融入校园生活，影响了自己的学业发展。社会工作者决定为大刘提供协助。下列做法中，属于个案辅导方法的是（　　）。（2022）

A. 发掘大刘的人际交往优势　　B. 组建退役军人大学生社群

C. 举办有针对性的知识讲座　　D. 营造友好舒适的校园氛围

3. 军休干部老李由部队转业到地方军休所后，感到非常失落，觉得自己为部队奉献了大半辈子，到老没有用了，被部队当作“包袱”扔到了地方，终日闷闷不乐的老李拒绝参加军休所组织的各种活动。社会工作者决定运用理性情绪疗法帮助老李适应角色转换，其介入的关键是改变老李(　　)。

A. 社交退缩的非理性行为　　B. “老了无用”的消极态度

C. 心理失落带来的负面情绪　　D. “被部队抛弃”的非理性信念

4. 军休所社会工作者小徐发现，一些军休老人对社会组织提供的社会化养老服务存在疑惑，尤其不能接受这类机构的有偿服务。为此，小徐设计了小组工作方案，旨在帮助军休老人转变对社会化养老服务的态度，让他们更好地适应社会化养老服务，在小徐的方案中，其工作介入重点应聚焦在军休老人的（　　）。（2019）

A. 健康养生　　B. 认知重构　　C. 居家安全　　D. 社交技能

5. 乐龄光荣院的老人们因张大爷突发脑出血离世而陷入悲伤压抑的氛围中，社会工作者小秦组织了张大爷的追思会，放映张大爷生前的照片，协助老人们表达失去同伴的感受以及对死亡的看法，小秦为老人提供的服务属于（　　）。（2019）

A. 哀伤辅导　　B. 危机干预　　C. 生命回顾　　D. 行为治疗

6. 军休社会工作介入的重点是（　　）。

A. 协助退役军人顺利告别军旅生涯

B. 协助退役军人选择新职业和做好从业准备，稳定就业

C. 帮助优抚对象个体做好生命回顾

D. 协助军休干部识别自己的非理性信念

7. 士兵小高 2013 年年底复员，当地民政部门联络上了当地的公交公司。可是小高既无学历优势，又无专业特长，难以在新的岗位中如鱼得水。社会工作者小李决定以小组介入的方式，帮助面对同类问题或共同需求的组员，建立同辈群体支持网络，推进社会再适应。其中，介入步骤不包括（　　）。

A. 小组初期：心态调适　　B. 小组中期：环境探知

C. 小组末期：职业准备　　D. 小组后期：确定职业

8. 26 岁的小张被确定为一级伤残，近来有自杀倾向。社会工作者小李和小张经过自由讨论后，共同确定问题清单。之后讨论问题细节，并按照优先顺序排列。小李的这些做法属于危机介入的（　　）阶段。

A. 开展评估　　B. 建立关系　　C. 聚焦问题　　D. 稳定情绪

9. 老红军老赵因中风导致行动不便已卧床多年，视力、听力的退化让他失去安全感，与住在他房间隔壁的老王常常相互慰藉；而近期老王又因病离开了人世，老赵对这个事实难以接受。此时，社会工作者的介入策略应该是（　　）。

A. 人生回顾　　B. 哀伤辅导　　C. 体能康复　　D. 危机介入

10. 曾多次获得荣誉称号的小徐在一次反恐任务中受伤导致高位截瘫，终日躺在医院病

床上，情绪低落、行为退缩，沉浸在既往的回忆中，对当下的生活有一种深深的无力感。为协助小徐重燃对生活的希望，社会工作者下列做法中，最适当的是协助小徐（　　）。

A. 配合医疗康复训练　　B. 学习自我护理技能
C. 回顾过往生活经验　　D. 构建当下生命意义

11. 复员退伍军人安置社会工作的介入重点是（　　）。

A. 社会再适应　　B. 生命回顾与哀伤辅导
C. 危机干预　　D. 认知和情绪问题的处理

12. 光荣院居住的大多是无儿无女的孤老优抚对象。前些天，与老曾一起住了20多年的老曲过世了，老曾十分悲伤，情绪低落，不愿见人。社会工作者因此组织院友坐在一起，表达对老曾的理解，分享对生命的感悟，相约互相鼓励、扶持走完生命历程。社会工作者组织的小组是（　　）。

A. 教育小组　　B. 成长小组　　C. 治疗小组　　D. 支持小组

二、多项选择题

13. 光荣院的社会工作者老王拟开办“莫道桑榆晚，为霞尚满天”怀旧小组活动，采用“逆序回顾”干预方式，帮助老年人回顾人生经历，进行人生整合。老王的下列做法中，正确的有（　　）。(2023)

A. 引导组员学会珍惜当下的生活，享受美好时光
B. 帮助组员学习强健身体的锻炼方法和放松技巧
C. 引导组员接纳自己过往工作中好与不好的经历
D. 协助组员减轻因光荣院老人去世造成的潜在影响
E. 带领组员回顾过往军旅生涯，确认过往生活价值

14. 某军休所社会工作者小叶发现，一些军休干部感到自己一身本领却无用武之地，因而产生强烈的无力感和失落感，为此小叶决定为军休干部提供服务。下列服务技巧中，属于问题解决技巧的有（　　）。(2022)

A. 教授军休干部放松训练的技巧
B. 推动军休干部讨论问题产生的原因
C. 带领军休干部探讨社会参与的可行性
D. 引导军休干部回顾人生经历
E. 与军休干部一起找出问题解决的方法

15. 某市退休干部老王，兴趣爱好广泛。刚退休时，积极参加各种活动。老伴瘫痪后，老王每天在家照顾老伴，不得不放弃自己的兴趣爱好。十几年过去了，随着身体机能下降，儿女又在外地很少回家，老王深感力不从心，越过越糟，觉得这样很没意思。社会工作者小李以“荣耀之辉”为主题，运用“人生回顾”方法，借助老照片，引导老王回顾自己的过往经历。老王说起自己的军旅生涯，声音洪亮、手舞足蹈，情绪激动。小李所采用的方法可引导老王（　　）。(2021)

A. 肯定人生中的积极经历　　B. 接受自己生命中的遗憾
C. 接纳自己生活中好或不好的一面　　D. 客观分析儿女与自己的关系问题
E. 以曾经的军旅生涯来构建生命的价值

16. 小军因伤致残入住康复医院。一天，小军的室友向社会工作者小方反映，小军情

绪低落，总说活着没意思，还偷藏了安眠药。小方通过评估，确定需要对小军进行危机干预。小方首先与小军建立信任关系，在稳定小军情绪的基础上与小军一起找出造成其困扰的原因。小方的下列表述中，运用了危机干预技巧的有（　　）。(2020)

A. “我已通知了你姐姐，她明天就来看你。”

B. “眼下有哪些事让你消沉，可否说来让我听听。”

C. “院里为你制订了周详的康复计划，你仍可凭一技之长服务社会。”

D. “我理解从一个生龙活虎的人，突然变成饮食起居都要靠人帮忙的这种感受。”

E. “你很坚强，治疗那么痛苦都熬过来了，现在还有什么困难是不能克服的呢?”

参考答案

一、单项选择题

1. D　考点：军转复退军人安置社会工作的主要方法—开展小组辅导
2. A　考点：军转复退军人安置社会工作的主要方法—个案辅导
3. D　考点：军休社会工作的介入重点
4. B　考点：军休社会工作的介入重点
5. A　考点：光荣院社会工作的介入重点
6. D　考点：军休社会工作的介入重点
7. D　考点：军转复退军人安置社会工作的主要方法—开展小组辅导
8. C　考点：优抚医院社会工作的介入策略
9. B　考点：光荣院社会工作的介入策略
10. D　考点：优抚医院社会工作的介入重点
11. A　考点：军转复退军人安置社会工作的介入重点
12. D　考点：光荣院社会工作的介入策略

二、多项选择题

13. ACE　考点：光荣院社会工作的介入策略
14. CE　考点：军休社会工作的介入重点
15. AE　考点：军休社会工作的介入策略
16. BD　考点：优抚医院社会工作的介入重点—危机干预

第九章 社会救助社会工作

【本章复习提示】

本章主要介绍社会救助社会工作，考试要点主要包括社会救助社会工作的主要内容和方法。首先，掌握社会救助与社会救助社会工作的关系，概述部分重点聚焦社会救助的概念、内容、工作原则以及服务对象的主要需求。其次，要掌握最低生活保障、特困人员供养、医疗救助、住房救助、教育救助、就业救助、临时救助及受灾人员救助等八项救助方面的内容。最后，掌握综合运用的社会工作专业方法和技巧，重点聚焦评估的重点、危机干预的步骤以及社区为本的综合性救助方法。

摸底自测

一、单项选择题

1. 离异的陈先生，长期失业，靠最低生活保障金生活，与父母关系紧张。社会工作者老马入户了解到陈先生常常感到自己与社会格格不入，烦心的时候找不到人倾诉，十分苦恼。老马对陈先生进行情绪疏导，与就业服务中心联系，为他申请免费职业技能培训，并帮他模拟面试，邀请他参加街道社工站组织的各种活动，结识新朋友。除上述服务外，针对陈先生的需求，老马还应开展的服务是（　　）。(2023)

A. 提供心理支持　B. 调节家庭关系　C. 开展能力建设　D. 促进社会融入

2. 某社区发生火灾，有几户家庭损失严重，基本生活面临困难，社会工作服务机构立刻响应，开展一系列专业服务。其中属于社会工作参与临时救助服务的是（　　）。(2022)

A. 启动社区重建　B. 修复社会支持
C. 开启危机干预　D. 进行社区教育

3. 社会工作者小张在开展社会救助工作时不限于过往经验，依据个人成长和家庭关系相关理论，采用人际关系量表、个人问题清单等工具对救助对象进行评估。小张的上述工作体现了救助社会工作评估方法的（　　）的特点。

A. 保持持续性　B. 合理利用知识和经验
C. 救助对象参与　D. 动态推进和全面了解

4. 社会工作者小陈在走访社区困境家庭时发现，周大哥因病致残，被鉴定为三级肢体残疾，他有两个上学的孩子，家庭重担都落在妻子一人身上。小陈在为周大哥服务过程中，陪同他办理了残疾证，并给他讲解医疗救助政策，帮助他整理申请医疗救助所需材料。小陈的上述做法属于医疗救助社会工作中的（　　）服务。(2021)

A. 协助申请救助　B. 改善救治环境
C. 协调医疗资源　D. 强化社会支持

5. 小王患有精神分裂症，经过住院治疗，进入康复阶段，但精神疾病的“污名化”给小王带来了极大的痛苦，他很少与外人接触。社会工作者小夏拟采用医疗救助的方法为其提供服务。小夏在社区先后策划组织精神健康宣传周活动，整合各类资源为社区精神病患者的家属提供精神健康照顾知识培训，招募志愿者与小王结对帮扶。小夏的上述工作属于医疗救助社会工作中的（　　）。(2020)

A. 强化社会支持　B. 改善救治环境
C. 协调医疗资源　D. 协助申请救助

6. 小李是某未成年人保护中心的社会工作者，在一次外展服务中遇到叼着烟的小刚在街头流浪。小李在与小刚的交谈中获知，小刚今年 12 岁，在外流浪已半年，经常饥一顿饱一顿，晚上就在地下通道过夜。小李在征得小刚同意后，将其护送至“中心”。小刚获得了基本的生活安置后，小李还可以在“中心”为其提供的服务是（　　）。(2019)

A. 增强小刚家庭的能力　B. 纠正小刚的偏差行为
C. 修复小刚的社会支持系统　D. 为小刚提供社会观护

7. 为了帮助流浪乞讨人员在需要时及时获得救助，某地救助站的社会工作者上街向他们发放“救助指引卡”，并动员志愿者给予指引和帮助。该救助站的这种做法属于临时救助服务中的（　　）。

A. 危机干预　　B. 生活救助　　C. 外展服务　　D. 能力建设

8. 某学校在生活困难学生的救助工作中，要求申请救助的学生在班上演讲说明其困难的状况，以同学投票的方式认定其受助资格。从社会工作专业角度看，这些做法违背了（　　）原则。

A. 自我决定　　B. 知情同意　　C. 尊重隐私　　D. 无条件接纳

9. 老李文化程度不高，又没有一技之长，享受了几年低保之后，想通过就业改变生活状况。社会工作者联系就业援助员向他推荐了几份工作，但老李觉得这些工作既苦又累，薪水又少，不愿接受。针对老李的情况，社会工作者首先要做的是（　　）。

A. 调整自我认知　　B. 提升其自信心

C. 为其寻找其他就业信息　　D. 协助其参加技能培训

10. 赵大爷年近七旬，生活在农村。几年前赵大爷的独子因交通意外身亡，老伴受不住打击也去世了。目前赵大爷无亲无故，以拾荒为生。社会工作者老宋计划协助赵大爷申请救助。下列救助类别中，最能帮助赵大爷解决生活困难的是（　　）。

A. 最低生活保障　　B. 特困人员供养

C. 就业救助　　D. 临时救助

11. 最低生活保障是由政府提供的一种收入补充型救助制度，凡共同生活的家庭成员人均收入低于当地居民最低生活保障标准的，均有权利从政府获得帮助。下列对于最低生活保障的说法中，不正确的是（　　）。

A. 城市低保针对的是城市居民　　B. 居民获得的是直接的现金帮助

C. 农村低保针对的是农村居民　　D. 最低生活保障标准是固定的

12. 住房救助是指国家对符合规定标准的住房困难的最低生活保障家庭、分散供养的特困人员给予住房方面的帮助，满足其基本住房需求。住房救助的形式在农村主要是（　　）。

A. 发放住房租赁补贴　　B. 开展危房改造

C. 配租公共租赁住房　　D. 允许“城中村”的出现

二、多项选择题

13. 老丁的妻子长期卧病在床，孩子正上初中，一家人依靠最低生活保障金和老丁当保安的收入维持生活。前段时间，老丁因公司解散而失业在家，想找比当保安收入更高的工作，但一直未能如愿，为此心情烦躁，常对儿子发脾气。为了帮助老丁一家，社会工作者小李开展了下列服务，其中属于就业救助的有（　　）。（2020）

A. 帮助老丁调整自我认知　　B. 帮助老丁儿子募集助学金

C. 帮助老丁链接就业资源　　D. 协助老丁家申请医疗救助

E. 帮助老丁改善亲子关系

14. 某关爱中心配合有关部门，为辖区内的低保家庭开展专业社会工作服务。该中心为这些家庭提供的下列服务中，属于就业救助服务内容的有（　　）。

A. 转变就业观念　　B. 安排勤工俭学　　C. 职业技能培训

D. 自我认知调整　　E. 链接就业资源

15. 生活困难大学生是一个特殊的群体，家庭收入水平低可能给他们的心理、精神、就业、学业、人际交往带来一些负面影响。为帮助生活困难大学生减少因此带来的困扰，帮助他们更好地成长，某高校开展了以“让青春飞扬”为主题的系列活动。下列活动中，属于教育救助服务内容的有（　　）。

A. 设立“青春飞扬”励志奖学金

B. 设置“助力青春”勤工俭学岗位

C. 开展“大展宏图”就业技能培训

D. 建立“守护青春”生活困难学生健康档案

E. 举办“我的优点我知道”主题活动

16. 某社会工作机构在基金会资助下参与地震灾后重建，如果该机构打算全方位、多层次介入灾后重建，其服务计划适宜的内容包括(　　)。

A. 征集受灾群众关于社区重建的规划建议

B. 参与灾害风险分析

C. 通过小组活动重建邻里关系

D. 通过职业培训促进受灾群众的再就业

E. 帮助政府紧急转移和安置灾民

参考答案

一、单项选择题

1. B　考点：最低生活保障中的服务内容
2. C　考点：临时救助中的服务内容
3. B　考点：救助社会工作评估的主要特点
4. A　考点：医疗救助中的服务内容
5. A　考点：医疗救助中的服务内容
6. B　考点：临时救助中的服务内容
7. C　考点：临时救助中的服务内容
8. C　考点：社会救助对象的主要需求
9. A　考点：就业救助中的服务内容
10. B　考点：特困人员救助供养中的服务内容
11. D　考点：最低生活保障中的服务内容
12. B　考点：住房救助中的服务内容

二、多项选择题

13. AC　考点：就业救助中的服务内容
14. ACDE　考点：就业救助中的服务内容
15. ABE　考点：教育救助中的服务内容
16. ACD　考点：受灾人员救助中的服务内容

第一节　社会救助社会工作概述

考纲	重要考点	星级标记
社会救助社会工作	概念：社会救助是指在社会成员因个人原因、自然原因或社会原因致使基本生活难以维持时，由政府和社会为其提供基本物质保障的救助制度	★★★
	社会救助的内容：最低生活保障、特困人员救助供养、受灾人员救助、医疗救助、教育救助、住房救助、就业救助、临时救助	★★★
	工作原则：兜底线、保基本、救急难、促发展	★★★
	主要需求：生理需求、安全需求、社交需求、尊重需求、自我实现需求	★★★
	定义 主要特点：救助对象的多样性；救助类型的复杂性；工作过程的持续性；工作方法的融合性；工作依据的政策性	★★
	主要功能：协助服务对象申请适合的救助项目；协助服务对象提升自我发展的能力；促进服务对象的社会融合与社会支持；疏导和解决服务对象的心理困扰	★★

习题精练

一、单项选择题

1. 低保户老杨一家五口人生活在十几平方米的一居室里，老杨夫妇都患有慢性病，生活起居需要他人协助。老杨的儿子无稳定工作，儿媳体弱多病。拮据的经济条件和狭小的空间让儿子和儿媳倍感生活的压力，争吵成了家常便饭。于是，老杨向有关部门申请了住房救助。社会工作者在对老杨的家庭进行评估时，除了关注家庭经济状况外，还应（　　）。

A. 了解老杨的家庭关系状况　　B. 为老杨夫妇寻找医疗资源

C. 跟踪老杨住房救助申请的进展　　D. 为老杨的儿媳提供就业培训

2. 老刘一家三口，平时生活比较拮据，主要靠老刘的工资收入过日子。最近，老刘因车祸失去了左腿，无法正常工作，家庭陷入困境。老刘整天待在家里，觉得自己没用，情绪低落。针对老刘的情况，社会工作者首先应为其提供的服务是（　　）。

A. 协助其申请低保　　B. 促进其社会交往

C. 促进其身体康复　　D. 减轻其心理压力

3. 在专项救助社会工作中，社会工作者能够介入的工作是（　　）。

A. 制定教育救助的政策　　B. 为生活困难患者报销医疗费
C. 协助低收入家庭申请住房救助　　D. 为受灾群众提供基本的生活保障

4. 社会救助依照救助对象的申请并经过法定程序审核批准后实施，具有无偿性。社会救助是对社会保险、社会福利等其他社会保障制度的补充，在整个社会保障体系中起着（　　）的作用，这种作用也反映了一个社会的文明程度。

A. 兜底线　　B. 救急难　　C. 可持续　　D. 急救难

5. 社会救助的对象大多数是“老、弱、病、残、鳏、寡、孤、独”以及收入较低的困难群体，他们的衣食住行要靠政府或者社会给予帮助，要靠政府和社会帮助他们提供基本生活条件、疾病治疗以及办理丧葬事宜等。因此，（　　）是救助对象最基本也是最迫切的需求。

A. 生理需求　　B. 安全需求　　C. 尊重需求　　D. 社交需求

6. 就业救助是指国家对最低生活保障家庭中有劳动能力并处于失业状态的成员，通过贷款贴息、社会保险补贴、岗位补贴、培训补贴、费用减免、公益岗位安置等办法，帮助其实现就业。如果低保家庭所有有劳动能力的成员均处于失业状态，政府应当采取有针对性的措施，确保（　　）。

A. 该家庭至少有一人就业　　B. 该家庭的成年人就业
C. 该家庭有稳定收入　　D. 该家庭费用减免

7. 社会救助的体系比较复杂，除了有国务院颁布的《社会救助暂行办法》外，各个省市还有相配套的一些政策规定。社会工作者在参与社会救助的过程中，需要认真分析服务对象生活困难的程度、生活困难的原因以及可能获得的救助类型等，这些都必须以（　　）为依据。

A. 社会工作者相应的专业判断　　B. 相应的法规政策
C. 相应的社会救助项目　　D. 相应的部门规定

二、多项选择题

8. 我国目前的教育救助主要包括（　　）。

A. 心理救助　　B. 实物救助　　C. 家庭救助
D. 现金救助　　E. 学业救助

9. 社会工作者在社会救助政策制定、实施、评估过程中，正确的做法包括（　　）。

A. 对救助政策的不足进行修订
B. 将救助理念转化为救助行动
C. 协调各类救助资源
D. 参与救助災款发放
E. 考虑个体差异，灵活制定救助标准

10. 就业救助是指国家对最低生活保障家庭中有劳动能力并处于失业状态的成员，通过（　　）办法帮助其实现就业。

A. 贷款贴息　　B. 岗位补贴　　C. 费用减免
D. 人员供养　　E. 公益岗位安置

参考答案

一、单项选择题

1. A　　考点：社会救助社会工作的主要功能
2. A　　考点：最低生活保障的服务内容
3. C　　考点：社会救助的内容
4. A　　考点：社会救助的工作原则
5. A　　考点：社会救助对象的主要需求
6. A　　考点：就业救助的内容
7. B　　考点：社会救助社会工作的特点

二、多项选择题

8. BD　　考点：教育救助的内容
9. BCD　　考点：社会救助社会工作的主要功能
10. ABCE　　考点：就业救助的内容

第二节　社会救助社会工作的主要内容

考纲	重要考点	星级标记
最低生活保障中的服务内容	服务对象识别；协助申请低保；提供心理支持；调节家庭关系；开展能力建设；促进社会融入	★★★
特困人员供养中的服务内容	提供基本生活条件；提供日常生活照料；提供疾病治疗；办理丧葬事宜	★★★
医疗救助中的服务内容	协助申请救助；改善救治环境；协调医疗资源；强化社会支持	★★★
住房救助中的服务内容	协助申请住房救助；宣传讲解政策	★★
教育救助中的服务内容	提供教育机会；提供教育补助；心理能力建设	★★★
就业救助中的服务内容	转变就业观念；自我认知调整；职业技能培训；链接就业资源	★★
临时救助中的服务内容	危机干预；外展服务；机构救助	★★
受灾人员救助中的服务内容	协助安置受灾人员；及时开展危机干预；修复社会支持系统；社区重建与发展	★★★

习题精练

一、单项选择题

1. 低保对象老王 45 岁，初中毕业，无一技之长。社会工作者小梅给老王介绍过多份工作，他不是嫌工作太累，就是嫌待遇太低，每份工作干不了几天就不干了。针对这种情况，在后续为老王提供就业救助服务时，小梅首先应该协助老王做的是（　　）。(2023)

A. 自我认知调整　B. 积极参加招聘　C. 职业技能培训　D. 链接就业资源

2. 在参与某地灾后重建时，社会工作者小张发现，一些受灾群众对政府有等靠要的依赖倾向。为促进受灾群众自救自助，小张应该做的是（　　）。(2023)

A. 为受灾群众提供临时住所　B. 为受灾群众提供物资帮助

C. 对受灾群众开展危机干预　D. 动员受灾群众寻找和利用资源

3. 社会工作者小萍在接待前来求助的社区居民老袁时了解到，老袁和老伴没有子女，仅靠老袁一个人的退休金维持基本生活。半年前老伴得了重病，需常年吃药，医疗开支巨大，因此需要申请医疗救助。接下来小萍首先要做的工作是（　　）。(2022)

A. 评估老袁老伴医疗救助申请资格

B. 评估老袁所在社区拥有的相关资源

C. 将老袁转介给其他社会工作者

D. 评估小萍所在社会工作机构的资源

4. 某社会工作服务机构开展社会救助外展服务，社会工作者与救助站和城市管理部门合作，借助救助巡逻车和救助亭对辖区的流浪乞讨人员实施救助。该社会工作者的外展服务属于（　　）。(2020)

A. 机构救助　B. 街头救助　C. 全天候救助　D. 紧急救助

5. 56 岁的乔阿姨一直没有工作，主要依靠丈夫的收入生活。两个月前，乔阿姨的丈夫突发心脏病入院治疗，花光了家里所有的积蓄。乔阿姨家的生活难以为继，丈夫的后续治疗也无法维持，乔阿姨为此感到十分焦虑，向社会工作者小魏求助。为帮助乔阿姨的丈夫获得稳定的后续治疗，小魏首先应该（　　）。(2019)

A. 帮助乔阿姨稳定情绪

B. 为乔阿姨的丈夫提供个案辅导

C. 帮乔阿姨向有关部门提出低保申请

D. 评估乔阿姨家适合申请哪类社会救助项目

6. 单亲妈妈阿芳因经济困难向街道办事处提出最低生活保障申请。街道办事处收到申请后，委托某社会工作服务机构跟进阿芳的低保申请。机构社会工作者小王探访了阿芳家，了解了其家庭的经济状况，还走访了她的邻居，并核查了相关信息。小王的上述做法属于最低生活保障服务内容中的（　　）。(2019)

A. 帮助申请救助　B. 提供心理支持

C. 识别服务对象　D. 促进社会融入

7. 社会工作者小王在寒流来袭时，发现一名栖身立交桥下的流浪人员不停地咳嗽、打喷嚏。该流浪人员坚称自己没事，拒绝到救助站避寒。对此，小王的正确做法是（　　）。

A. 将该流浪人员送到医院救治

B. 将该流浪人员送到救助站

C. 告知该流浪人员可随时到救助站避寒

D. 请民警协助将该流浪人员送到救助站

8. 医疗救助对象小王在医院做完关节置换手术后准备返回社区，此时社会工作者在服务中应做的工作是（　　）。

A. 代小王填写医疗救助申请的相关材料

B. 协助小王了解社区康复的资源

C. 动员社区志愿者共同帮助小王

D. 增强小王战胜疾病的信心

9. 社会工作者小赵动员和组织社区中待业在家的低保人员参与社区志愿服务，看护“四点半课堂”的孩子，上门探访独居老人。小赵上述工作的目的是（　　）。

A. 为低保人员提供心理支持　　B. 调节低保人员的家庭关系

C. 为低保人员提供就业援助　　D. 促进低保人员的社会融入

10. 小高和小李是来自申请低保家庭的夫妻，社会工作者小王在协助他们申请低保时发现这对夫妻经常争吵，丈夫动不动就对妻子小李发脾气，小李也骂小高，挣不来钱，连儿子都快要养不起了。此时，社会工作者小王首先需要做的是（　　）。

A. 服务对象识别　　B. 调节家庭关系

C. 提供心理支持　　D. 促进社会融入

11. 小江夫妇来自低保家庭，深感自己在这个社会中力量微薄，在邻居面前也感到抬不起头。社会工作者小林积极为他们创造参与社区活动的机会，鼓励他们参与社区的公益和文娱活动，帮助他们建立和其他社区居民的联系。小林的做法属于（　　）。

A. 服务对象识别　　B. 调节家庭关系

C. 提供心理支持　　D. 促进社会融入

二、多项选择题

12. 驻村社会工作者小韩发现，村子里有些特困供养家庭子女完成义务教育后未能继续接受高中或中等职业教育；还有些低保边缘家庭子女虽然考上大学，但因觉得家境贫穷而不愿意与同学交往。针对上述情况，小韩应该开展的教育救助服务有（　　）。（2023）

A. 改善家庭居住环境

B. 调节救助对象的家庭关系

C. 帮助申请政府提供的教育救助

D. 在教育救助过程中关注心理能力建设

E. 评估不同类型服务对象对教育救助的需求

13. 50岁的老王到社区居委会寻找就业岗位，工作人员说物业公司正在招聘保洁员，而老王认为保洁员的工作有点“丢面子”，婉言谢绝。社会工作者小孟和老王一起分析了其自身的年龄、学历、保洁员工作的特点和意义以及当下就业的形势，物业发展的前景，经过一番沟通后，老王决定先去应聘。小孟的上述工作内容属于（　　）。（2022）

A. 转变就业观念　　B. 调整自我认知

C. 积极适应新岗位　　D. 协助寻找就业信息

E. 鼓励参与就业培训

14. 临时救助的对象是遭遇火灾、交通事故等意外事件，家庭成员突发重大疾病导致基本生活暂时出现严重困难的家庭，或者因为生活必需品支出突然增加超出家庭承受能力，导致基本生活暂时出现严重困难的最低生活保障家庭，以及遭遇其他特殊困难的家庭。申请临时救助的情形具有（　　）特点，因而需要立即进行危机干预。

A. 群体性　B. 突发性　C. 急难性　D. 临时性　E. 间歇性

15. 2008 年的汶川大地震造成巨大的生命伤亡和财产损失，政府和社会对此开展了大规模的救灾救助工作。在众多的救灾救助队伍中，社会工作者的身影明显而特殊。灾害社会工作者的主要功能有(　　)。

A. 给灾民筹资

B. 协助个人与资源的链接

C. 防止灾民出现更严重的身心健康问题

D. 预防个人、家庭、团体和社区的瓦解

E. 支持受灾个人及其家属

参考答案

一、单项选择题

1. A　考点：就业救助中的服务内容
2. D　考点：受灾人员救助中的服务内容
3. A　考点：医疗救助中的服务内容
4. B　考点：临时救助中的服务内容
5. D　考点：社会救助社会工作的主要内容
6. C　考点：最低生活保障中的服务内容
7. C　考点：临时救助中的服务内容
8. B　考点：医疗救助中的服务内容
9. D　考点：最低生活保障中的服务内容
10. B　考点：最低生活保障中的服务内容
11. D　考点：最低生活保障中的服务内容

二、多项选择题

12. CDE　考点：教育救助中的服务内容
13. AB　考点：就业救助中的服务内容
14. BCD　考点：临时救助中的服务内容
15. BCDE　考点：受灾人员救助中的服务内容

第三节 社会救助社会工作的主要方法

考纲	重要考点	星级标记
评估	评估的主要特点：保持连续性；救助对象的参与；动态推进，全面了解；合理利用知识和经验	★
	如何获得评估信息：直接询问；家庭探访；间接了解；观察身体语言；使用量表	★★
	评估的程序：了解服务对象的现状以及服务需求；根据救助政策评估救助对象的申请资格；评估社会工作者所在机构和救助对象所在社区的资源	★★
	评估的重点：服务对象关注什么、问题是什么；相关的法律法规；服务对象的健康或者安全问题的迫切性；服务对象发生问题的原因、时间、地点、过程；问题对服务对象的影响以及服务对象的反应；服务对象及其家庭拥有的解决问题的方法、能力和资源	★★★
危机干预	危机的定义和阶段	★★
	危机干预的步骤：定义危机中的问题；确保服务对象的生命安全；提供持续性支持；检验各种可能的选择；制订方案；达成共识	★★★
社区为本的综合性救助方法	针对个人开展的个案工作；针对困难群体的小组工作；注重社区能力提升的社区工作	★★★

习题精练

一、单项选择题

1. 社会工作者小杨负责困境儿童救助关爱服务项目。项目实施前，小杨设计了调查问卷，上门探访，了解了他们的服务需求，确定了初步的实施方案。随着服务的推进，小杨发现还需要追加一些资源，以满足部分困境儿童生存和发展的需要。小杨的上述评估过程，说明社会救助评估具有的特点是（ ）。(2023)

A. 评估凭借的是社会工作者个人过往经验

B. 评估应独自进行以保证结果的客观公正

C. 评估是救助工作的开始并持续整个过程

D. 评估是社会工作者自己收集资料的过程

2. 货车司机小郭因交通事故暂时失去劳动能力，申请临时救助。社区居委会社会工作者小马对其开展评估工作。小马观察到小郭居住在狭窄的平房里，家具简陋，生活用品摆放凌乱。小马采取的上述评估方式是（ ）。(2022)

A. 直接询问　　B. 家庭探访　　C. 使用量表　　D. 观察身体语言

3. 社会工作者小张在开展社会救助工作时，首先对救助对象进行需求评估。小张有意识地“倒空自己”，依据个人成长和家庭关系的相关理论、采用人际关系量表和个人问题清单等工具对救助对象进行评估。小张的上述工作体现了社会救助工作评估方法(　　)的特点。(2021)

A. 保持持续性　　B. 合理利用知识和经验

C. 救助对象参与　　D. 动态推进和全面了解

4. 社会工作者小林在入户走访评估时发现，刘阿姨的家庭符合最低生活保障救助条件，但刘阿姨并没有提出申请。刘阿姨认为自己虽然出行需要坐轮椅，行动不便，但依然有动手能力，希望能自食其力，为就读初中的女儿做榜样。对此，小林适宜的做法是(　　)。(2020)

A. 向刘阿姨介绍国家救助政策设立的目标

B. 劝说刘阿姨继续申请救助，保障基本生活

C. 尊重刘阿姨的意见，为其提供相关工作信息

D. 尊重刘阿姨的意见，停止为其开展救助服务

5. 某社会工作服务机构承接了政府购买的生活困难家庭救助服务，对生活困难家庭进行评估。下列关于评估的说法，错误的是（　　）。(2019)

A. 评估只需在救助服务的初期开展

B. 需要在服务过程中动态推进评估

C. 评估是对生活困难家庭开展救助的基础

D. 需要邀请生活困难家庭的成员参与评估

6. 某中学教学楼在地震中坍塌，造成多名师生伤亡。宁宁虽成功逃生，但在震后几天一直沉默不语，惊恐不安。在对宁宁进行危机干预的过程中，社会工作者小林采用“讲故事”的方式，引导宁宁讲述逃生的经历和感受，以对其问题和需要进行评估。小林开展的上述工作是为了（　　）。(2019)

A. 定义宁宁的危机问题　　B. 向宁宁提供持续支持

C. 确保宁宁的生命安全　　D. 讨论宁宁问题的多种可能

7. 2015年，天津“8·12”爆炸事发突然，当地社会工作服务机构第一时间赶赴现场开展紧急救援，他们首先应该开展的是（　　）。

A. 及时开展危机干预　　B. 重建社区经济秩序

C. 恢复社区生活秩序　　D. 修复社区社会支持系统

8. 评估主要是通过科学地收集、分析信息，掌握救助对象的个人能力、资源、社会关系等状况，来决定如何及时、准确地判断并解决救助对象的问题，满足救助对象的需求。下列对于评估的说法，错误的是（　　）。

A. 评估需要救助对象积极参与　　B. 评估持续整个救助过程

C. 评估仅在救助工作开始前起效　　D. 评估不是单向度的

9. 社会工作者小范到生活困难家庭中去，他看到在狭窄的平房里居住着三代人，睡觉、学习、吃饭都在一起，没有一件像样的家具，因为空间狭小也没地方摆放。孩子的学习资料堆在餐桌上，老人的药品放在床头。这里，小范获得评估信息的方法属于（　　）。

A. 使用量表　　B. 直接询问　　C. 家庭探访　　D. 观察身体语言

10. 地震等自然灾害以及现代社会中频发的意外事件、突发重大疾病等都是典型的危机情境，此外，失业、死亡、离婚、家暴、儿童虐待、犯罪等也属于危机情境。遇到这种情形，社会工作者错误的做法有(　　)。

A. 减少服务对象的不良情绪　　B. 帮助服务对象恢复平衡

C. 快速主动开展密集的支持工作　　D. 运用平常处理紧急问题的技巧

11. 葛奶奶请社会工作者小付帮助她没有工作的女儿找工作。小付通过沟通和走访，发现这个家庭处于生活困难状态，家庭成员对于服务的需求包括教育、医疗、就业等多项内容，而不仅仅是就业，于是小付重新评估了葛奶奶女儿的需求。小付目前进行的是评估程序中的（　　）阶段。

A. 了解服务对象的现状及需求

B. 评估救助对象的申请资格

C. 评估社会工作者所在机构的资源

D. 评估救助对象所在社区的资源

二、多项选择题

12. 社会工作者小邢到低保对象陈女士家中走访，了解到她是单亲妈妈，独自照顾患有精神疾病的儿子乐乐。小邢看到陈女士家中许多家具都有被破坏的痕迹，询问后知道是乐乐发病时用硬物敲打造成的。走访结束后，小邢又到社区居委会了解陈女士家的情况。小邢获取评估信息的方式有（　　）。(2023)

A. 直接询问　　B. 家庭探访　　C. 间接了解

D. 观察表情　　E. 使用量表

13. 社会工作者小张在社区走访时发现，一户单亲家庭中唯一的孩子有严重的先天性心脏病，为了给孩子治病，该家庭四处举债，生活陷入困境。为此，小张计划为该家庭申请救助，在对这个家庭进行评估时，小张先详细了解了该家庭的债务情况，孩子的治疗状况，之后，小张又进入该家庭了解其家人间的互动状况及家庭环境。上述评估中，小张采用的方法有（　　）。(2019)

A. 家庭探访　　B. 直接询问

C. 间接了解　　D. 观察身体语言

E. 使用量表

14. 地震等自然灾害以及现代社会中频发的意外事件、突发重大疾病等都是典型的危机情境，此外，失业、死亡、离婚、家暴、儿童虐待、犯罪等也属于危机情境。社会工作者在危机干预前要进行评估，评估的重点包括(　　)。

A. 危机的重要性　　B. 服务对象的情绪状态

C. 选择与应急的机制　　D. 支持系统与其他可用资源

E. 社会工作者自身的工资水平

15. 某老旧社区，居民普遍收入少，生活水平低，下岗职工多，低保家庭多。社会工作者了解了居民老赵以及其他居民的需求之后，敏锐地发现这个社区的真实需求，开展了面向社区居民、提升社区经济发展水平的工作。在这个过程中，社会工作者应当注重（　　）。

A. 居民个人发展与社区发展相结合　　B. 倡导居民自助互助

C. 制定符合社区情况的目标　　D. 提升社区的能力
E. 保证居民的工资水平

参考答案

一、单项选择题

1. C　考点：评估的主要特点
2. B　考点：如何获得评估信息
3. B　考点：评估的主要特点
4. C　考点：评估的程序
5. A　考点：评估的主要特点
6. A　考点：危机干预的步骤
7. A　考点：危机干预
8. C　考点：评估的主要特点
9. C　考点：如何获得评估信息
10. D　考点：危机干预的步骤
11. A　考点：评估的程序

二、多项选择题

12. ABC　考点：如何获得评估信息
13. AB　考点：如何获得评估信息
14. ABCD　考点：评估的重点
15. ABCD　考点：社区为本的综合性救助方法

10

第十章
家庭社会工作

【本章复习提示】

本章主要介绍家庭社会工作，考试要点主要包括家庭社会工作的概述、主要内容和方法。首先，掌握家庭社会工作的定义和基本假设，区分家庭社会工作和家庭治疗。其次，要熟知家庭社会工作的重要概念和理论，包括家庭系统理论、家庭生命周期理论以及结构式家庭治疗模式和萨提亚家庭治疗模式，要从改善亲子关系和改善夫妻关系两方面掌握家庭社会工作的内容，了解我国开展的家庭服务。最后，掌握家庭社会工作的基本原则、实施步骤和常用方法。

摸底自测

一、单项选择题

1. 正在读初一的小哲非常想学漫画，但父母觉得画画没有前途，未与小哲商量就为他报了编程学习辅导班。为此，小哲与父母发生矛盾，其父母向社会工作者小刘求助。根据家庭生命周期理论中各阶段的任务和要求，小刘应该采取的介入行动是引导父母（　　）。(2023)

A. 对学校保持更大的开放性　　B. 适应小哲的自主性发展要求

C. 为小哲的独立生活做准备　　D. 学习把小哲作为成年人对待

2. 老陈最近失业，经济陷入困难，生活压力大，与妻子关系紧张，经常吵架。受此影响，上初中的女儿成绩下滑，社会工作者了解情况后，根据家庭成员增能原则开展服务。下列做法中正确的是（　　）。(2022)

A. 改善老陈夫妻的关系，促进夫妻之间的情感沟通

B. 为老陈提供就业岗位，改善家庭的经济生活状况

C. 增强老陈指导孩子学习的能力，缓解家庭教育压力

D. 增强老陈夫妻沟通技能，为孩子提供良好家庭环境

3. 赵女士经常当着外人的面指责儿子小辉，不是说他学习不用功，辜负了妈妈的期望，就是抱怨他不听话，总是与妈妈对着干。赵女士的抱怨没有让小辉有任何改变，反而让小辉对妈妈产生了抵触情绪。社会工作者依据家庭成员增能的原则，尝试缓解母子间的紧张关系。社会工作者对赵女士的下列提问中，符合家庭成员增能原则的是（　　）。(2019)

A. “您认为孩子为什么会这样？”

B. “孩子哪些表现让您不满意？”

C. “您能谈一下孩子让您感到满意的地方吗？”

D. “您认为自己对待孩子的方式与孩子的表现有什么关系？”

4. 陈女士希望孩子学习优秀，以后找个好工作。但是，陈女士发现孩子喜欢做家务，却不愿意读书，母子俩为此冲突不断，关系紧张。社会工作者决定运用“再标签”技巧改变陈女士对待孩子的态度，其恰当的提问是（　　）。

A. “您希望孩子做什么样的改变？”

B. “您觉得孩子学习困难的原因是什么？”

C. “您觉得自己做什么才能让孩子变得喜欢读书？”

D. “您觉得爱做家务，对孩子发展有什么好处？”

5. 小李夫妻因工作繁忙请父母来照看孩子，但不久就发现，老人与他们的教育方式差别很大，两代人之间时常发生争执。他们认为老人太溺爱孩子，而老人觉得孙子还小，大了自然就懂事了，小李夫妻为此很苦恼，向社会工作者求助。社会工作者的下列做法中，恰当的是（　　）。

A. 观察和倾听孩子的想法

B. 倾听和理解家庭每个成员的感受

C. 协助老人明白教育孩子是父母的责任

D. 说服小李夫妻接受老人的教养方式

6. 社会工作者小郑接待了前来求助的小红母女俩，在面谈中，母亲告诉小郑，小红近来像变了一个人似的，上课不专心，做作业拖拉。为此，她也说过小红，但情况没有任何改观。根据家庭系统理论，小郑下列的判断中，正确的是（　　）。

A. 这个家庭的问题是小红导致的　　B. 小红的问题是母亲导致的

C. 小红的问题是整个家庭的问题　　D. 小红的问题与家庭无关

7. 王女士32岁，与丈夫分居两年，目前带着8岁的女儿与父母一起生活。王女士的父亲今年60岁，刚退休；母亲56岁，还在工作。根据上述家庭资料，社会工作者绘制的家庭结构图中，正确的是（　　）。

A.

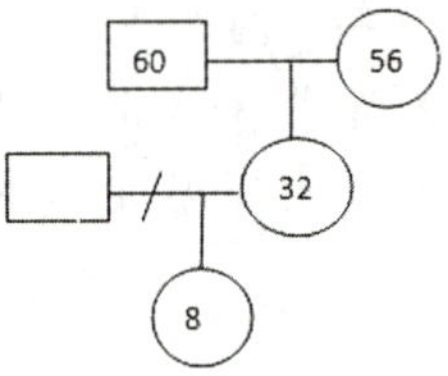

B.

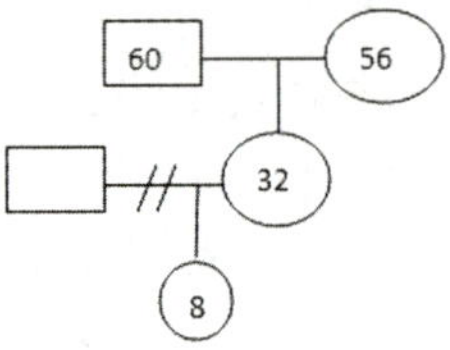

C.

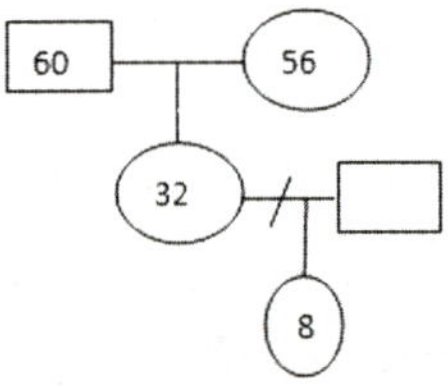

D.

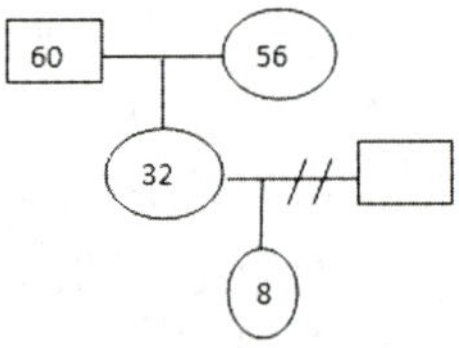

8. 小张夫妇发现儿子小强的一些行为习惯很不好，自己玩过的玩具不整理，说话很没礼貌，他们向社会工作者小孙求助。小孙根据家庭行为学习原理为小强设计了行为改变的方案，下列做法中正确的是（　　）。

A. 指导小强改变不良的行为习惯

B. 指导小张夫妇学习新的亲子沟通方式

C. 指导小张夫妇形成家庭角色分工，并制订家庭规划

D. 指导小强学习新行为，并鼓励父母及时给予奖励

9. 王女士向社会工作者小李抱怨："你说这孩子是怎么了？那么简单的东西学了一遍又一遍，总是记不住，可只要说起玩儿，他就来劲了。"小李运用再标签提问技巧帮助王女士重新认识自己的孩子。小李的下列提问中，符合再标签技巧运用的是（　　）。

A. "你是说孩子对感兴趣的事很投入，是吗？"

B. "你是说孩子对学习很不上心，是吗？"

C. "你是说孩子总是想着玩儿，是吗？"

D. "你是说孩子管不住自己，是吗？"

10. 社会工作者接待了一位女士，她家刚刚遭受了一场火灾，损失惨重。面对困境，夫妻俩意见不一，发生激烈冲突。与此同时，他们又发现儿子学习成绩急剧下降。在这一案例中，社会工作者首先要做的是（　　）。

A. 协助申请临时救助　　B. 夫妻关系辅导

C. 家庭能力建设　　D. 家庭生活教育

二、多项选择题

11. 小张夫妇自有了孩子后，觉得生活一下子变了样。有忙不完的家务，夫妻俩都变得爱唠叨，经常互相埋怨，家庭气氛紧张。小张夫妇向社会工作者小王求助。小王依据家庭生命周期理论，适宜的做法是让小张夫妇（　　）。(2021)

A. 制定夫妻角色规则　　B. 调整夫妻的角色
C. 明确夫妻角色分工　　D. 学习承担父母的角色
E. 学会维护家庭角色

12. 在一次家庭面谈中，孙女士向社会工作者老于数落了丈夫和儿子的很多不是，她还提出希望儿子能够改变学习习惯和提高学习成绩，希望丈夫能够多关心儿子的学习和教育。为帮助孙女士厘清希望解决的问题，老于拟运用聚焦技巧进行提问，适宜的问法有（　　）。(2020)

A. “您能给自己想要解决的问题排个序吗?”
B. “您能说一说还有其他想要解决的问题吗?”
C. “您能说一说想要解决这些问题的原因吗?”
D. “您能就前面提到的问题作进一步介绍吗?”
E. “您能说一说目前最想解决的问题是什么吗?”

13. 某街道家庭综合服务中心的社会工作者为辖区内的失独家庭（计划生育特殊家庭）提供服务。根据家庭社会工作的基本原则。社会工作者在服务过程中，适宜的方法包括（　　）。

A. 指出家庭成员的问题，提供解决问题的方法
B. 观察失独家庭的日常生活，在家庭生活场景中评估其需要
C. 评估失独家庭成员能力和不足，设计有效的服务介入计划
D. 只关注失独家庭成员目前的需要，重点解决其当前的问题
E. 从失独家庭所处的特殊处境着手，把握家庭成员的真实需求

14. 小丽开始上小学了，父母的生活也因此发生了变化。小丽妈妈每天早上需要早起，负责送小丽上学；小丽爸爸每天下午需要准时下班，接小丽回家。根据家庭生命周期理论，小丽父母在此阶段需要承担的新任务包括（　　）。

A. 调整夫妻角色　　B. 规范夫妻角色分工
C. 接纳家庭角色的变化　　D. 培养小丽的独立性
E. 关注小丽所在学校的要求

参考答案

一、单项选择题

1. B　　考点：家庭生命周期理论
2. D　　考点：帮助家庭成员增能原则
3. C　　考点：帮助家庭成员增能原则
4. D　　考点：家庭干预的常用技巧——再标签技巧
5. B　　考点：家庭社会工作的基本假设

6. C　考点：家庭系统理论
7. A　考点：家庭结构图
8. D　考点：家庭行为学习
9. A　考点：家庭干预的常用技巧—再标签技巧
10. A　考点：家庭社会工作的基本功能

二、多项选择题

11. BD　考点：家庭生命周期理论
12. AE　考点：家庭社会工作的实施步骤
13. BCE　考点：家庭社会工作的基本原则
14. CDE　考点：家庭生命周期理论

第一节　家庭社会工作概述

考纲	重要考点	星级标记
家庭社会工作的定义	家庭社会工作的基本内涵；家庭社会工作与家庭治疗的关系；家庭与家庭社会工作	★★★
家庭社会工作的基本假设	家庭支持是家庭成员社会生活的基础；家庭中心视角是把握家庭成员需求的关键；家庭危机是促使家庭成员改变的重要契机；生态视角是理解家庭内外部环境的重要依据	★★★

习题精练

一、单项选择题

1. 老李最近在工作中频频出错，情绪很不好，回家就对10岁的儿子打骂，夫妻二人也经常为此事争吵不休。学校老师反映儿子最近经常逃课，学习成绩下降，和同学关系紧张。作为一位家庭社会工作者，你认为老李儿子学习成绩下降的主要原因是（　　）。

A. 社区因素　　B. 同伴因素　　C. 家庭因素　　D. 学校因素

2. 目前上海浦东新区“家庭专业社会工作服务”项目正在进行招标，以下竞标的项目中能够促进家庭能力提升的是（　　）。

A. 潍坊社区家庭健康讲座活动　　B. “亲子一日游”活动
C. 三林镇“外来媳”团体沙龙活动　　D. “维稳妈妈”情绪控制辅导

3. 小林今年12岁，六年级，性格比较内向，不爱跟同学说话，喜欢独来独往，学习成绩处于中下等。班主任老师对此比较忧心，向社会工作者求助。经多方打探，社会工作者了解到小林6岁的时候父母离婚，双方并没有在意小林的真正想法。之后小林一直跟其母亲住在一起，母亲早出晚归，挣钱养家，也没有很好地照顾小林。作为一位专业社会工作者，你会从(　　)角度入手。

A. 学校　　B. 同辈群体　　C. 社区　　D. 家庭

二、多项选择题

4. 小洁两年前到某大城市打工，经人介绍嫁给城乡接合部家庭经济比较宽裕的刘某。刘某一天到晚游手好闲，很少回家，不管家务。两人为此经常吵架，因为小洁是外地人，婆婆整天数落她，还在孩子面前说她没文化，吃闲饭，没修养。小洁觉得委屈，自己没本地户口，又找不到合适工作，远离故乡，没有朋友，常偷偷躲起来哭。经居委会介绍，小洁知道社会工作服务社为外来媳妇提供专业服务，于是向社会工作者倾诉苦恼。针对小洁的问题，下列社会工作服务中比较适合小洁的需要的有（　　）。

A. 调适和改善夫妻关系　　B. 调适和改善婆媳关系

C. 拓展社交圈子　　D. 提供临时庇护服务

E. 解决户口问题

5. 关于家庭社会工作的含义，以下说法正确的是（　　）。

A. 家庭社会工作是运用社会工作的专业理论和方法而开展的专业服务活动

B. 家庭社会工作的目的是帮助有需要的家庭更好地发挥家庭的社会功能

C. 家庭社会工作关注整个家庭成员的需要

D. 家庭社会工作就是对家庭成员的心理问题进行治疗

E. 家庭社会工作只是为有困难的家庭提供服务

6. 以下对家庭社会工作的基本假设解释正确的是（　　）。

A. 家庭支持是把握家庭成员需求的关键

B. 家庭中心视角是促使家庭成员改变的重要契机

C. 家庭危机是促使家庭成员改变的重要契机

D. 生态视角是理解家庭内外部环境的重要依据

E. 家庭支持包含家庭成员之间的相互支持

7. 家庭社会工作可以细分为（　　）的专业服务活动。

A. 以家庭作为系统　　B. 以家庭作为背景　　C. 以家庭作为对象

D. 以家庭作为活动单位　　E. 以家庭作为主体

参考答案

一、单项选择题

1. C　　考点：家庭社会工作的基本假设

2. D　　考点：家庭社会工作的基本功能

3. D　　考点：家庭与家庭社会工作

二、多项选择题

4. ABC　　考点：家庭社会工作的基本内涵
5. ABC　　考点：家庭社会工作的定义
6. CDE　　考点：家庭社会工作的基本假设
7. BCD　　考点：家庭社会工作的基本内涵

第二节　家庭社会工作的主要内容

考纲	重要考点	星级标记
家庭社会工作的重要概念和理论	家庭系统理论、家庭生命周期理论、生态系统理论、结构式家庭治疗模式和萨提亚家庭治疗模式	★★★
家庭社会工作的基本内容	改善亲子关系的服务：家庭行为学习、家庭照顾技巧训练、家庭心理健康教育 改善夫妻关系的服务：婚姻辅导、家庭暴力的干预	★★★
我国开展的家庭服务	家庭的救助和帮扶；改善亲子关系的服务；改善夫妻关系的服务	★★★

习题精练

一、单项选择题

1. 李先生和陈女士结婚多年，经常一言不合就大打出手，为此陈女士对丈夫心灰意冷，将全部的爱都给了儿子。儿子与母亲关系很好，对父亲却越来越有敌意。为改善家庭关系，李先生向社会工作者老杨求助。老杨计划以改善夫妻关系为切入点，为李先生家庭提供服务。下列做法中，适宜的是（　　）。（2023）

A. 帮助李先生和陈女士提升心理健康意识

B. 帮助李先生和陈女士学习家庭照顾技巧

C. 帮助李先生和陈女士改变相互沟通的方式

D. 帮助儿子重新认识自己和父母之间的关系

2. 小彬最近感到非常痛苦，找到社会工作者诉说，父亲对他非常严厉，父子关系紧张；母亲总是护着他，有时还因此与父亲发生争执。根据家庭系统理论，导致小彬一家问题的原因是（　　）。

A. 小彬的能力不足　　B. 父亲过分严厉的要求

C. 母亲的过分溺爱　　　　　　　　D. 整个家庭的不良互动

3. 老王夫妇希望女儿大学毕业后在本地就业，遭到女儿强烈反对，在几次激烈争吵后，女儿竟不辞而别。痛苦的老王夫妇向社会工作者小强求助。为了帮助老王夫妇理解女儿的想法，改善与女儿的关系，根据家庭所处生命周期阶段的任务和要求，小强适宜的做法是鼓励老王夫妇（　　）。(2020)

A. 用温和的沟通方式劝女儿早日回家

B. 调整沟通方式，缓和与女儿的关系

C. 改善沟通方式，尊重女儿自立的要求

D. 与女儿平等协商，找到冲突解决方法

4. 32 岁的丽英有一个 5 岁的女儿，平时性格温和的丈夫近期脾气暴躁，因夫妻拌嘴而动手打了丽英，丽英来找社会工作者寻求帮助。社会工作者经过评估发现，丽英丈夫近期工作压力很大，情绪不太稳定。据此，社会工作者适宜的做法是（　　）。

A. 在带丽英去医院验伤的同时，将身处风险的女儿带离家庭

B. 给丽英做心理治疗，并让其接受人格测试

C. 立即报警，安排丽英和女儿住进家庭暴力庇护所

D. 为丽英丈夫提供心理辅导，帮助其学习控制情绪

5. 26 岁的独生子小南去年刚结婚，住在与父母相邻的社区。婚后，小南母亲每天来小南的住处替他们做饭、打扫卫生，周六、周日也不例外，还常对着小南夫妇不停地唠叨。小南妻子很不习惯，抱怨婆婆管得太多，干扰了他们的生活。小南父亲认为妻子一心扑在孩子身上而忽略了他，小南母亲自己也觉得很委屈，求助社会工作者。根据家庭生命周期理论，社会工作者的正确做法是（　　）。

A. 增进母子间的沟通　　　　　　B. 协助小南父母调整夫妻角色

C. 协助小南母亲接纳子女自立的需要　　D. 增进婆媳间的相互理解

6. 自从发现丈夫有了外遇之后，王女士便不断与丈夫争吵，每次争吵后，王女士都在女儿面前抱怨。不久前，王女士发现女儿开始厌学、逃课，学习成绩下滑。王女士非常担心女儿，于是向社会工作者求助。根据家庭系统理论，社会工作者应该帮助王女士（　　）。

A. 改善与丈夫的关系　　　　　　B. 加强与女儿的沟通

C. 调整其丈夫与女儿的关系　　　D. 明确与女儿的界限

7. 小王夫妻俩均来自单亲家庭，他们非常渴望拥有一个完美和谐的家，说话做事总是小心翼翼，怕伤害到对方。但自从孩子出生后，妻子把大部分时间和精力放在孩子身上，小王觉得受了冷落，开始抱怨指责孩子。妻子认为丈夫不理解她的辛苦，久而久之，他们见了面就争吵。针对小王夫妻的情况，社会工作者设计了婚姻辅导活动，该活动的主要目的是（　　）。

A. 鼓励小王夫妻扮演对方的角色，理解彼此的需要

B. 鼓励小王夫妻讲述早年单亲家庭经历，缓解他们内心的压力

C. 指导小王夫妻了解自己行为背后的担心，调整他们对早年经历的认知

D. 协助小王夫妻反思自己的性格存在的不足，改善他们对父母身份的认识

8. 老高夫妻俩关系很好，有一个儿子，很乖巧听话，学习也很好。自从儿子离家上大学后，老高的妻子开始郁郁寡欢，感觉很孤独，老高于是向社会工作者求助。社会工作者分析老高妻子的情况后，向其介绍每一个家庭发展阶段都有不同的任务和要求，家庭成

员应及时调整自己的角色和分工。以上案例中社会工作者使用的理论解释是（　　）。

A. 家庭系统理论　　B. 家庭生命周期理论

C. 生态系统理论　　D. 结构式家庭治疗理论

9. 以下对家庭系统理论说法错误的是（　　）。

A. 家庭成员的问题是整个家庭不良的沟通交流方式导致的

B. 家庭作为一个系统小于各部分之和

C. 家庭所面临的危机既是机会，也是挑战

D. 如果家庭能够就“问题”给予很好的回应，那么家庭可能会转危为安

10. 在家庭社会工作中，具有预防功能的是（　　）。

A. 家庭治疗　　B. 婚姻调解

C. 生活困难家庭救助　　D. 家庭生活教育

11. 家庭在不同的时期有不同的任务和要求，是（　　）理论的核心要点。

A. 家庭系统　　B. 生态系统

C. 家庭生命周期　　D. 家庭结构

12. 小丽和大强婚后育有一女，大强游手好闲，有时还动手打小丽母女，小丽的婆婆也处处挑剔，常劝儿子与小丽离婚。从家庭系统理论看，社会工作者应介入（　　）。

A. 小丽和女儿的亲子系统　　B. 婆媳次系统

C. 小丽和大强的夫妻次系统　　D. 家庭之外的社会系统

二、多项选择题

13. 李军是一名初二的学生，一个月前父亲因为工作调动搬迁至另外一个城市，同时将他转入现在就读的中学。由于到了一个全新的环境，周围没有一个熟悉的朋友，李军很不适应，经常逃课去网吧玩游戏，气愤的父亲为此动手打了他。对于父亲的管教，李军不但不听，反而变本加厉，无奈的父亲只能求助于社会工作者小张。在小张的做法中，没有运用家庭层面社会工作方法的是（　　）。

A. 对李军进行心理辅导，帮其戒除网瘾

B. 鼓励李军参加青少年自我认知小组，增强他对自己的肯定

C. 鼓励李军多参加班级的集体活动，加强他与同学的沟通

D. 与李军的老师进行沟通，请老师帮助李军

E. 改善李军与父亲的沟通方式，让李军的父亲学习正确处理家庭冲突的方法

14. 家庭生活教育是我国家庭社会工作的重要内容，是一种具有预防和发展功能的社会教育，家庭生活教育的主要目标是提升家庭生活质量，加强家庭现代化建设。社会工作者在社区中开展家庭生活教育方面的工作，主要包括（　　）。

A. 调解婚姻矛盾　　B. 家庭发展规划　　C. 家庭生活管理

D. 化解婆媳冲突　　E. 亲子关系辅导

15. 家庭关系纷繁复杂，针对不同类型的家庭关系提供不同性质的服务，以下服务中以预防和发展为主的是（　　）。

A. 家庭救助　　B. 婚姻调解　　C. 家庭生活教育

D. 家庭成长小组　　E. 家长学校

16. 小王是个独生子，结婚之前一直陪在父母身边。结婚之后和父母生活了一段时

间，但由于工作调动，不得不去邻市的子公司上班，虽然小王每月都会回家看望父母，但父母还是觉得很孤独，感觉自己失去了生活的依靠。根据家庭生命周期理论，小王父母目前面临的紧要任务是（　　）。

A. 为子女独立生活作准备
B. 重新调整夫妻的角色
C. 接纳子女已经成人的现状
D. 适应不以子女为中心的角色要求
E. 培养子女的独立性

参考答案

一、单项选择题

1. C　考点：改善夫妻关系的服务
2. D　考点：家庭系统理论
3. C　考点：家庭生命周期理论
4. D　考点：改善夫妻关系的服务
5. C　考点：家庭生命周期理论
6. B　考点：家庭系统理论
7. A　考点：改善夫妻关系的服务
8. B　考点：家庭生命周期理论
9. B　考点：家庭系统理论
10. D　考点：我国开展的家庭服务
11. C　考点：家庭生命周期理论
12. C　考点：家庭系统理论

二、多项选择题

13. ABCD　考点：家庭社会工作的基本内容
14. ADE　考点：我国开展的家庭服务
15. CDE　考点：我国开展的家庭服务
16. ABCD　考点：家庭生命周期理论

第三节　家庭社会工作的主要方法

考纲	重要考点	星级标记
基本原则	家庭处境化原则、家庭成员增能原则、家庭个别化原则、满足家庭成员需求原则	★★★

续表

考纲	重要考点	星级标记
实施步骤	接触阶段主要任务：与受助家庭约定初次会谈时间和安排，为初次家庭会谈做准备以及安排第一次家庭会谈等 开始阶段主要任务：与受助家庭成员建立稳定的合作关系，全面评估受助家庭成员的问题以及明确服务介入的目标和基本要求 介入阶段主要任务：明确自己的专业角色，并且运用专业技巧影响受助家庭成员，协助家庭成员解决面临的问题 结束阶段主要任务：与受助家庭成员协商服务结束事项以及总结和巩固整个服务活动的成果	★★★
常用方法	家庭评估的常用方法：绘制家庭结构图；绘制原则（长辈在上，晚辈在下；同辈关系中，年长的在左，年幼的在右；夫妻关系中，男的在左，女的在右） 家庭干预的常用技巧：观察、聚焦、例子使用和再标签等技巧 家庭服务的活动形式：专题讲座、主题沙龙、社区活动	★★★

习题精练

一、单项选择题

1. 刘女士最近遇到了很多问题：读初三的儿子不爱学习，一心想做网红；老公常年在外地工作，不太关心家里的事；独自照顾婆婆，但婆婆总为难她。刘女士深感困扰，向社会工作者小张求助。小张请刘女士对这些问题进行排序，找出最需要解决的问题。上述服务过程中，小张使用的家庭干预技巧是（　　）。(2023)

A. 观察技巧　　B. 聚焦技巧　　C. 案例使用　　D. 再标签技巧

2. 王女士夫妻俩为儿子小涛经常逃课的事苦恼，与小涛沟通后，没有任何改善，夫妻俩很无奈。王女士找到社会工作者寻求帮助。为准确了解王女士的家庭问题，社会工作者的下列提问中正确的是（　　）。(2020)

A. “爸爸认为小涛是因为什么逃课的？”

B. “小涛他自己觉得是因为什么逃课的？”

C. “你觉得小涛是因为什么逃课的？”

D. “你们夫妻俩认为小涛是因为什么逃课的？”

3. 社会工作者老李与郑女士面谈时发现，郑女士一会儿抱怨丈夫不管家，只顾自己，一会儿又数落孩子的不是，不理解母亲的辛苦。对此，老李拟应用聚焦技巧予以回应，最适宜的做法是（　　）。(2021)

A. 让郑女士记录家庭争吵的频率　　B. 鼓励郑女士讲出内心的苦恼与委屈

C. 让郑女士明确自己面临的问题　　D. 让郑女士看到丈夫与孩子好的方面

4. 王女士文化水平不高，十几年来靠在城市打零工为生。王女士希望儿子能够好好读书，今后找一个“好工作”；儿子很听话，也常干家务，就是不爱学习，这让王女士很担心，遂向社会工作者小付求助，希望小付帮助儿子改变。根据家庭社会工作为家庭成员增能原则，小付面对王女士的诉求，适宜的提问是（　　）。（2020）

A. “您能具体说说孩子的问题吗？”

B. “您能介绍一下孩子在学校的表现吗？”

C. “您认为孩子不爱学习的原因是什么？”

D. “您觉得孩子爱学习不爱做家务会怎么样？”

5. 14 岁的大壮是事实无人抚养儿童，与奶奶相依为命。最近，大壮因厌学情绪严重与奶奶冲突不断，无论奶奶怎么劝说，大壮都不想去上学了，于是奶奶向社会工作者小宁寻求帮助。小宁遵循家庭处境化原则为大壮和奶奶提供服务，下列做法中正确的是（　　）。（2020）

A. 约定奶奶和大壮都在家的时间去探访

B. 去学校向老师和同学了解大壮的情况

C. 邀请大壮参加社区的青少年成长小组

D. 请奶奶下次与大壮一同来与小宁交谈

6. 王女士发现 12 岁的儿子最近学习不专心，沉迷于网络游戏，成绩明显下降。为此，王女士与丈夫尝试了很多方法管教儿子，但收效甚微。儿子平时还算听话，与王女士夫妇也较亲近，就是沉迷网络游戏的问题让王女士颇为烦恼，遂向社会工作者小李求助。小李接案后，首先进行需求评估，以便找出问题产生的原因。在此工作步骤中，小李运用家庭结构图描述王女士家庭成员之间的关系，其中，表示王女士与其儿子关系的连接线应是（　　）。（2019）

A. 实线　　B. 虚线　　C. 波折线　　D. 阻断线

7. 社会工作者老王在与小赵夫妇的面谈中发现，小赵不时抱怨丈夫像个长不大的孩子，对家里的事不管不问，小赵丈夫则说妻子像个怨妇，满腹牢骚，不体谅自己工作的辛苦。根据家庭社会工作中帮助家庭成员增能的原则，老王的下列提问正确的是（　　）。

A. “你们的争吵是什么时候开始的？”B. “你们认为自己的问题出在哪里？”

C. “你们希望什么方面有所改善？”　D. “你们之前发生争吵是怎样解决的？”

8. 家庭社会工作的开展需要依据一些基本的原则，这些基本原则为家庭社会工作的设计和执行提供基本的指导框架，保证社会工作者准确评估家庭成员的需求，发掘家庭成员的能力，实现家庭服务活动的目标。以下不是家庭社会工作的原则的是（　　）。

A. 家庭成员自决原则　　B. 家庭处境化原则

C. 家庭成员增能原则　　D. 家庭个别化原则

9. 在家庭干预过程中，社会工作者需要运用一些专业的技巧影响受助的家庭成员，以推动受助家庭成员发生积极的改变。其中常用的干预技巧不包括（　　）。

A. 观察　　B. 再标签　　C. 家庭结构图　　D. 例子使用

10. 在倾听了一对夫妻对孩子的许多不满和抱怨之后，社会工作者采用聚焦技巧将这对夫妻的注意力集中到需要解决的问题上。下列回应中，正确的是（　　）。

A. “你们对孩子有许多不满，目前你们最容易解决的是什么？”

B. “你们对孩子有许多不满，让我们从最让你们头痛的地方开始。”

C. “你们对孩子有许多不满，平时遇到这些情况，你们是怎么处理的？”

D. “你们对孩子有许多不满，但一下子又无法解决，你们认为该怎么办？”

11. 张女士因遇到许多家庭问题向社会工作者小李求助。她说公婆不喜欢她，丈夫赌博不管孩子，上初中的儿子叛逆、成绩差，家庭收入不高，住房紧张，她简直不知道怎样活下去。小李打算采用家庭干预的聚焦技巧对张女士提问，合适的问法为（　　）。

A. “听起来你遇到了许多不开心的事，是吗？”

B. “你真的觉得不知道怎么活下去了吗？”

C. “在你刚才说的这些问题里，对你最重要的是什么？”

D. “你希望我帮你一起分析和解决这些问题，是吗？”

二、多项选择题

12. 杨女士女儿刚上小学，胆小怕人，不愿意去学校，杨女士就为她办理了休学。丈夫对此非常不理解，要求女儿复学，杨女士不同意，两人因此发生争吵。杨女士非常苦闷，向社会工作者小王求助。为了更好地了解杨女士的家庭状况，小王与杨女士及其家人约定在机构进行初次会谈。在会谈之前，小王需要做的准备工作有（　　）。（2023）

A. 准备好需要签订的服务合同

B. 打印机构简介和需求评估表等资料

C. 初步评估杨女士家庭的问题

D. 布置会谈室使其适合进行家庭会谈

E. 查阅有关杨女士家庭的资料

13. 小强是一个极其叛逆的孩子，在学校不认真听课，破坏班级纪律，成绩很差；在家里不听爸妈的话，他认为爸妈让他学习是为了他们自己好，想让自己为他们争光，满足他们的虚荣心，所以小强从不认真学习，很排斥父母让他努力学习的思想。针对小强的情况，社会工作者打算用情绪辅导中“转换想法”的技巧去引导他以正确的想法去面对负面情绪。该技巧的实施步骤是（　　）。

A. 分辨与判断是否存在非理性想法

B. 识别自己的情绪

C. 对非理性想法进行驳斥

D. 适当表达自己的情绪

E. 重建合理想法

14. 家庭社会工作者在服务介入过程中，要明确自己的专业角色，并且运用专业技巧影响受助家庭成员，协助家庭成员解决整个家庭面临的问题。在这一阶段中，社会工作者扮演的角色有（　　）。

A. 支持者

B. 使能者

C. 资源的调动者

D. 教育者

E. 领导者

15. 自从有了孩子，小赵夫妇就争吵不断，妻子指责丈夫不关心孩子成长，丈夫抱怨妻子过分溺爱孩子。为了准确评估小赵夫妇的需求，社会工作者决定用家庭处境化原则开展调查工作。下列做法中符合该原则的有（　　）。

A. 进行入户调查，了解小赵夫妇的日常生活安排

B. 观察小赵夫妇问题的同时，也了解他们的潜能

C. 观察小赵夫妇与周围环境之间的互动交流状况

D. 观察小赵夫妇的日常生活安排与需求之间的关联

E. 观察小赵夫妇目前需求的同时，也了解他们的长远需求

参考答案

一、单项选择题

1. B　　考点：家庭干预的常用技巧
2. C　　考点：家庭干预的常用技巧
3. C　　考点：家庭干预的常用技巧
4. D　　考点：家庭社会工作的基本原则
5. A　　考点：家庭社会工作的基本原则
6. A　　考点：家庭结构图
7. D　　考点：家庭社会工作的基本原则
8. A　　考点：家庭社会工作的基本原则
9. C　　考点：家庭干预的常用技巧
10. B　　考点：家庭干预的常用技巧
11. C　　考点：家庭干预的常用技巧

二、多项选择题

12. BDE　　考点：家庭社会工作的实施步骤
13. ACE　　考点：家庭社会工作的实施步骤
14. ABCD　考点：家庭社会工作的实施步骤
15. ACD　　考点：家庭社会工作的基本原则

第十一章
学校社会工作

【本章复习提示】

本章主要介绍学校社会工作，考试要点主要包括学校社会工作的概述、主要内容和方法。学校社会工作是社会工作的专业价值观、理论、知识和方法在学校社会工作领域的全面应用。首先，掌握学校社会工作的基本概念，包括学校社会工作意义、定义界定、含义归纳、特征分析及功能阐述。其次，从三个角度掌握学校社会工作的主要内容，即面对困境学生的改善性服务、面对遭遇伤害学生的保护性服务及面对全体学生的发展性服务。最后，从传统三大方法创新及对学生直接服务的具体技巧两个层面学习学校社会工作的主要方法。

摸底自测

一、单项选择题

1. 学校社会工作者小顾以“结对子”方式，运用朋辈助力法引导某校学生相互帮助、协同成长。在开展这项工作时，小顾首先应该做的是（　　）。（2022）

A. 举行“结对子”仪式　　B. 协助挖掘学校资源

C. 明确“结对子”主题　　D. 共同商定奖励办法

2. 初二学生小伟总是欺负女同学，大家都认为他是个“坏孩子”。学校社会工作者小芳对小伟进行了个案辅导，并在其课堂开设了以青春期教育为主题的社会工作课堂。最后，小芳与班主任进行沟通，期望大家客观评价和对待小伟。在最后一次“良好行为”评选中，小伟获得进步奖。小芳帮助小伟的上述工作策略是（　　）。（2022）

A. 去性别化　　B. 去标签化　　C. 去问题化　　D. 去个别化

3. 小强是某校初三学生，因沉迷网络游戏曾被父母送到一家以严厉惩罚为手段的专门机构戒除网瘾，这段不愉快的经历让小强对父母产生了很深的误解，认为他们根本不爱他，才让他去受折磨；小强的父母也感到十分委屈和懊悔，觉得白花钱没效果，还给孩子造成心理创伤，干脆不管小强了。小强的班主任将小强转介给学校社会工作者小方，小方首先帮助小强及其父母觉察他们的亲子关系问题。根据以上描述，小强与父母的亲子关系目前存在的问题是（　　）。（2021）

A. 纠缠　　B. 忽视　　C. 疏离　　D. 对立

4. 学校社会工作者小孟发现很多高三学生十分迷茫，对自己的未来既缺乏清晰的目标，又不知道应该如何进行升学和就业的抉择。为满足这部分学生的发展性需要，小孟最适宜的做法是（　　）。（2020）

A. 举办思想政治教育讲座，帮助学生树立远大的理想信念

B. 开展特殊学生个案管理，帮助学生建立良好的自我认知

C. 举办学生生涯规划小组，培养学生职业生涯规划的能力

D. 开展励志教育专题培训，协助培养学生竞争意识和能力

5. 小杰跟随打工的父母到城里上学。在新学校里，小杰因打骂同学受到学校政教处的批评教育，后被转介给学校社会工作者小李。小李与小杰会谈后发现，小杰常常误会同学的语言和行为，缺乏足够的自我觉察。为了帮助小杰更好地识别和理解他人的感受，小李的下列做法中正确的是（　　）。（2020）

A. 培养小杰分辨个人情绪的能力　　B. 指导小杰学会赞美他人

C. 引导小杰探讨宽恕他人的意义　　D. 帮助小杰学会向他人道歉

6. 学校社会工作者小王发现四年级某班有些学生存在不尊重他人、不善团结合作、遇到矛盾冲突也不能很好沟通交流等问题。为改变这种状况，小王为该班学生开设了社交技巧训练课程。小王下列做法中，有助于提升学生社交技巧的是（　　）。（2019）

A. 引导学生探讨诚信守法的议题

B. 教授学生提升自尊自信的方法

C. 指导学生学习赞赏别人和正确回应别人的赞赏

D. 引导学生运用不同的思维方式处理日常生活中的问题

7. 初中一年级的孙同学怀疑李同学偷走了自己的课外书，放学后，二话不说就将其暴打一顿，还当众辱骂其是“三只手”，致使李同学第二天不敢到学校上课。学校社会工作者得知此事后，首先应做的是（　　）。

A. 为初一学生开办社交技巧训练小组

B. 帮助孙同学认识到暴力行为的后果

C. 通过个案工作，为李同学提供心理支持

D. 与学校领导共同制定学校暴力的惩罚制度

8. 小明，男，15 岁，与单亲父亲一起生活。小明的父亲对他疏于管教和照顾，小明在学校没有朋友，学习成绩也不好。近日，小明因不堪忍受同桌嘲笑他是没妈的孩子而动手打了对方。社会工作者小任在了解小明的情况后，决定先从增进班主任与小明的沟通信任，形成良好的师生关系入手，再进行后续干预。小任的这一做法，属于“抗逆力轮”方法中的（　　）的工作内容。

A. 教授生活技能　　　　B. 建立和表达高期望

C. 促进亲社会联结　　　　D. 建立清晰一致的行为规范

9. 社会工作者小顾在为六年级学生小浩提供辅导时，老师反映小浩平时好玩儿、爱动手、注意力不集中、喜欢与同学打闹，但在美术课上却能用心画画。据此，小顾提议老师让小浩担任美术课代表。小顾这样做的目的在于（　　）。

A. 增强小浩的自我效能感　　　　B. 培养小浩的亲社会联结

C. 促进小浩的认知能力　　　　D. 改善小浩的行动能力

10. 小刚最近跟随打工的父母从农村来到城市。为了帮助小刚适应新环境，社会工作者小张多次走访他的家庭、学校和所在社区。小张发现小刚在班里有几个要好的伙伴，于是组织他们一起学习和玩耍，并帮助小刚熟悉环境，以减轻小刚由于转学造成的不适应感。在这个过程中，对小刚的改变产生了重要影响作用的是（　　）。

A. 朋辈群体　　B. 学校　　C. 家庭系统　　D. 社区

11. 每年的新生报到期间，某学校社会工作者都会为新生进行“破冰训练”，积极组织学生活动，使学生之间多接触、多交流，增进彼此之间的了解，建立良好的关系。学校社会工作者运用了(　　)的方法增强了学生的抗逆力。

A. 促进亲社会联结　　　　B. 提供关怀与支持

C. 建立清楚一致的界限　　　　D. 提供机会，促进参与

12. 学校社会工作者小林最近听到他所服务学校的王老师多次反映，说她的班里有一个叫大勇的学生近来举动很反常，要么一个人闷闷不乐，要么就很容易对同学发脾气，她希望小林能给大勇辅导。小林在给大勇做辅导时，首先应(　　)。

A. 进行需要评估　　　　B. 建立专业关系

C. 进行问题评估　　　　D. 拟订服务计划

二、多项选择题

13. 学校社会工作者大潘了解到，一部分学生虽然有学习意愿，但对老师布置的学习任务，要么马虎对付，要么拖拖拉拉，影响了学习效果。为提升这些学生的行动力，大潘计划开展一系列有针对性的服务，适宜的做法有（　　）。(2020)

A. 鼓励学生参与物理、化学、生物等课程的教学实验，分享感受与经验
B. 对学生提出任务目标，及时检查执行情况，培养及时完成功课的习惯
C. 开展历奇辅导，通过帮助学生经历新奇、体验冒险、挑战自我等方式激发潜能
D. 开展主题小组，模拟情景，提出任务，邀请组员竞标，培养积极生活态度
E. 通过个案辅导的同感、接纳、尊重等工作技巧引导学生表达感受、宣泄情绪

14. 学校社会工作者小刘打算对外来务工人员的子女进行抗逆力训练，聚焦在效能因素方面的提升。对于服务内容，下列说法正确的是（　　）。
A. 帮助他们提高人际交往能力
B. 建议父母给予孩子无私的关爱和支持
C. 提升他们的自我认同感，使其学会接纳自己
D. 提高他们运用资源及寻求帮助的能力
E. 引导他们制订自己的目标计划并达成目标

15. 初二的詹同学与本班5名同学对高一李同学进行群殴，致使李同学身体多处受伤住院，经公安、检察院处理之后转介给学校社会工作者小曹。小曹接案后，对李同学和詹同学的情况进行了评估，决定采用个案工作方法对两位同学给予辅导。小曹的正确做法有（　　）。
A. 确定介入的问题焦点和服务方案
B. 与家长进行沟通并对其进行辅导
C. 对詹同学和李同学分别进行问题分析
D. 开展预防校园欺凌的知识普及与传播工作
E. 运用社区资源协助家长解决子女照顾问题

16. 为培养和强化学生控制和表达情绪的能力，社会工作者可做的工作包括协助学生（　　）。
A. 辨别自己和他人的情绪
B. 拒绝接纳自己的负面情绪
C. 提高对他人负面情绪的同感能力
D. 学会运用不同词语和方法表达自己的感受
E. 理解个人内在情绪和外在表达的差异性

参考答案

一、单项选择题

1. C　　考点："结对子"朋辈助力法
2. B　　考点：学校社会工作对学生偏差行为困境的介入
3. C　　考点：亲子关系困境与社会工作介入
4. C　　考点：学校社会工作对培养学生科学抉择能力与生涯规划能力的介入
5. A　　考点：学校社会工作对培养学生人际交往能力的介入
6. C　　考点：学校社会工作对培养学生人际交往能力的介入
7. C　　考点：满足遭遇伤害的学生保护性需要的学校社会工作

8. C　考点：学校社会工作对学生家庭困境的介入
9. A　考点：学校社会工作对增强学生自我效能感的介入
10. A　考点：学校社会工作对学生人际关系困境的介入
11. A　考点：学校社会工作对培养学生人际交往能力的介入
12. B　考点：学校社会工作对学生心理困境的介入

二、多项选择题

13. ABCD　考点：学校社会工作对培养学生行动力的介入
14. ADE　考点：学校社会工作对增强学生自我效能感的介入
15. AC　考点：朋辈关系困境与社会工作介入
16. ACDE　考点：学校社会工作对学生心理困境的介入

第一节　学校社会工作概述

考纲	重要考点	星级标记
学校社会工作的意义	6 个方面	★★★
学校社会工作的定义及含义	专业性、价值理念、科学性、艺术性、网络性、整合资源等	★★
学校社会工作的基本特性	服务对象特征，服务理念特征，服务行动特征	★★★
学校社会工作的功能	对学生困境的改善功能；对学生权益的保护功能；对学生成长的发展功能	★★★

习题精练

一、单项选择题

1. 下列关于学校社会工作的理解中，正确的是（　　）。

A. 学校社会工作是针对问题学生的

B. 学校社会工作是在学校范围内开展的

C. 在学校社会工作中只能采用小组工作方法

D. 学生是否接受社会工作服务应由他们自己决定

2. 学校社会工作者积极协助学校提供最有利于学生学习的环境与条件，满足全体学生在知识、能力、情绪等方面的发展需要，协助学生获得实际有用的知识和能力，以适应其所处社会的生活需要与发展需要。这体现的学校社会工作的功能是（　　）。

A. 帮助处境不利学生，促进教育机会均等
B. 推进学生知识学习，为丰富人生奠定基础
C. 促进学生能力提升，适应社会发展需要
D. 协调各方教育资源，形成优质教育合力

3. 下列群体中，属于学校社会工作服务对象的是（　　）。
A. 有人际交往障碍的高中生小静
B. 初中辍学后外出打工的小安
C. 正在服刑的王某
D. 遭受家暴的朱女士

4. 学校社会工作者小王在为学生提供服务中，综合运用个案工作、小组工作、社区工作和项目化运作方法等一系列专业方法和步骤进行服务介入，并且这些方法都是在科学理念的指导下设计完成的。这体现了学校社会工作的（　　）。
A. 专业性　　B. 科学性　　C. 艺术性　　D. 网络性

5. 学校社会工作的主要目的是实现(　　)。
A. 学校育人
B. 学校发展
C. 提高学校升学率
D. 提高学生质量

6. 在学校育人过程和目标实现中，学校社会工作有着独特的功能。下列选项中，不属于学校社会工作功能的是（　　）。
A. 帮助处境不利学生，促进教育机会均等
B. 协助学校为学生提供有利于学生学习的环境和条件，满足学生的发展需要
C. 促进学生性格完善，实现人生积极成长
D. 协调和推动社区、企业及其他资源，让学生、家庭以及学校受惠

7. 学校社会工作者小李正在为学校青少年提供青少年正面成长服务，他将“人在情境中”的社会工作理念具体化，整合教育学、心理学和社会学等多学科理论和知识，通过8种渠道为学生提供专业服务。这体现了学校社会工作的（　　）。
A. 科学性　　B. 艺术性　　C. 专业性　　D. 网络性

二、多项选择题

8. 小霞从小和爷爷生活在一起，爷爷年迈体力不支，只能靠捡塑料瓶为生。因为家境贫寒，小霞在学校经常被其他同学嘲笑，变得越来越孤僻。作为一名学校社会工作者，面对处境不利的学生，你应该(　　)。
A. 用包容、整合的视角来看待他们
B. 重构“困境学生”的环境
C. 和其他同学一样，一视同仁
D. 给予更多的支持和鼓励
E. 选择漠视，尽量少给自己找麻烦

9. 在学校育人过程和目标实现中，学校社会工作有着独特的功能。从学校社会工作的发展轨迹和学校的育人要求来分析，学校社会工作的主要功能在于（　　）。
A. 协助学生与“家庭—学校—社区”建立良好的互动关系
B. 帮助学生克服困难、解决问题和恢复正常的社会功能
C. 促进社区参与，共同发展
D. 帮助学生获得学业上的成功

E. 改善师生关系、亲子关系

10. 下列对于学校社会工作的理解中，正确的是（　　）。

A. 学校社会工作是社会工作的分支之一，它将社会工作专业的原则、方法及技巧应用于学校领域

B. 学校社会工作是为处境困难的学生提供的专业服务

C. 学校社会工作者应具有社会工作专业的知识、方法、技巧和价值观以及广泛的知识基础

D. 全体学生是学校社会工作的主要服务对象

E. 学校社会工作者和学校班主任的职责是一样的

参考答案

一、单项选择题

1. D　考点：学校社会工作定义及含义
2. B　考点：学校社会工作的功能
3. A　考点：学校社会工作的服务对象
4. B　考点：学校社会工作定义及含义
5. A　考点：学校社会工作定义及含义
6. C　考点：学校社会工作的功能
7. C　考点：学校社会工作定义及含义

二、多项选择题

8. ABD　考点：学校社会工作服务的提供者应该具有专业资格
9. AB　考点：学校社会工作的功能
10. ACD　考点：学校社会工作定义及含义

第二节　学校社会工作的主要内容

考纲	重要考点		星级标记
学校社会工作的主要内容	满足困境学生改善性需要的学校社会工作	对学生心理困境的介入；对学生学业困境的介入；对学生人际关系困境的介入；对学生偏差行为困境的介入；对学生家庭困境的介入；对留守儿童的服务介入；对父母和教师的增能服务	★★★

续表

考纲	重要考点		星级标记
学校社会工作的主要内容	满足遭遇伤害的学生保护性需要的学校社会工作	对学生虐待的介入；对教师体罚学生的介入；对学生遭遇性侵害的介入	★★★
	满足全体学生发展性需要的学校社会工作	引导和培养学生价值观的介入；培养学生人际交往能力的介入；培养学生劳动意识和劳动能力的介入；培养学生科学抉择能力与生涯规划能力的介入；培养学生行动力的介入；增强学生自我效能感的介入	★★★

习题精练

一、单项选择题

1. 14 岁的女孩小花智力发育迟缓，自我防护意识较弱，因家长监护不力，半年前遭受性侵。在侵害者受到公安机关处置后，小花被转介到某特殊教育学校，社会工作者小魏开始为小花提供辅导与陪伴服务。此时，小魏最宜开展的工作是（　　）。（2020）

A. 危机干预　　B. 关注小花的心理和行为变化

C. 资源链接　　D. 为小花家长提供防性侵知识

2. 初三（5）班班主任向社会工作者小秦反映，中考临近，部分同学因信心不足、不会合理安排学习时间导致学习效率下降。为提升同学们的自信心，小秦以自我效能理论为基础策划了小组工作方案。小秦策划的下列小组活动中，能够提升学生自我效能感的是（　　）。（2019）

A. 分享各自的成功经验　　B. 培养亲社会的道德思考

C. 学习遵守学生行为规范　　D. 学习承担应尽的社会责任

3. 班主任向社会工作者小姚反映，学生小华最近数学成绩下滑，常无精打采，闷闷不乐。小姚通过小华的描述了解到，小华因在数学课上睡觉，老师很生气，对他说：“你这是什么态度！根本不像个学生，干脆收拾东西回家吧！”小华因此现在很不喜欢上数学课。针对上述情况，小姚在介入时首先应关注的焦点问题是（　　）。

A. 小华的优势潜能　　B. 老师的教育方式

C. 小华的学习兴趣　　D. 老师的教学方法

4. 初二学生小丽，放学后在操场遇到英语老师，她对老师微笑，老师却没有理会她。小丽觉得老师一定是不喜欢自己，找学校社会工作者小秦诉说自己的苦恼。小秦引导小丽辨识出“老师不理会即等于不喜欢我”的这种非理性想法，从提升自我效能感、增加自信的角度，让小丽认识到上述想法属于（　　）。

A. 非黑即白　　B. 灰色情境　　C. 以偏概全　　D. 透视心意

5. 学校社会工作者小秦在服务中发现，晓涛性格内向，不善交际，与同学老师的关系较为疏远，他认为别人都看不起自己，内心越来越自卑。针对晓涛的问题，小秦试图以“转换想法”的技巧，帮助晓涛学习以正面想法面对负面感受。小秦首先应引导晓涛（　　）。

A. 对非理性想法进行驳斥　　B. 分辨和判断是否有非理性想法

C. 接纳自己的非理性想法　　D. 以客观事实为基础重建合理想法

6. 社交能力包括各种与人相处的技巧，良好的亲子关系和师生关系与学生的正向社交行为有正面的关系，良好的同辈关系与学生的负面行为则有反面的关系。学校社会工作者促进学生社交能力的第一步是（　　）。

A. 协助学生认识自己所在的城市或农村　　B. 协助学生认识自我

C. 协助学生建立国民身份认同　　D. 协助学生培养社会责任感

7. 莉莉是一名外来务工人员子女，由于有很重的家乡口音，怕被同学笑话，平时在学校很少大声说话，与别人很少有眼神接触，总是一味地顺从别人，往往忽略自己真正的需要。根据学生的性格特点，莉莉属于（　　）。

A. “好斗型”性格　　B. “被动型”性格

C. “决断关心型”性格　　D. “抗压型”性格

8. 小王是一名高中三年级的学生，目前因为失恋问题情绪十分不稳定，再加上高考的压力，使他经常因为一点小事和同学争吵。针对小王目前的情况，社会工作者打算对他进行情绪辅导训练，首先应该使小王（　　）。

A. 识别自己的情绪　　B. 识别他人的情绪

C. 学会用不同的词语和方法表达情绪　　D. 增强心理承受能力

9. 班主任王老师是一个十分负责的人，高考在即，她发现很多学生都在废寝忘食地学习，并且有很多同学出现焦虑情绪。针对这些，王老师邀请学校社会工作者小郑来为班上同学做团体辅导，主要服务内容是（　　）。

A. 成立互助小组，分享彼此感受，缓解学生的焦虑情绪

B. 向学校反映，增加学生假期时间

C. 成立志愿者团队，帮助班上学生补习功课

D. 与家庭联系，帮助学生营造一个良好的学习环境

10. 小学三年级学生小婷学习数学比较困难，学校社会工作者联系志愿者为其辅导功课，但效果不明显。近来，学校社会工作者经常听小婷说：“不是我不想学习，而是我学不会。”为更好地帮助小婷，社会工作者需要提升小婷的（　　）。

A. 个人形象　　B. 自尊自信

C. 自我价值感　　D. 自我效能感

11. 小周的父亲正在监狱服刑。学校有些同学欺负他，经常对他说：“你爸爸是犯人，你就是小犯人。”小周非常愤怒，常与同学打架。在这一案例中，小周目前的主要问题是（　　）。

A. 同学歧视导致小周情绪困扰和行为偏差

B. 家庭不完整导致小周缺少管教

C. 社会歧视导致小周敌视社会的行为

D. 父亲角色的缺失导致小周人格发展得不健全

二、多项选择题

12. 驻校社会工作者大李发现，不少学生存在眼高手低、“想的多，做的少”情况，对此，大李拟为该校学生开展提升行动力的主题小组。下列小组活动中适宜的有（　　）。（2023）

A. 邀请组员相互赞美对方，培育自信心

B. 带领组员进行情景模拟，学会抉择

C. 邀请组员制作创意名片卡片，体验动手操作乐趣

D. 邀请组员竞标领受任务，训练积极工作态度

E. 带领组员讨论“我要做什么”，澄清职业价值观

13. 小明是初中三年级学生，他的目标是考上一所好高中。虽然小明的学习目标明确，但仍然禁不住诱惑与同学们一起玩网络游戏，事后又后悔耽误了学习，内心纠结，陷入焦虑之中，无法自拔。针对小明的情况，社会工作者拟运用行动力培养方法帮助他，下述做法中正确的有（　　）。（2021）

A. 培养立即行动的习惯　　B. 引导小明主动领受任务

C. 培养良好的契约精神　　D. 培养小明良好竞争的能力

E. 营造友善的学习环境

14. 刘涛是一名高三的学生，因为临近高考，他感觉心理压力很大，对父母关心的询问感到很烦躁，而每次学校测验的成绩也让他情绪很不稳定。对于刘涛的这种情况，社会工作者对他进行情绪管理的辅导，可以使刘涛（　　）。

A. 提高学习成绩　　B. 能够辨别情绪　　C. 懂得掌控情绪

D. 正确处理情绪　　E. 增强心理承受能力

15. 学校社会工作者小张正在为生活困难大学生筹划开展一系列活动，为其进行心理能力建设。下列活动内容中，恰当的有（　　）。

A. 为生活困难学生提供勤工俭学岗位

B. 安排生活困难学生参与学校的社团活动

C. 鼓励生活困难学生参加学校的演讲比赛

D. 帮助生活困难学生申请奖学金

E. 引导生活困难学生发掘自身优势

参考答案

一、单项选择题

1. B　　考点：学校社会工作对学生遭遇性侵害的介入

2. A　　考点：学校社会工作对增强学生自我效能感的介入

3. B　　考点：师生关系困境与社会工作介入

4. D　　考点：学校社会工作对增强学生自我效能感的介入

5. B　　考点：学校社会工作对学生人际关系困境的介入

6. C　　考点：学校社会工作对培养学生人际交往能力的介入

7. B　　考点：学校社会工作对学生心理困境的介入

8. A　考点：学校社会工作对学生心理困境的介入
9. A　考点：学校社会工作对学生心理困境的介入
10. D　考点：学校社会工作对增强学生自我效能感的介入
11. A　考点：学校社会工作对学生家庭困境的介入

二、多项选择题

12. CD　考点：学校社会工作对培养学生行动力的介入
13. AB　考点：学校社会工作对培养学生行动力的介入
14. BCD　考点：学校社会工作对学生心理困境的介入
15. BCE　考点：学校社会工作对学生家庭困境的介入

第三节　学校社会工作的主要方法

考纲	重要考点	星级标记
学校社会工作传统方法创新	个案工作方法在学校社会工作中的运用与创新：师生联合会谈法，“结对子”朋辈助力法，“2+1”个案成长陪伴，社工信箱 小组工作方法在学校社会工作中的运用与创新：主题班会，社工课堂，家长互助会 社区工作方法在学校社会工作中的运用与创新：初级介入（面向全员——营造友善环境），二级介入（面对高关怀人群——避免复发、消除可能性），三级介入（欺凌事件发生后，针对欺凌者、被欺凌者、情境中人的介入）	★★★
学校社会工作方法与技巧	系统脱敏疗法，行为契约法，拍卖会，做名片，小背摔	★★★

习题精练

一、单项选择题

1. 学校社会工作者小唐拟开展“认识情绪”主题班会，运用讲授、角色扮演等方法协助学生更好地认识和处理情绪问题。根据主题班会的工作流程，在掌握学生的基本情况并与班主任沟通确定主题后，小唐接下来应该做的是（　　）。(2023)

A. 准备班会需要的物资资料　　B. 设计班会的活动策划书

C. 熟练掌握班会的活动环节　　D. 开展班会的满意度评估

2. 初一的小亮做作业特别拖拉，经常边写作业边玩手机，针对这种状况，学校社会工作者小王计划运用“行为契约法”帮助小亮养成良好的行为习惯。根据该方法的具体要求，小王首先应该帮助小亮（　　）。（2023）

A. 确定目标行为　　B. 商定奖惩清单

C. 描写行为契约　　D. 举行承诺仪式

3. 临近中考，不少初三学生表现出不同程度的焦虑，社会工作者拟运用系统脱敏疗法帮助学生缓解焦虑。下列操作属于系统脱敏疗法的是（　　）。（2022）

A. 引导参加服务的学生想象引起紧张的情景

B. 与参加服务的学生共同商定行为奖惩清单

C. 鼓励参加服务的学生共同商定行为契约

D. 促进参加服务的学生互相给予积极反馈

4. 为预防校园欺凌问题的发生，社会工作者小肖在他服务的学校开展了一系列工作，为学生开设互动体验课程，内化“友爱互助”的理念，为学校管理者和教师提供体验式培训，促进建立管理机制，与家长讨论制定关爱家庭标准，指导家长进行关爱家庭建设。小肖的上述服务是社区工作方法在学校社会工作中预防校园欺凌的（　　）介入。（2021）

A. 初级　　B. 二级　　C. 三级　　D. 四级

5. 社会工作者小王拟运用“行为契约法”帮助初一学生养成良好的学习及生活习惯。在服务过程中，小王首先应该（　　）。（2021）

A. 与老师一起确立愿望清单　　B. 与学生一起书写行为契约

C. 与学生一起商定目标行为　　D. 与家长一起商定监督办法

6. 学校社会工作者小孙通过海报等方式招募团体辅导活动的成员，共有 25 名学生报名。为了解这些学生的需求和目标，确定团体辅导活动的成员，小孙应首先采用的双向选择方法是（　　）。

A. 个别会谈　　B. 老师推荐　　C. 问卷调查　　D. 现场观察

7. 为了促进学生在道德、学业和职业等方面发展抗逆力，学校社会工作者小秦设计了 3 个小组工作计划；一是“友来友往”，增进同学友谊的小组；二是“亲情驿站”，连接亲子关系的小组；三是“良师益友”，促进师生关系的小组。小秦上述设计属于“抗逆力轮”方法中（　　）的工作内容。

A. 提供关怀和支持　　B. 提供机会，促进参与

C. 促进亲社会联结　　D. 建立清楚一致的行为和规范

8. 小浩的成绩一直在班里名列前茅，升入初二以来，成绩却直线下降，原来开朗的他现在每天上课无精打采，情绪低落，下课后也是独来独往，有时甚至不来上课。社会工作者初步预估后发现，小浩似有轻度抑郁症状。家访中社会工作者还了解到，一年前小浩父母离婚，母亲将小浩交给年迈的外婆照顾，自己去了外地工作。社会工作者与班主任沟通了小浩的情况后决定，由班主任负责关照小浩在学校中的学习和生活，放学后安排同学陪小浩回家、一起做作业，现在的小浩又有了笑容，学习成绩也提高了。本案例中，社会工作者运用了（　　）的方法增强小浩的抗逆力。

A. 教授生活技能　　B. 提供关怀与支持

C. 提出高期望　　D. 提供机会促进参与

9. 小静的爸爸因为打架伤人而被判刑入狱，母亲离家出走，把小静扔给了仅靠微薄的退休金生活且年老体弱的爷爷、奶奶。班主任赵老师发现小静最近常闷闷不乐，神情恍

恼，希望学校社会工作者小杨给予小静帮助。当小杨第一次与小静见面时，针对此类服务对象的特性，他应采取的恰当表述是（　　）。

A. “赵老师让你来找我，以后每个星期五下午我在这里等你。”

B. “赵老师让你来找我，我很想听听你自己的想法。”

C. “赵老师让你来找我，你自己觉得有没有问题？”

D. “赵老师让你来找我，让我们现在开始讨论你的问题吧。”

10. 在学校开展小组辅导时，社会工作者应遵循的原则是（　　）。

A. 以教师为主体

B. 保持小组异质性

C. 以自愿和需求为本

D. 强调学生个性需要

二、多项选择题

11. 学校社会工作者小秦计划开展抗逆力提升小组。小组有“优点大轰炸”“学业压力应对”“建立良好人际关系”等主题活动。上述小组活动所体现的抗逆力要素包括（　　）。

A. 外部支持因素

B. 内在优势因素

C. 内部心理因素

D. 效能因素

E. 家庭支持因素

12. 最近某校不少初二同学听说只有少数学生能考上高中，大部分学生只能上职业学校。他们认为职业学校风气不正，学不到东西，因而对未来陷入迷茫和担忧之中。社会工作者采用小组辅导让学生对学业发展和职业规划有较理性的认识。下列做法中，适宜作为该小组计划内容的有（　　）。

A. 帮助学生找出“理想我”与“现实我”的差距

B. 帮助学生认识到实现生涯目标应具备的能力

C. 帮助学生学习利用社会资源

D. 帮助学生掌握合适的学习方法

E. 帮助学生家长缓解经济压力

13. 小亮学习成绩不好，喜欢撒谎，经常打架。学校社会工作者小张通过了解得知，小亮父母半年前离异，家庭生活困难，母亲又患有乳腺癌，脾气很差，经常打骂小亮。小张针对小亮的情况对其进行个案服务，服务内容包括（　　）。

A. 让学校老师、同学给予小亮更多的关心和支持

B. 改善亲子关系

C. 运用社区资源，协助小亮家庭申请低保

D. 改变小亮的不良行为

E. 协助小亮父母复婚，改变家庭经济状况

参考答案

一、单项选择题

1. B　　考点：主题班会的工作流程

2. A　考点：行为契约法的基本工作程序
3. A　考点：系统脱敏疗法
4. A　考点：社区工作方法在学校社会工作中的运用与创新
5. C　考点：行为契约法—帮助学生形成良好的行为习惯
6. A　考点：个案工作方法在学校社会工作中的运用与创新
7. C　考点：小组工作方法在学校社会工作中的运用与创新
8. B　考点：社区工作方法在学校社会工作中的运用与创新
9. B　考点：个案工作方法在学校社会工作中的运用与创新
10. C　考点：小组工作方法在学校社会工作中的运用与创新

二、多项选择题

11. ABD　考点：小组工作方法在学校社会工作中的运用与创新
12. ABCD　考点：小组工作方法在学校社会工作中的运用与创新
13. ABCD　考点：个案工作方法在学校社会工作中的运用与创新

第十二章 社区社会工作

【本章复习提示】

本章主要介绍社区社会工作，考试要点主要包括社区社会工作的定义、城市社区社会工作的主要内容、农村社区社会工作的主要内容、社区社会工作的主要方法等。首先，掌握社区、社区社会工作的基本概念以及社区社会工作的目标。其次，重点把握统筹社区照顾、扩大社区参与、促进社区融合、推动社区发展、参与社区矫正、参与社区戒毒与康复和其他服务等城市社区社会工作的主要内容，以及参与乡村振兴工作、服务农村特殊群体、介入灾害应急服务等农村社区社会工作的主要内容。最后，重点聚焦社区社会工作的主要工作过程和社区社会工作的主要方法。

摸底自测

一、单项选择题

1. 为解决停车位不足的问题，某小区业主委员会决定对本小区现有的车辆进出和停放管理办法进行调整，并初步拟定了方案。在业主投票之前，业主委员会委托社会工作者小赵征求业主意见。上述工作过程是社区参与层次和形式中的（　　）。(2023)

A. 告知　　B. 咨询　　C. 协商　　D. 共同行动

2. 在乡村振兴的背景下，某社会工作服务机构组织高校专业师生宣讲环保知识，发挥“新乡贤”社区骨干的带头作用，利用“绿色志愿者”人力资源，有组织、有计划地开展“保护环境，从我做起”的服务项目。该机构的做法属于社区资源链接方式中的（　　）。(2023)

A. 资源配置　　B. 资源共享　　C. 资源整合　　D. 资源互补

3. 针对社区内老年人因中风导致的居家照顾需求大的情况，某社会工作服务机构拟开展老年人社区照顾服务。该机构社会工作者多方了解需求，制订相应的服务方案。在下列需求评估中，属于宏观层面评估的是（　　）。(2022)

A. 社区老年人口中风的比例
B. 老年人照护者的不同需求
C. 服务方案评估的总体要求
D. 老年人居家照顾个体需求

4. 社会工作者小林在社区走访中发现，某单元有多位居民在楼道堆积杂物，引起其他居民不满，小林在了解情况后，联合居委会和物业公司组织居民会议，商讨解决方法。小林的做法属于扩大社区参与中的（　　）。(2022)

A. 参与社区调查
B. 组织志愿服务
C. 培育社区骨干
D. 促进社区协商

5. 李奶奶是独居老人，腿脚不便，社会工作者大梁了解到，同一单元的赵婶经常帮李奶奶买菜，照顾李奶奶。大梁邀请赵婶参加“智慧居民学习小组”，赵婶学会了网上购物，她说以后可以在网上为李奶奶购买所需物品了，省出的时间可以陪李奶奶聊天。大梁上述服务的目的是为李奶奶建构（　　）。(2021)

A. 家庭网络
B. 邻里协助网络
C. 互助网络
D. 志愿者联系网络

6. 胜利村驻村社会工作者小宁为村里的留守儿童开办了暑期夏令营，帮助他们增强适应能力并拓展同辈支持网络。小宁招募了返乡大学生作为志愿者参加夏令营的活动，同时链接了基金会资源为夏令营提供物资支持。在该夏令营的实施阶段，小宁应该做的工作是（　　）。(2021)

A. 制订工作方案
B. 激励志愿者士气
C. 评估活动成效
D. 表彰优秀志愿者

7. 某社区与社会工作服务机构携手创建“新时代文明实践志愿服务示范社区”，拟在社区培育成立多个志愿服务队，开展志愿服务。下列工作中，属于志愿服务活动策划阶段的是（　　）。(2020)

A. 确定志愿者的配置数量
B. 评估机构自身的人力配置

C. 表彰奖励优秀志愿团队　　　D. 进行志愿服务项目预算管理

8. 某社会工作服务机构践行乡村振兴战略，积极投入“美丽乡村建设行动”，在某村开展生态环保项目。该机构在项目设计中，将培育“新乡贤”社区骨干、发展“绿色志愿者”队伍、倡导“保护环境从我做起”等活动作为推进项目的手法，开展社区服务。该机构的做法属于社区资源链接的（　　）方式。（2019）

A. 资源整合　　B. 资源共享　　C. 资源流通　　D. 资源互补

9. 为响应政府倡导社会组织积极参与精准扶贫的号召，某社会工作服务机构拟在绿村开展扶贫工作，为此，机构邀请相关领导专家来绿村进行需求评估。该机构此举的目的是了解绿村的（　　）需求。

A. 感觉性　　B. 规范性　　C. 表达性　　D. 比较性

10. 某小区“夕阳红服务队”和“4 点半课堂”在社区内有着良好的声誉。为了促进参与式社区治理，社会工作者小林策划由“夕阳红服务队”的助老志愿者和“4 点半课堂”的孩子们到社区养老服务中心，与那里的老人一起开展联欢活动。小林采用的社区资源链接方式是（　　）。

A. 资源整合　　B. 资源共享　　C. 资源开发　　D. 资源流通

二、多项选择题

11. 某高校社会工作专业师生到彝族村落参与乡村振兴工作。为获得该村“集体性”问题的认识，掌握村落情况，他们向政府借阅了《彝族村落历史地理和自然资源》，查看了该村近年经济发展状况的数据资料；深入村民家中访问，与村民开座谈会，掌握了大量第一手资料，为开展服务提供了依据。社会工作专业师生对该村社区问题进行分析的方法包括（　　）。（2021）

A. 查阅统计资料　　B. 查阅研究报告　　C. 查阅媒体报道

D. 访问社区居民　　E. 进行民意调查

12. 为推动和吸引居民参与“感动社区年度人物”评选活动，社会工作者可以采用的工作策略有（　　）。

A. 邀请居民讨论具体的评选方案

B. 通过微信平台向居民通报活动进展

C. 为参与评选活动的居民提供政策优惠

D. 以网络投票结果作为唯一的评选依据

E. 为居民开展提升沟通能力的小组服务

13. 某社会工作服务机构在社区开展了为期一年的“减灾小课堂”项目，旨在提升社区居民防灾减灾的意识与能力。项目结束后，社会工作者对该项目进行成效评估，评估内容应包括（　　）。

A. 查阅居民上课签到表

B. 社区居民对项目的评价

C. 查阅项目的图片、文字记录

D. 调查社区居民对项目的满意度

E. 了解社区居民对减灾技能的掌握情况

参考答案

一、单项选择题

1. B　　考点：社区参与的层次和形式
2. A　　考点：社区资源的链接方式
3. A　　考点：社区照顾服务涉及宏观层面的需求评估
4. D　　考点：社区参与的层次和形式
5. B　　考点：建立社区支持网络
6. B　　考点：社区服务（活动）方案执行
7. B　　考点：社区服务（活动）方案策划
8. C　　考点：社区资源的链接方式
9. B　　考点：社区需求分析
10. A　　考点：社区资源的链接方式

二、多项选择题

11. ABD　　考点：社区问题分析
12. ABE　　考点：扩大社区参与
13. BDE　　考点：社区服务（活动）方案评估

第一节　社区社会工作概述

考纲	重要考点	星级标记
社区社会工作的定义	社区的含义 社区社会工作的含义	★★
社区社会工作的目标	基本目标：促进居民参与，解决社区问题；改善社区关系，提升社区意识；挖掘社区资源，满足社区需求	★★

习题精练

一、单项选择题

1. 社会工作者小李在街道、社区和驻地单位的支持下，搭建了社区协商议事平台，培育社区社会组织，鼓励居民积极参与文明社区建设志愿服务活动，引导居民形成“社区是我家，建设靠大家”的思想意识。小李以上举措的目的是（　　）。(2023)

A. 协助制订实施社区发展规划　　B. 培育社区归属感和认同感

C. 带领居民参与社区发展规划　　D. 协调和化解社区矛盾纠纷

2. 在我国农村和城市，政府一直重视社区建设和社区发展工作，将社区作为重要的政策执行的载体。从社会工作的角度理解社区，下列说法错误的是（　　）。

A. 社会工作者可以依托“社区服务中心”“社区服务站”（或工作站）了解社区

B. 社区是一个互相关怀和照顾的网络

C. 社区社会工作者通过倡导来影响社会政策的制定

D. 社区社会工作的服务对象是社区中有困难的居民

3. 近年来，小区内养狗的居民越来越多，其中部分居民遛狗时不系绳子，草地上随处可见狗粪，引发了一些社区居民间的矛盾。以下社会工作者为帮助社区居民采取的介入行动中，不适当的做法是（　　）。

A. 进行社区探访，了解养狗引起的问题

B. 与居民沟通，疏导他们的不满情绪

C. 制定宠物粪便污染环境罚款制度

D. 组织居民共同商讨，制定养狗行为准则

4.（　　）是影响社会政策的基地，是城市管理体系中最基本的细胞。

A. 社区　　B. 社会　　C. 政府　　D. 城市

5. 社会工作者小李通过调查发现社区的大妈平时较闲，希望可以一起练瑜伽、做养生操以及跳广场舞等，却苦于找不到合适的场地。小李在走访社区时发现空闲的厂房，经协商，厂主答应租借给社区，为居民提供一个舞蹈室。小李的行为实现了（　　）的社区工作目标。

A. 促进居民参与，解决社区问题　　B. 改善社区关系，提升社区意识

C. 改善社区关系，满足社区需求　　D. 挖掘社区资源，满足社区需求

6. 由于社会工作行业发展水平不高，某社区服务中心在社区开展工作时经常遇到人手不够的情况，社会工作者就通过大力宣传，招募社区中有闲暇时间、有爱心的居民参与进来，一起完成社区活动。此措施说明社会工作者在挖掘社区资源时，对（　　）的重视。

A. 人力资源　　B. 社会政策研究

C. 辖区单位资源　　D. 社区宣传

7. 可以被社区运用，为社区居民服务的一切人力、物力、财力、文化和组织等资源是（　　）。

A. 社区资源　　B. 人力资源　　C. 物力资源　　D. 财力资源

二、多项选择题

8. 以下属于社区社会工作目标的是（　　）。

A. 促进居民参与　　B. 提供心理支持　　C. 解决社区问题

D. 满足社区需求　　E. 改善家庭关系

9. 下列关于社区社会工作的含义，理解不正确的是（　　）。

A. 社区社会工作是社会工作的一个实务领域

B. 社区社会工作是社会工作的一个专业方法
C. 社区社会工作是社会工作者针对某一个家庭或个人提供专业服务
D. 社区工作是社会工作的专业方法之一，而社区社会工作不是
E. 社区社会工作的实践模式有地区发展、社会策划、社区照顾等

参考答案

一、单项选择题

1. B　　考点：社区社会工作的目标
2. D　　考点：社区社会工作的含义
3. C　　考点：社区社会工作的目标
4. A　　考点：社区社会工作的含义
5. D　　考点：社区社会工作的目标
6. A　　考点：社区社会工作的目标
7. A　　考点：社区社会工作的目标

二、多项选择题

8. ACD　　考点：社区社会工作的目标
9. CD　　考点：社区社会工作的含义

第二节　社区社会工作的主要内容

考纲	重要考点	星级标记
城市社区社会工作的主要内容	统筹社区照顾；扩大社区参与；促进社区融合；推动社区发展；参与社区矫正；参与社区戒毒与康复，其他服务	★★★
农村社区社会工作的主要内容	参与乡村振兴工作；服务农村特殊群体；介入灾害应急服务	★★★

习题精练

一、单项选择题

1. 为落实《中共中央　国务院关于加强基层治理体系和治理能力现代化建设的意

见》，某社会工作服务机构在中海社区推动社区居民参与基层社会治理。近期，该机构受社区委托拟对社区进行适老化环境改造，他们邀请专业人士做了详细的改造计划。通过居民议事会、微信群等多种途径和方式征集社区居民对该计划的意见，并根据居民的意见对计划进行了修订。在此过程中，中海社区居民社区参与的层次和形式属于（　　）。（2021）

A. 告知　　B. 共同行动

C. 咨询　　D. 居民自治

2. 社会工作者在社区举办了一项“爱护社区，爱护地球”的活动，鼓励居民节约能源，减少生活垃圾，内容包括绘画比赛、标语创作比赛等。这类活动属于（　　）。

A. 社会公德教育　　B. 文化科学教育

C. 家庭生活教育　　D. 生命健康教育

3. 某社区地处城乡接合部，有大量外来人口租住在社区内。一段时期以来，社区内居民财物被盗事件不断发生，社区治安成为社区居民反映强烈的问题，有些当地居民甚至提出不允许外来人口在社区内居住，社区居民间相互不信任的气氛弥漫在社区内。为此，社会工作者小何深入社区居民中，通过社区居委会召开居民大会，经居民讨论成立了由本地和外来居民共同组成的治安巡逻队。此案例中，社会工作者所做的工作达到的效果是（　　）。

A. 促进社区居民团结互助，加强社区治安防范

B. 通过调解社区居民纠纷，促进邻里和睦

C. 通过矫正社区居民错误想法，防止违法犯罪行为

D. 借助制定规章制度，维护社区秩序

4. 某社区老年人比例高，独居高龄老人较多，这些老人对环境的适应力下降，生活自理能力不足，因此，对他们进行社区照顾十分必要。下列社会工作服务中，属于社区照顾的是（　　）。

A. 倡导尊重老人的社会风尚，促进社区和谐

B. 联系社会各界，调动资源，满足老人生活需要

C. 培养老人骨干分子，带动社区老人参与社区事务

D. 整合社区资源，兴建大型养老机构以满足养老需要

5. 下列各种针对留守儿童开展的服务中，（　　）关注留守儿童身心发展特点，为儿童提供心理咨询，帮助儿童掌握人际交往技巧，从而提升儿童学习和生活适应能力。

A. 留守儿童成长服务

B. 留守儿童家庭服务

C. 青少年犯罪预防与行为偏差青少年矫治服务

D. 留守儿童社区托管服务

6. 由于子女常年在外打工，很多老人一直独自生活，感到生活很孤独，近来村里建设了老年人活动中心，给村里的许多留守老人提供了一个娱乐活动场所。这种服务属于（　　）。

A. 机构养老模式　　B. 居家养老服务

C. 社区养老服务　　D. 老人文化娱乐活动

7. 为留守儿童家长提供培训，增进家长与留守儿童的交流沟通，改善亲子关系，加

强家庭对留守儿童的情感支持等这些服务属于农村留守儿童服务中的（　　）。

A. 留守儿童成长服务

B. 留守儿童家庭服务

C. 青少年犯罪预防与行为偏差青少年矫治服务

D. 留守儿童社区托管服务

8. 对出现偏差行为的留守儿童提供矫治服务，纠正偏差行为，建立良好学习、生活习惯属于农村留守儿童服务中的（　　）。

A. 留守儿童成长服务

B. 留守儿童家庭服务

C. 青少年犯罪预防与行为偏差青少年矫治服务

D. 留守儿童社区托管服务

9. 近年来，许多地区在农村社区开展了一些养老社会服务，目前（　　）在农村养老中占主要地位。

A. 机构养老服务　　　　B. 居家养老服务

C. 社区养老服务　　　　D. 老人合法权益保障服务

二、多项选择题

10. 小王在走访社区低保户老张一家时发现，老张几年前下岗，妻子因病卧床多年，儿子正在读高中，家庭生计主要靠“低保金”和老张修鞋所得微薄收入维持。老张一家人很自卑，不愿和外人打交道。为了帮助老张一家获得社会支持，融入社区，小王可采用的做法有（　　）。

A. 为老张联系薪酬更高的工作

B. 请老张为社区的孤寡老人义务修鞋

C. 让老张与邻居结成友好家庭，互帮互助

D. 邀请老张一家人参加社区举办的邻里节活动

E. 帮助老张妻子联系一些力所能及的手工活，增加收入

11. 由于流动人口的不断增多，流动妇女在流入地怀孕、生育的数量不断增加，对计划生育服务的需求十分迫切。目前我国已基本实现计划生育免费服务全面覆盖，免费服务内容包含（　　）。

A. 免除挂号费　　　　B. 大病免费就医　　　　C. 免费药具发放

D. 免费生殖健康检查　　　　E. 免费计生基本项目手术

12. 根据相关政策和社区实际，目前社区社会工作者在推动社区志愿服务发展方面的主要工作内容有（　　）。

A. 策划社区志愿服务项目，带领志愿者开展服务

B. 挖掘培养志愿者骨干，培育扶持社区志愿服务组织

C. 组织开展志愿者培训，提升服务水平

D. 做好志愿者管理，推动志愿服务事业持续发展

E. 宣传教育工作

13. 随着城市化、工业化进程的加快，农村社区开始由封闭向开放转变，农村社会工作结构开始分化，农民阶层出现多样化，农村基层社会治理也面临着新的挑战。下列属于

社区社会工作者在农村社区建设中的工作内容的有（　　）。

A. 开展农村社区服务试点　　B. 大力发展农村经济

C. 提升农民素质能力　　D. 培育发展农村社区社会组织

E. 加大政府建设农村社区的资金投入

参考答案

一、单项选择题

1. C　　考点：社区参与的层次和形式
2. A　　考点：推动社区发展
3. A　　考点：促进社区融合
4. B　　考点：统筹社区照顾
5. A　　考点：服务农村特殊群体
6. C　　考点：服务农村特殊群体
7. B　　考点：服务农村特殊群体
8. C　　考点：服务农村特殊群体
9. B　　考点：服务农村特殊群体

二、多项选择题

10. CD　　考点：统筹社区照顾
11. CDE　　考点：社区妇女服务
12. ABCD　　考点：扩大社区参与
13. ACD　　考点：农村社区社会工作的主要内容

第三节　社区社会工作的主要方法

考纲	重要考点	星级标记
社区社会工作的过程	社区分析；社区服务（活动）方案策划；执行；评估	★★★
社区社会工作的主要方法	资源链接；推动居民参与；建立社区支持网络；推动多方联动；加快乡镇（街道）社工站建设	★★★

习题精练

一、单项选择题

1. 社会工作者小王受区妇联委托，在其服务的社区开展受虐妇女的服务需求调查。受虐妇女们受到“家丑不能外扬”这一传统观念的影响，最初不愿接受小王的访谈。在小王的关心、支持和不懈努力下，受虐妇女们终于敞开心扉，讲述她们的受虐经历和期望的改变。受虐妇女们的讲述反映了她们的（　　）。（2023）

A. 表达性需求　　B. 比较性需求

C. 感觉性需求　　D. 规范性需求

2. 社会工作者小杨根据当地居家养老政策的相关要求，策划“老年餐桌”项目，为社区内老年人提供送餐和精神慰藉服务。在服务项目策划中期，小杨应做的工作是（　　）。（2023）

A. 设计项目成效评估的方法　　B. 分析社区内的老年人口规模

C. 了解已有类似服务的情况　　D. 评估项目执行者的素质能力

3. 为落实《中共中央　国务院关于加强基层治理体系和治理能力现代化建设的意见》，某社会工作服务机构积极推动社区居民参与基层治理，社会工作者小李参与了某社区为整治社区环境进行的违建拆除工作。在社区居民议事会议上，小李向居民介绍了拆除违建工作的计划，并就此项工作征询居民的意见，作为修订计划的重要参考。上述居民参与社区工作的层次和形式属于（　　）。（2022）

A. 告知　　B. 咨询　　C. 协商　　D. 共同行动

4. 某街道社工站通过调研提出了社区环境卫生综合治理方案和行动计划，得到驻区企业的资金赞助、街道的政策支持、城管部门和社区卫生服务中心的大力配合、社区内志愿者组织的人力支援，还动员了社区居民参与其中，形成了新的社区服务工作机制。该社工站运用的工作方法是（　　）。（2021）

A. 纽带联系　　B. 资源整合　　C. 多方联动　　D. 需求评估

5. 为落实应对人口老龄化国家战略，某社会工作服务机构整合资源，为社区老年人提供多项服务以提高社区老年人的健康意识和行动能力。其中，社会工作者运用资源共享方式开展的服务是（　　）。（2021）

A. 请社区卫生服务中心的工作人员为社区的老年人进行体检

B. 请社区干部与社会工作者一起入户了解老年人的健康需求

C. 利用自有教师资源和相邻社区的场地合作举办老年健康讲座

D. 利用自己机构的场地资源为目标人群开办老年健康教育小组

6. 为落实“健康中国”战略部署，某社会工作服务机构整合资源，提供多种服务以提高社区居民的健康意识和行动能力。其中，社会工作者运用资源共享方式开展的服务是（　　）。（2019）

A. 使用相邻社区的场地合作举办健康讲座

B. 请社区卫生服务站为社区居民进行体检

C. 请社区干部一起入户了解居民健康需求

D. 在机构中为目标人群开办健康教育小组

7. 某小区冬季取暖问题很长时间未得到有效解决，引发了社区居民与物业公司的矛盾。社会工作者走访了相关职能部门和物业公司，在评估各种影响小区供暖问题因素的基础上，制订了初步的解决方案，并征求社区居民意见以进一步完善。上述社会工作者的做法属于推动居民社区参与层次和形式的（　　）。（2019）

A. 告知　　B. 咨询　　C. 协商　　D. 共同行动

8. 为了进一步落实国家《乡村振兴战略规划（2018—2022 年）》，某农村社区召开村民大会，鼓励村民献计献策、共商本村振兴举措。一位村民发言说：“邻村驻村的第一书记带领村民发展生态有机农业，并建立了网上农产品销售平台，引领农民脱贫致富奔小康。咱们村也应借鉴他们的经验，走致富之路。”根据布雷德绍的社区需求分类方法，这位村民表述的是（　　）。（2019）

A. 感觉性　　B. 表达性　　C. 规范性　　D. 比较性

9. 社会工作者小王正在社区开展关爱高龄老人的服务。经过需求评估，小王在计划书中设计的具体干预措施之一是，发动所在社区中的邻里、物业公司职工、保洁员等共同为社区内高龄老人提供支援。上述干预措施旨在建立社区居民关爱高龄老人的（　　）。

A. 个人网络　　B. 邻里协助网络

C. 志愿者联系服务　　D. 正式支持网络

10. 社会工作者小秦正在为社区儿童开展“健康成长”系列主题讲座。在完成了志愿者招募和宣传推广等筹备工作后，培训主题讲座按期举办。根据社区服务方案执行阶段的要求，小秦除了要注重服务的品质和时间进度管理外，还应关注（　　）。

A. 人力安排　　B. 场地安排

C. 预算管理　　D. 经费筹集

11. 为了解决社区中存在的“破墙开店”难题，社会工作者带领社区居民多次召开议事会。每次开会时，居民都积极发言，但讨论过程中各执己见，争论不休，未能达成共识。针对这种情况，社会工作者应采取的策略是（　　）。

A. 提高社区居民的参与能力　　B. 提升社区居民的参与意愿

C. 促进社区居民对参与价值的肯定　　D. 增加社区居民的参与信心

12. 某社区在改造过程中，社会工作者促成当地政府与受此影响的居民一起商讨改造计划。居民的这种社区参与形式是（　　）。

A. 咨询　　B. 协商　　C. 告知　　D. 共同行动

二、多项选择题

13. 社区工作者小杨计划组织社区志愿者团队，为社区空巢老人提供关爱服务，开展上门探访、康乐小组等活动。在服务执行阶段，小杨应做的工作有（　　）。（2023）

A. 记录清楚每次活动的经费支出情况

B. 分析社区空巢老人的问题与需要

C. 把握服务进度以推动服务如期完成

D. 评估社区空巢老人关爱服务成效

E. 提升社区志愿者士气以增强成就感

14. 刚刚进驻某社区的社会工作者小雷计划在社区开展“一老一小”关爱服务。根据

社区资源的含义与特点，小雷在服务中需要了解的社区资源应该包括（　　）。（2023）

A. 社区居民的参与意识　　B. 社区的活动设备

C. 社区保存的古迹文物　　D. 社区的知名人士

E. 社区的老年互助社团

15. 四和里是老旧小区，社会工作者为开展社区服务到该社区进行需求评估。居民们说，这里胡同狭窄，私家车越来越多，通行越来越不安全，社区工作者发现，早晨胡同早点摊前排队的长龙常常堵塞交通。街道办事处的调查报告也认为该社区环境和设施需要规划重整。根据布雷德绍的需求分类，上述反映了居民的需求类型包括（　　）。（2021）

A. 感觉性需求　　B. 表达性需求　　C. 规范性需求

D. 比较性需求　　E. 物质性需求

16. 某社会工作服务机构承接了政府购买的社区治理服务项目。该机构就大家反映强烈的广场舞扰民、宠物随地大小便等问题，计划推动成立社区议事会，通过民主协商的方式，形成居民行为公约。但是，居民中的年轻人大多处于职业上升期，工作压力大；老年人整日忙于家务，照顾孙辈；他们都对社区事务无暇顾及。为了推动社区居民的参与，该机构适宜的做法有（　　）。（2020）

A. 为了保证社区居民的休息，建议禁止居民在社区跳广场舞

B. 培育“宠物俱乐部”社区社会组织，发掘和培养居民骨干

C. 举办社区环保知识竞赛，鼓励居民以家庭为单位参加比赛

D. 举办“社区邻里节”，增进居民相互熟悉及对社区事务的关注

E. 将居民会议时间安排在晚上或周末，且每次会议时间不宜过长

参考答案

一、单项选择题

1. C　　考点：社区需求分析
2. D　　考点：社区服务（活动）方案策划
3. B　　考点：参与社区工作的层次和形式
4. C　　考点：推动社区多方联动的方法
5. C　　考点：社区资源的链接方式
6. A　　考点：社区资源的链接方式
7. B　　考点：社区参与的层次和形式
8. D　　考点：社区需求分析
9. B　　考点：建立社区支持网络
10. C　　考点：社区服务（活动）方案执行
11. A　　考点：影响社区居民参与的因素分析
12. B　　考点：社区参与的层次和形式

二、多项选择题

13. ACE　考点：社区服务（活动）方案执行
14. BCDE　考点：社区资源的含义和类型
15. ABC　考点：社区需求分析
16. BCDE　考点：推动社区居民参与的策略

第十三章 医务社会工作

【本章复习提示】

本章主要介绍医务社会工作，考试要点主要包括医务社会工作的特点、内容和方法等。随着人们对健康重视程度的提高，医务社会工作越来越显示其重要性。首先，掌握医务社会工作概念和内涵，重点聚焦医务社会工作的功能和医务社会工作者需要具备的相关知识。其次，从公共卫生领域社会工作、医院社会工作实务和精神卫生领域社会工作出发把握医务社会工作的主要内容。最后，重点掌握公共卫生领域社会工作、医疗机构与疾病治疗领域社会工作和精神卫生领域社会工作的常用方法。

摸底自测

一、单项选择题

1. 医务社会工作者小黄对入院的糖尿病患者进行需求调研。结果发现，70%的患者希望了解如何通过合理饮食控制血糖。根据此需求，小黄计划为院内部分糖尿病患者开展小组服务。小黄设计的下列服务目标中，最恰当的是（　　）。(2023)

A. 改善糖尿病患者与家庭的关系　　B. 提升糖尿病患者的控糖意识

C. 加强糖尿病患者的服药依从性　　D. 调整糖尿病患者的生活方式

2. 医务社会工作者小周在肿瘤科病房探访过程中发现，肺癌患者老朱因病情恶化而心情沮丧，陷入恐惧、无助和绝望中。针对这一情况，小周运用正念方法，帮助老朱缓解上述负面情绪。小周的上述干预过程是医务社会工作服务中的（　　）。(2022)

A. 情绪心理辅导　　B. 社会需求评估

C. 哀伤辅导　　D. 临终关怀

3. 精神疾病患者徐某因病初次入院治疗，面对陌生的环境、严格的规定和相对隔绝的空间，产生了恐惧感，甚至想逃离医院。医务社会工作者此时最应该提供的服务是（　　）。(2022)

A. 信息咨询　　B. 资源链接

C. 住院适应　　D. 康复训练

4. 社会工作者小于为直肠癌术后患者开办支持性小组。在小组活动过程中，小于邀请康复者向术后患者介绍顺利度过术后最初阶段的方法。小于此举的最主要目的是帮助患者（　　）。(2021)

A. 舒缓紧张焦虑情绪　　B. 探索疾病因应策略

C. 建立社会支持网络　　D. 提升科学养生意识

5. 随着生活方式的改变，糖尿病患者逐年增多。有些患者在确诊后常会变得紧张和焦虑，有些患者因需要终身服药、饮食控制，还可能出现严重的并发症和阶段性生活质量下降等问题，伴有自暴自弃和情绪低落等现象。针对上述问题，医务社会工作者应首先提供的服务是（　　）。(2020)

A. 运用专业方法对患者的情绪给予必要的干预

B. 调查了解患者家族病史并及时汇报给临床医师

C. 与家属讨论患者的病情状况和临床治疗方案

D. 告知患者不好好配合治疗将会面临生命危险

6. 肺癌晚期患者周大爷因住院治疗效果不佳而悲观消沉，根据医嘱于近期出院，并接受舒缓疗护。作为舒缓疗护团队的一员，社会工作者应提供的服务是（　　）。(2019)

A. 关注周大爷心理情绪状况并予以疏导

B. 配合医生开展周大爷治疗需求评估

C. 预先安排周大爷的后事一条龙服务

D. 鼓励周大爷积极争取更多医疗资源

7. 艾滋病患者在疾病的稳定期，经常会面临疾病及治疗带来的身体不适，以及家人、亲友和其他社会关系的改变等问题。针对上述问题，社会工作者应采取的介入措施是（ ）。

A. 增强患者的心理防御机制　　B. 评估患者的自杀风险

C. 建立患者的家庭支持网络　　D. 提高患者的自理能力

8. 120 急救车将一名晕倒的老大爷送到医院急诊科，老大爷清醒后，医生建议其接受全面的医疗检查，但老大爷拒绝，医生请社会工作者小张前来协助工作。此时，社会工作者小张首先应做的是（ ）。

A. 帮助老大爷减免医疗费用　　B. 尽快联系老大爷的家人

C. 劝说老大爷尽快接受检查　　D. 询问老大爷发病时的详细情况

9. 希波克拉底说过“了解什么样的人得了病，比了解一个人得了什么病更重要”，这是指医务社会工作要( )。

A. 与医疗卫生体系相融合　　B. 以疾病为中心

C. 以病人为中心　　D. 以服务对象的健康为主导

10. 医务社会工作是以人的尊严和价值为核心的专业助人工作，因此有时医务社会工作者需要特别注重工作中的相关特殊议题。下列哪个选项属于医务社会工作者需要隐私保护的范畴？（ ）

A. 疾病咨询　　B. 病友关系

C. 治疗方案　　D. 治疗所用药物

11. 小林由于临近生产期，最近总是很沮丧，觉得生育子女是一件很恐怖的事情，容易产生焦虑，为此她求助于医务社会工作者。小林的问题属于医务社会工作者要处理的哪种议题？（ ）

A. 心理的调适问题　　B. 疾病适应问题

C. 情绪问题　　D. 生育问题

12. 陈女士的女儿患有先天性心脏病，为此陈女士辞了工作在家专心照顾女儿，长此以往，陈女士觉得自己付出得太多，对丈夫和婆婆的意见很大，致使家人之间矛盾不断。社会工作者了解后开始介入，他的工作重点应该放在( )上。

A. 危机干预　　B. 哀伤辅导

C. 心理社会评估与干预　　D. 病情评估

二、多项选择题

13. 肝癌晚期患者赵先生日前入院治疗，医务社会工作者小唐在病房探访中发现其状况较差。在初次面谈中，小唐了解到赵先生对于自己所患疾病有一定了解，但又无法坦然接受自己已是癌症晚期的事实，较为悲观，觉得生活没有希望，社会支持较弱。在需求评估时，小唐应主要聚焦的有（ ）。(2022)

A. 赵先生的心理情绪反应　　B. 赵先生的人际关系状况

C. 赵先生的角色适应情况　　D. 赵先生的生命意义探索

E. 赵先生的家庭经济情况

14. 小明妈妈是医院“患儿家长互助小组”的新成员。医务社会工作者小马在与其接触时得知，小明是在学校突然晕倒后被送到医院急救，后被确诊是急性白血病，小明妈妈又急又怕，陷入恐慌、悲伤与绝望之中。针对这一情况，小马正确的做法有（ ）。(2020)

A. 对小明妈妈的负面情绪进行及时干预

B. 与临床医生协商小明的临床治疗方案

C. 采用家庭治疗方法对小明和妈妈的亲子关系进行干预

D. 动员“患儿家长互助小组”成员对小明妈妈提供心理情感支持

E. 鼓励小明妈妈在“患儿家长互助小组”中学习照护和康复经验

15. 吕大爷是糖尿病患者，他的老伴吕大妈十分注意调配他的饮食。吕大妈认为血糖高是因为吃糖引起的，只要饮食中没有糖就不用吃药了。近期，吕大爷因糖尿病并发症住院治疗。出院前，社会工作者小王邀请医生再次向吕大爷夫妇详细讲解了糖尿病与饮食和生活方式的关系，以及控制血糖和治疗的必要性，并请营养师为他们推荐营养食谱。小王上述工作的主要目的包括（　　）。（2019）

A. 增强吕大爷家庭的社会支持

B. 矫正吕大爷对糖尿病的认知偏差

C. 使吕大爷出院后得到合理的照顾

D. 矫正吕大妈对糖尿病的认知偏差

E. 为吕大爷家解决因疾病引起的生活困难

16. 老安由于突发脑出血被送进医院，所幸抢救及时，经过住院治疗，病情明显好转，医生同意他出院。此时，社会工作者为老安出院所做的准备工作有（　　）。

A. 查阅文献资料，为老安制订社区康复方案

B. 链接相关康复资源，协助老安获得社区康复服务

C. 评估老安的情况，降低老安出院后可能面临的风险

D. 为减轻医生的负担，为老安提供治疗方案的咨询服务

E. 帮助老安家人链接社区资源，使老安及时获得后续照顾

参考答案

一、单项选择题

1. D　考点：慢性疾病与长期照护的社会工作
2. A　考点：肿瘤治疗康复、舒缓疗护及临终关怀社会工作
3. C　考点：社会工作在精神卫生领域的作用
4. B　考点：肿瘤治疗康复、舒缓疗护及临终关怀社会工作
5. A　考点：慢性疾病与长期照护的社会工作
6. A　考点：肿瘤治疗康复、舒缓疗护及临终关怀社会工作
7. C　考点：慢性疾病与长期照护的社会工作
8. D　考点：急诊室的社会工作
9. C　考点：医务社会工作的特点
10. A　考点：医务社会工作的特殊伦理议题与价值观
11. C　考点：医务社会工作的特点
12. C　考点：医务社会工作的功能

二、多项选择题

13. ABD　考点：肿瘤/癌症患者的社会心理评估维度

14. ADE　考点：儿童医务社会工作

15. BCD　考点：针对慢性疾病患者与长期照顾者的常用社会工作方法

16. ABCE　考点：针对慢性疾病患者与长期照顾者的常用社会工作方法

第一节　医务社会工作概述

考纲		重要考点	星级标记
医务社会工作	医务社会工作的概念	医务社会工作的定义	★★
		医务社会工作的功能	★★★
	医务社会工作的特点	与医疗卫生体系相融合；以服务对象的整体健康为主导；以患者为中心；服务规范的专业化	★★
	医务社会工作者需要具备的相关知识	人类行为发展理论；基本医疗常识和医学知识；疾病的社会心理反应知识	★★★
	医务社会工作的特殊伦理议题与价值观	隐私保护；有限资源的有效利用；安乐死；药物或临床干预研究	★★

习题精练

一、单项选择题

1. 医务社会工作有咨询与辅导的功能，是为了促进病人及其家庭在行为、态度、情绪和环境等方面的改变。下列不属于咨询与辅导内容的选项是（　　）。

A. 社会适应的咨询　　B. 危机干预

C. 筛选高危群体　　D. 心理辅导

2. 希波克拉底说过“了解什么样的人得了病，比了解一个人得了什么病更重要”，这是指医务社会工作要（　　）。

A. 与医疗卫生体系相融合　　B. 以疾病为中心

C. 以病人为中心　　D. 以服务对象的健康为主导

3. 社会工作者在医疗机构中通常以团队的形式开展工作。医务社会工作中的团队合作是指（　　）。

A. 社会工作者之间的合作

B. 社会工作者与院内其他专业人员的合作

C. 社会工作者与社区的合作

D. 社会工作者与患者家属的合作

4. 医务社会工作是以人的尊严和价值为核心的专业助人工作，因此有时医务社会工作者需要特别注重工作中的相关特殊议题。下列选项中（　　）属于医务社会工作者需要隐私保护的范畴。

A. 疾病咨询　　B. 病友关系

C. 治疗方案　　D. 治疗所用药物

二、多项选择题

5. 医务社会工作是在健康照顾体系内实施的社会工作，下列选项中属于医务社会工作特点的是（　　）。

A. 以服务对象的健康为主导　　B. 与医疗卫生体系相融合

C. 以病人为中心　　D. 以疾病为中心

E. 服务规范的专业化

参考答案

一、单项选择题

1. C　考点：医务社会工作的功能—咨询与辅导

2. C　考点：医务社会工作的特点

3. B　考点：医务社会工作的特点

4. A　考点：医务社会工作的特殊伦理议题与价值观

二、多项选择题

5. ABCE　考点：医务社会工作特点

第二节　医务社会工作的主要内容

考纲	重要考点	星级标记
公共卫生领域社会工作	公共卫生服务的主要内容；公共卫生社会工作者角色	★★★

续表

考纲	重要考点	星级标记
医院社会工作实务	慢性疾病与长期照护的社会工作；妇女儿童社会工作；急诊室的社会工作；肿瘤治疗康复、舒缓疗护及临终关怀社会工作	★★★
精神卫生领域社会工作	精神卫生概述；社会工作在精神卫生领域的作用	★★★

习题精练

一、单项选择题

1. 医务社会工作者小康随医生查房时发现，周奶奶不吃不喝，一直哭泣。小康在访谈中了解到，周奶奶早年丧偶，与独子大庆共同生活。大庆至今未婚，近期被诊断为胰腺癌晚期。周奶奶伤心地对小康说："这么多年我们娘俩相依为命，他要不在了，我可怎么办啊！"此时，小康最需要为周奶奶提供的服务是（　　）。(2023)

A. 社会福利咨询　　B. 丧葬事宜安排

C. 预期哀伤辅导　　D. 医患沟通协调

2. 随着"社区康复"理念的普及，越来越多的精神疾病患者回到社区进行康复，医务社会工作者小张对社区精神疾病患者进行家访时发现，很多患者家庭存在对精神疾病的认识盲区，不知如何与患者沟通，还常因社会对精神疾病的偏见而被孤立。针对上述情况，小张在社区内应开展的服务是（　　）。(2022)

A. 联系精神卫生机构，将患者转介至机构内进行康复

B. 联办健康教育讲座，普及精神疾病知识与照顾技巧

C. 广泛开展政策倡导，呼吁建立更多相关的康复机构

D. 寻求可用社会资源，为患者家庭提供物质经济帮助

3. 为更好地在社区开展高血压、糖尿病及肾病等慢性病预防工作，社会工作者小金采用问卷调查和入户访谈等方法，了解居民的生活方式及对慢性病预防知识的需求，并在此基础上制订了以倡导社区居民健康生活方式和预防慢性病为目标的社区健康教育方案。上述工作中，小金的主要角色是（　　）。(2019)

A. 研究者　　B. 项目评估者　　C. 咨询者　　D. 项目计划者

4. 小张被诊断出艾滋病后十分痛苦和绝望，进而对治疗产生了抵触情绪，常常对医生的治疗方案无端找碴儿，故意刁难医生。为改善小张的身心状况、保障治疗顺利进行，医生将其转介至医院的社会工作部。社会工作者小王接案后，陪伴小张听取医生的治疗方案，向他全面讲解了艾滋病的知识，并向他介绍了其他艾滋病患者积极治疗后幸福生活的实例。小王上述服务的主要目的是（　　）。(2019)

A. 为小张开展社会心理评估　　B. 协助小张获得社区康复资源

C. 为小张建立家庭支持网络　　D. 提高小张对于治疗的依从度

5. 医务社会工作者发现，许多唇腭裂患儿渴望与同伴玩耍，但家长大多因担心孩子被别人嘲笑而不让其出门玩耍，孩子为此哭闹，家长束手无策。这种情况说明这些家长对孩子过度保护，又不知如何安抚孩子的情绪。针对这些家长的问题与需要，医务社会工作者适宜的做法包括（　　）。

A. 帮助家长处理情绪问题　　B. 提升家长照顾患儿的能力

C. 帮助处理家庭关系问题　　D. 构建患儿的社交支持系统

6. 心身疾病的预防、发生、发展与心理社会因素密切相关。下列说法体现了心理因素的是（　　）。（2023）

A. 张女士遗传了母亲的高血压　　B. 李先生因常生气得了胃溃疡

C. 王女士高糖饮食导致糖尿病　　D. 黄先生长期吸烟导致冠心病

7. 大李被诊断为终末期肾病，持续接受血液透析治疗。近期大李认为护士特别关注自己，喜欢自己，常给护士发信息，护士未予理睬，大李很失落，不吃不喝。医务社会工作者了解这一情况后，全面评估大李的需求。下列做法中，属于收集大李社会层面信息的是（　　）。（2023）

A. 查阅病历了解大李的血压变化情况　　B. 使用他评量表评估大李的焦虑程度

C. 了解大李的用药、饮食与睡眠情况　　D. 了解医护人员与大李间的互动方式

8. 医务社会工作者小许在探访一名肺癌晚期住院患者时发现，面对日渐恶化的病情，该患者及其子女处于极度悲伤和绝望中，其子女因联系社区照护机构屡屡受挫而身心疲惫。小许综合评估了该患者家庭的状况，用冥想与正念治疗对该患者及其子女进行干预以缓解他们的身心压力。小许的干预过程属于舒缓疗护中的（　　）。（2021）

A. 情绪心理辅导　　B. 临终关怀

C. 照护支持服务　　D. 哀伤辅导

9. 小陈是一名医务社会工作者，在工作过程中，一方面他要将急诊室的工作状况、工作需要向医院管理层反映，提升急诊室的服务质量；另一方面还要通过构建医患关系沟通良性渠道，获得社会大众的理解与支持。此时小陈在急诊服务中所担当的角色是（　　）。

A. 病患及其家属的支持者　　B. 急诊管理的协调者

C. 医护人员的协助者　　D. 医护人员的支持者

10. 社会工作者小丁采用小组工作方法为入院不久的白血病患儿家长提供服务。小丁请护士为家长讲解白血病的特点、应做的检查、各种治疗方式和住院诊治时患儿的反应等，并邀请已出院患儿的家长分享他们的经历。小丁上述服务的主要目的是（　　）。（2021）

A. 提升患儿家长的照顾能力　　B. 发现患儿家长的应对模式

C. 探索患儿家庭的互动模式　　D. 处理患儿家长的情绪问题

11. 某精神卫生中心社会工作者小曹发现，很多精神病患者担心一旦有过入院治疗经历就会被贴上标签，日后很难摘掉“精神病人”的帽子，其家庭也不得不面对普遍存在的社会偏见。针对这一情况，小曹应开展的服务是（　　）。（2020）

A. 尽快安排患者出院，帮助患者去除“精神病人”标签

B. 联系其他医疗机构，将患者转介至异地医院进行治疗

C. 探讨患者治疗方案，尽量缩短患者在医院的治疗进程

D. 开展社区宣传教育，改变公众对精神疾病的传统认知

12. 小张是某医院的社会工作者，半年来，急诊科医生转介给他多个自杀未遂的个案。小张除了进行个案干预外，还计划从宏观层面介入，其适宜的做法是（　　）。

A. 帮助自杀未遂患者及家属疏导情绪

B. 分析总结患者自杀的原因

C. 帮助自杀未遂患者获取社会资源

D. 开展大众生命教育宣传活动

二、多项选择题

13. 小丽因系统性红斑狼疮住院治疗。得知这种慢性病可能会影响生育，并且长期服药所需的费用过高，小丽觉得难以承受，变得悲观沮丧，拒绝和父母沟通，时常一个人默默流泪。社会工作者得知小丽的情况后，计划为她提供服务，下列做法适宜的有（　　）。（2023）

A. 疏导小丽的悲观情绪

B. 协助小丽申请医疗救助

C. 对接社区做好出院安置计划

D. 邀请小丽参加病友互助小组

E. 协助小丽和家属了解病情和治疗计划

14. 王阿姨患有糖尿病，但她对自己的疾病认识不足，既不注意锻炼，也不控制饮食，出现了严重的并发症而住院治疗。王阿姨的女儿埋怨母亲平时不注意饮食健康，母女间时有冲突，王阿姨的情绪受到影响，不配合治疗。为了协助王阿姨增进治疗依从性，社会工作者可提供的服务包括（　　）。

A. 界定王阿姨在治疗依从性上存在的问题

B. 为王阿姨提供所需医疗知识，帮助其制订治疗方案

C. 协助王阿姨将“治疗目标转化为行为目标”，合理控制饮食

D. 为王阿姨提供以冥想为基础的减压课程

E. 鼓励王阿姨和女儿表达各自的情绪，加强家庭的情感支持

15. 小李是一名儿童医务社会工作者，平时工作中会接触较多的儿童，这使他开展工作时考虑的主要内容包括(　　)。

A. 患者群体的特点

B. 患者群体的需求

C. 照顾者群体的特点

D. 照顾者群体的需求

E. 医护人员的特点

16. 急诊室的社会工作服务是指急诊环境中，社会工作者帮助解决病人及其家属心理、社会、经济等多方面需求的社会服务总称。急诊室开展社会工作服务的必要性有（　　）。

A. 有效处理医患关系的条件

B. 病患及其家属的心理危机干预的需要

C. 医疗团队及其成员的需要

D. 急诊管理的需要

E. 提升医疗服务的需要

参考答案

一、单项选择题

1. C　　考点：肿瘤治疗康复、舒缓疗护及临终关怀社会工作

2. B　考点：精神卫生领域社会工作
3. D　考点：公共卫生社会工作者角色
4. D　考点：慢性疾病与长期照护的社会工作—获得性免疫缺陷综合征（艾滋病）
5. B　考点：儿童医务社会工作的内容
6. B　考点：精神卫生领域社会工作
7. D　考点：慢性疾病与长期照护的社会工作—终末期肾病方面
8. A　考点：肿瘤治疗康复、舒缓疗护及临终关怀社会工作
9. B　考点：急诊室的社会工作
10. A　考点：儿童医务社会工作的内容
11. D　考点：社会工作在精神卫生领域的作用
12. D　考点：社会工作在精神卫生领域的作用

二、多项选择题

13. ABDE　考点：妇女医务社会工作的内容
14. ABCE　考点：慢性疾病与长期照护的社会工作—糖尿病
15. ABCD　考点：儿童医务社会工作的内容
16. BCD　考点：急诊室的社会工作

第三节　医务社会工作的主要方法

考纲	重要考点	星级标记
公共卫生领域社会工作常用方法	行为干预；健康促进；社会营销；社会倡导技术	★★★
医疗机构与疾病治疗领域社会工作常用方法	慢性疾病患者与长期照顾者的常用社会工作方法：个案管理、小组工作	★★★
	急诊室常用的社会工作方法：急诊室社会工作需要处理的常见问题；急诊室社会工作的主要方法	★★
	肿瘤与舒缓疗护社会工作方法	★★★
精神卫生领域社会工作常用方法	需求评估与干预流程：精神病患者及其家属的生理—心理—社会评估；精神病患者及其家属社会工作的干预流程	★★★
	社会工作干预方法：认知行为治疗；小组工作	★★★

习题精练

一、单项选择题

1. 医务社会工作者小齐接到急诊科转介电话得知，独居的张奶奶日前因腹痛被邻居送入医院，目前生命体征平稳，可办理出院手续。小齐拟为张奶奶提供出院安置服务，下列做法最恰当的是（　　）。（2023）

A. 了解张奶奶的疾病与就诊史，评估其生理机能

B. 对张奶奶进行情绪量表测评，评估其心理机能

C. 了解张奶奶对自身疾病的认识，评估其医疗理解情况

D. 走访张奶奶所在的社区居委会，评估其社会支持情况

2. 在糖尿病患者互助小组中，医务社会工作者为了鼓励组员积极治疗和提升康复信心，安排病友黄先生向组员介绍自己的患病经历和与医务人员的沟通经验，这一环节属于小组工作沟通技巧训练中的（　　）。

A. 表达自身需要　　　　B. 分享成功案例

C. 学习自我管理　　　　D. 练习沟通技能

3. 钱老在某医院老年科长期住院治疗。为保障住院患者的身体健康，医院限制了家属的探望人数和时间。这些措施使钱老产生了极大的不安，他对外来人员异常敏感，生怕他们带来病毒。为此，钱老常无端指责医护人员，向同病室病友发脾气、摔东西。老年科将钱老转介给医院社会工作部，医务社会工作者拟运用个案管理方法进行干预，最适宜的干预措施是（　　）。（2021）

A. 语言治疗　　B. 行为治疗　　C. 依从性管理　　D. 压力管理

4. 某施工现场发生意外事故，一名伤员被送至医院急诊部。因该伤员伤势较重，陪同人员心情急躁，觉得医护人员行动迟缓、救治不力，与医护人员发生争吵，出现过激行为，妨碍了救治工作。此时，急诊部的医务社会工作者最适宜的做法是（　　）。（2020）

A. 协助医院保安，对患者陪同人员暂时实施隔离

B. 提供现场陪伴，对患者陪同人员进行情绪疏导

C. 引导医护人员，避免与患者陪同人员直接接触

D. 劝导陪同人员，并探究其出现过激行为的原因

5. 某医院急诊室每天接诊很多怀疑自己感染某甲类传染病的患者，这些患者没有明显的症状，但对照典型症状后又自觉有类似症状，因而十分焦虑，对医护人员的解释也将信将疑，产生了沉重的思想负担。这一现象说明，医院急诊室医务社会工作者需要对服务对象进行（　　）。（2020）

A. 危机干预　　B. 认知干预　　C. 生理干预　　D. 行为干预

6. 老金因脑梗被送入急诊科治疗。医务社会工作者小赵详细了解了老金的患病史、就医史、身体状况、生活和家庭状况等方面的信息。小赵此举的主要目的是帮助老金（　　）。（2019）

A. 增进良好的医患关系　　　　B. 争取更多的医疗救助

C. 获得全面支持性服务　　　　D. 获得特殊的医护照顾

7. 为了配合抑郁症患者大刘的临床治疗，社会工作者小赵对他进行了个案辅导。在服务过程中，小赵引导大刘认识到他的积极改变是自己努力的结果。小赵的这种做法属于认知行为治疗中（　　）。（2019）

A. 行为改变的强化　　B. 行为改变的表达

C. 行为改变的认同　　D. 行为改变的支持

8. 老李患多种疾病，住院多日，病情不见好转。老李认为自己的病没治了，老伴走了，子女指望不上，生活没盼头，不按时服药，还乱发脾气。子女感到老李像变了一个人似的，非常担心。针对老李的情况，医务社会工作者可提供的合适服务是（　　）。

A. 指导服药　　B. 联系手术治疗

C. 进行认知行为治疗　　D. 进行系统家庭治疗

9. 患者老吴听完医生对其治疗方案的解释后感到不满，向医院相关科室投诉，认为医生并没有完全掌握其病情资料，特别是前期治疗出现的情况。此时，社会工作者恰当的介入应是（　　）。

A. 鼓励老吴咨询其他医生意见　　B. 告诉老吴治疗方案没有问题

C. 向医生转告老吴的不满　　D. 协助医患双方再次沟通交流

10. 社会工作者对居民开展健康教育，倡导居民培养健康理念，开展如高血压、糖尿病、乳腺癌等各种疾病防护教育属于（　　）。

A. 个案工作　　B. 小组工作　　C. 社区工作　　D. 项目管理

11. 精神病患者存在部分认知偏差，导致其产生情绪和社会适应问题，因此社会工作者最适合采用哪种方法帮助患者进行治疗？（　　）

A. 认知行为治疗　　B. 危机干预

C. 任务中心模式　　D. 生理—心理—社会评估

12. 在医务社会工作中，社会工作者要为因疾病而面临危急处境的病人及其家属进行危机干预。在危机干预时，要强调介入的（　　）。

A. 服务性　　B. 预防性　　C. 及时性　　D. 长效性

二、多项选择题

13. 患者老胡因突发心脏病在某医院急诊科接受治疗观察，其女儿在旁照料，老胡目睹了急诊室内忙乱紧张的情景，出现了紧张、不安和无助等负面情绪，邻床患者的离世也让老胡感到恐惧，其女儿也因此出现了紧张和焦虑的情绪。老胡还因自己的病症加剧而表现出茫然、恐慌和愤怒，认为突如其来的疾病影响了一家人的正常生活。女儿也对老胡的状况和可能带来的后遗症感到十分焦躁。老胡的上述反应中，属于急诊患者及家属心理—社会反应的有（　　）。（2021）

A. 老胡女儿出现的紧张和焦虑

B. 老胡因邻床患者离世而感到害怕

C. 老胡女儿因父亲疾病而产生的焦躁

D. 老胡因自己病症表现出的茫然、恐慌和愤怒

E. 老胡因急诊环境而出现的紧张、不安和无助

14. 老严入住精神卫生中心，医务社会工作者小于为其提供个案服务，经与老严及其家属会谈并进行预估后，小于发现，老严总认为家人将他送入医院是为了占有他的财产，

因而拒绝治疗，一心想回家。老严的老伴告诉小于，老严在家经常自言自语，还时常骂人。针对上述情况，小于适宜为老严一家提供的服务有（　　）。（2019）

A. 给老严介绍社会康复的资源

B. 将老严转介给社区的康复机构

C. 安抚老严情绪，促进其配合治疗

D. 协助老严了解和熟悉病房的环境

E. 帮助老严的老伴学习精神疾病的知识

15. 张大爷患糖尿病多年，医生嘱咐他定期到医院复诊并加强饮食控制。但张大爷一方面害怕糖尿病加重；另一方面又不愿意改变现有的生活习惯，老伴劝说也不听。无奈之下，老伴向社会工作者小林求助。小林经评估后决定要提高张大爷的治疗依从性。此时，小林适宜的做法包括（　　）。

A. 联系社区医生提供定期随诊服务

B. 鼓励老伴加强对张大爷的饮食控制

C. 在张大爷所在社区开展糖尿病健康讲座

D. 邀请张大爷参加糖尿病友支持小组活动

E. 鼓励张大爷通过多运动以控制血糖水平

16. 随着医疗模式的转变，医疗机构对社会工作的需要日益显现，医务社会工作在医疗机构中的作用包括（　　）。

A. 为病人提供情绪支持和心理辅导

B. 为医务人员提供情绪支持和心理辅导

C. 为医疗机构寻找需要的资金和药物

D. 为患者寻找需要的服务资源

E. 将医疗资源与社区资源相连接

参考答案

一、单项选择题

1. D　考点：急诊室社会工作的主要方法
2. B　考点：针对慢性疾病患者与长期照顾者的常用社会工作方法
3. D　考点：针对慢性疾病患者与长期照顾者的常用社会工作方法—个案管理
4. B　考点：急诊室常用的社会工作方法
5. B　考点：急诊室常用的社会工作方法
6. C　考点：急诊室常用的社会工作方法
7. C　考点：社会工作干预方法—认知行为治疗
8. C　考点：医疗机构与疾病治疗领域社会工作常用方法
9. D　考点：医疗机构与疾病治疗领域社会工作常用方法
10. C　考点：公共卫生领域社会工作的常用方法
11. A　考点：社会工作干预方法—认知行为治疗
12. C　考点：急诊室常用的社会工作方法

二、多项选择题

13. ABE　考点：急诊室社会工作需要处理的常见问题

14. CDE　考点：精神卫生领域社会工作常用方法

15. BCDE　考点：针对慢性疾病患者与长期照顾者的常用社会工作方法

16. ADE　考点：医疗机构与疾病治疗领域社会工作常用方法

第十四章 企业社会工作

【本章复习提示】

本章主要介绍企业社会工作，考试要点主要包括企业社会工作的概述、内容及方法。首先，掌握企业社会工作的概念、特点、功能及目前我国对企业社会工作的需求，重点聚焦企业社会工作的工作内容和工作目标、特点以及功能。其次，从企业社会工作对象、企业社会工作服务的提供者和企业社会工作服务内容把握企业社会工作的主要内容，掌握企业社会工作者的角色和服务内容。最后，不仅要掌握个案工作、小组工作和社区工作的方法，而且要掌握企业社会工作的常用技术。

摸底自测

一、单项选择题

1. 针对企业青年职工流失的问题，社会工作者小童对青年职工开展了走访。小童了解到，部分青年职工对企业的归属感不强，一遇到不顺心的事情就会提出辞职。对此，依据职工职业生涯规划要求，小童最适宜的做法是（　　）。(2022)

A. 提高青年职工的待遇　　B. 加强厂规厂纪的宣传

C. 做好青年职工的职业辅导　　D. 及时疏导青少年的情绪

2. 当职工面临职业或生活困扰时，企业社会工作者需帮助他们分析面临的问题和困扰，确认问题产生的原因，协助他们发掘自身潜力和资源，促使他们更有效地解决问题。企业社会工作者在此过程中扮演的角色是（　　）。(2021)

A. 辅导者　　B. 促进者　　C. 教育者　　D. 调解者

3. 企业社会工作者小郑拟为新入职的员工开展环境适应支持小组，以协助他们应对入职压力，提高他们对环境的适应能力。根据此小组工作目标，下列做法正确的是（　　）。(2020)

A. 培训小组成员的办公软件操作技能

B. 矫正小组成员入职初期的行为偏差

C. 教授小组成员插花技能以陶冶性情

D. 请小组成员分享入职体验相互鼓励

4. 某汽车组装厂技术升级换代，部分工人需要转岗，其中一些青年工人因缺少新技能，担心未来没有合适的岗位，感到焦虑和迷茫。企业社会工作者小袁针对这些青年工人的上述情况开展了小组工作，引导组员了解社会发展趋势，树立“大局意识”，通过角色扮演等小组体验方式，组员能有效运用周围环境资源，明确自我发展的优势与面临的困难，进行自我规划与决策，顺利实现转岗。小袁开展的小组工作类型是（　　）。(2019)

A. 压力管理小组　　B. 生涯探索小组

C. 情绪舒缓小组　　D. 技能教育小组

5. 单亲妈妈阿莲有个4岁的女儿，之前一直由阿莲的母亲在老家抚养。近期，由于母亲患病住院，阿莲将女儿接到自己身边。因要照顾年幼的女儿，阿莲经常迟到早退，企业负责人非常不满，阿莲面临被辞退的风险。为此，阿莲很焦虑，经常失眠，情绪低落，向社会工作者小芳求助。小芳为其开展了个案服务。在介入阶段，小芳为阿莲进行了心理辅导，舒缓其情绪后，她还应（　　）。

A. 直接为阿莲的孩子提供临时托管服务

B. 与医院联络，为阿莲提供健康医疗服务

C. 链接社会资源，为阿莲解决孩子照顾问题

D. 与企业负责人沟通，维护阿莲的劳动权利

6. 某厂青年职工较多，他们中一些人因工作繁忙，无暇顾及个人婚恋问题，也不知如何结交异性朋友。为此，社会工作者设计了以提升员工恋爱技巧为目标的小组，该小组类型是（　　）。

A. 治疗小组　　B. 教育小组　　C. 支持小组　　D. 兴趣小组

7. 正在工作试用期的小李未通过第一次岗前培训测试，按规定他有一次参加补测的机会，如果还不能通过，就会被辞退。小李担心不能通过补测而非常焦虑，并因情绪不好而与同事发生了冲突。社会工作者小刘得知这些情况后，协助小李增强自信，提高其情绪管理能力，改善了与同事的关系，最终通过了补测。在服务过程中，小刘承担的主要角色是（　　）。

A. 调解者　　B. 联结者　　C. 促进者　　D. 倡导者

8. 社会工作者小赵发现，部门入职 2~3 年的职工为未来个人职业生涯发展感到迷茫，找不到工作努力的方向。对此，小赵打算为这些职工举办职业生涯探索小组。在小组工作的准备阶段，小赵正确的做法是（　　）。

A. 传授职业生涯规划知识

B. 为组员制订职业生涯规划

C. 协助组员进行自我规划与决策

D. 分析评估组员职业发展迷茫的原因及需求

9. 下列选项中不属于企业社会工作服务内容的是（　　）。

A. 职工福利　　B. 职工薪酬管理

C. 职工职业生涯规划　　D. 职工素质提升

10. 企业社会责任的核心是（　　）。

A. 企业自身发展　　B. 创造利润

C. 保护劳动者合法权益　　D. 维护市场安定秩序

11. 企业的个案工作主要是协助职工解决在工作生活中碰到的直接的实际的问题和困难，下列选项中属于一般信息咨询性问题的是（　　）。

A. 职工在企业里适应不良，向社会工作者咨询、寻求帮助

B. 新进职工对企业内各项规章制度不熟悉，需要帮助

C. 职工家庭关系失调，与社会工作者交流

D. 职工因工作和生活引起的无助问题，需要帮助

12. 某企业工会在年末调查中发现，部分入职 2~3 年的职工对前途有些迷茫，不知道未来如何发展。根据调查，企业社会工作者对这部分职工进行生涯规划的指导，但是每个人反映的情况和困难又不太一样。最后社会工作者为职工设计了小组辅导，在开展小组时第一步需要做（　　）。

A. 确定目标　　B. 招募组员　　C. 需求评估　　D. 制订小组计划

二、多项选择题

13. 小军半年前进入制鞋厂工作，车间的生产物料气味重，时间久了小军皮肤出现了红肿。厂里的老职工告诉小军，很多老职工都患有皮肤病，很难治，厂里未采取任何措施。小军向企业社会工作者反映了此问题，对此，企业社会工作者适宜的做法应包括（　　）。(2021)

A. 最大限度维护企业利益　　B. 建议厂家建立职工定期体检制度

C. 推动厂家履行社会责任　　D. 协助患病职工向厂家申请医疗补助

E. 协助患病职工到医院就诊

14. 社会工作者老张为入职2~3年的职工提供职业生涯规划服务，举办了员工成长小组。在最后一次小组活动后，老张拟对小组工作进行综合评估，可以采用的做法有（　　）。（2020）

A. 进行社会工作者自我表现评估

B. 使用量表对组员进行满意度评估

C. 对组员进行访谈，了解他们接下来的需求

D. 在这次小组活动中继续观察小组成员的表现

E. 对组员职业生涯规划意识进行前后测的数据对比分析

15. 社会工作者小唐协助某造纸企业设计了推进企业履行社会责任的实施方案。下列内容中，属于企业履行的社会责任有（　　）。

A. 注重环境保护，加大环保投入

B. 注重成本控制，提高生产效率

C. 注重合法用工，保障职工权益

D. 注重创造利润，保障经营收益

E. 注重社会公益，参与慈善活动

16. 社会工作者小张被派驻到某企业提供社会工作服务，在与企业领导协商后，将维护职工合法权益作为首要任务。小张的下列做法中，有助于完成上述任务的有（　　）。

A. 推动企业建立公平和谐的企业文化

B. 协助遭遇工伤的职工做好社区康复工作

C. 协助职工制订符合实际的职业生涯规划

D. 对工作压力较大的职工及时进行情绪疏导

E. 妥善处理职工与管理者之间发生的矛盾冲突

参考答案

一、单项选择题

1. C　考点：职工职业生涯规划
2. B　考点：企业社会工作者的角色
3. D　考点：企业中小组的类型
4. B　考点：企业中小组的类型
5. C　考点：个案工作在企业社会工作中的运用
6. B　考点：企业中小组的类型
7. C　考点：企业社会工作者的角色
8. D　考点：小组工作在企业社会工作中的运用—小组工作过程
9. B　考点：企业社会工作服务内容
10. C　考点：企业社会责任的核心
11. B　考点：企业社会工作中的个案工作分类
12. C　考点：小组工作在企业社会工作中的运用—小组工作过程

二、多项选择题

13. BCDE　考点：企业社会工作服务内容

14. ABDE 考点：小组工作在企业社会工作中的运用
15. ACE 考点：企业履行社会责任
16. AE 考点：企业社会工作的常用技术—劳资协调的技术

第一节 企业社会工作概述

考纲	重要考点	星级标记
企业社会工作的概念	企业社会工作的提供者是“专业社会工作者”	★★★
	核心工作对象是“企业职工”	★
	工作的场域是“企业内外”	★
	工作内容是与职工的工作岗位适应、劳动环境协调、职业福利保障、职业生涯发展以及劳动关系协调等有关的服务工作与管理工作	★★★
	工作目标是通过促进职工发展和福利目标的实现，保障职工利益、提升劳动效率、促进企业和职工共同发展	★★★
企业社会工作的特点	争取职工的职业福利是企业社会工作的核心内容	★★★
	协助监督企业落实涉及职工权益的法律、法规，维护职工福利权益	★★★
	因地制宜开展和设计有特色的服务项目是企业社会工作的主要任务	★★★
	兼顾公共性、公益性与多方共赢的统一是企业社会工作的主要策略	★★★
企业社会工作的功能	提供物质帮助，协助困难职工摆脱困境；为企业职工提供心理疏导和支持；协调内外关系，增强企业组织的凝聚力；维护职工合法权益，促进社会公平正义；预防问题发生，保障社会和谐均衡稳定；促进能力发展，实现社会的持续创新	★★★
目前我国对企业社会工作的需求	职工人数不断增加，企业社会工作的服务对象增多；强资本弱劳动，维护社会公平和公正任务艰巨；职业的压力越来越大，呼唤发展为职工服务的企业社会工作；下岗、失业者群体不断出现，需要大量帮贫解困的工作；“90后”“00后”新型劳动者群体，需要更加多元化的服务	★

习题精练

一、单项选择题

1. 可以提供劳动关系协调服务的社会工作属于（　　）。

A. 社区工作　　B. 社会工作行政　　C. 企业社会工作　　D. 医务社会工作

2. 企业社会工作的核心内容是（　　）。

A. 争取职工的职业福利

B. 协助监督企业落实涉及职工权益的法律法规

C. 因地制宜开展和设计有特色的服务项目

D. 兼顾公共性、公益性与多方共赢

3. 下列关于企业社会工作的理解错误的是（　　）。

A. 企业社会工作的提供者是“专业社会工作者”

B. 企业社会工作的核心工作对象是企业职工

C. 企业社会工作的工作场域是企业内

D. 企业社会工作的工作目标是通过促进职工发展和福利目标实现，保障职工利益、提升劳动效率、促进企业和职工共同发展

4. 企业社会工作的策略是（　　）。

A. 争取职工的职业福利

B. 协助监督企业落实涉及职工权益的法律法规

C. 因地制宜开展和设计有特色的服务项目

D. 兼顾公共性、公益性与多方共赢

5. 企业福利的来源由具体、明确的国家法律和政府部门政策文件规定，下列选项中不属于企业福利来源的是（　　）。

A. 各项社会保险　　B. 各项职工现金补助

C. 基本工资待遇　　D. 培训与教育经费

6. 下列选项中关于我国对企业社会工作的需求表述错误的是（　　）。

A. 职工人数不断增加，需要企业社会工作服务的对象增多

B. 弱资本强劳动，维护社会公平公正艰难

C. 职业压力大，需要为职工服务的社会工作

D. 下岗、失业者群体不断出现，需要大量的帮贫解困的工作

7. 小林是新进职工，进入企业后由于对工作环境不熟悉，工作进度有些赶不上，这让小林非常苦恼，压力也比较大。社会工作者了解后，帮助小林分析了自己的问题，帮助小林熟悉公司业务，并鼓励他对自己有信心，小林得到了很大的鼓舞。这说明企业社会工作具有（　　）功能。

A. 协助困难职工摆脱困境

B. 为职工提供心理疏导和支持

C. 协调内外关系，增强企业组织的凝聚力

D. 预防问题发生，提高职工工作效率

二、多项选择题

8. 下列选项中属于企业未能够有效履行社会责任的是（　　）。

A. 裁减工人　　B. 不尽社区义务　　C. 搞不正当竞争

D. 违章经营作业　　E. 制假售假

9. 企业社会工作的功能是社会工作的一般功能在企业这一具体领域的展开，它包括（　　）。

A. 提供物质帮助，协助困难职工摆脱困境
B. 为企业职工提供心理疏导和支持
C. 协调内外关系，增强企业组织的凝聚力
D. 维护职工合法权益
E. 因地制宜开展和设计有特色的服务项目

参考答案

一、单项选择题

1. C　　考点：企业社会工作的概念
2. A　　考点：企业社会工作的核心内容
3. C　　考点：企业社会工作的特点
4. D　　考点：企业社会工作的特点
5. C　　考点：企业社会工作的特点
6. B　　考点：我国对企业社会工作的需求
7. B　　考点：企业社会工作的功能

二、多项选择题

8. BCDE　　考点：企业履行社会责任
9. ABCD　　考点：企业社会工作的功能

第二节　企业社会工作的主要内容

考纲	重要考点	星级标记
企业社会工作对象	职工个体及职工家属；职工群体；企业整体或企业内的管理部门；一个行业或一个社区；整体社会	★
企业社会工作服务的提供者	企业社会工作者的类型：企业内的社会工作者；社会组织中的企业社会工作者；政府部门的企业社会工作者；工会等人民团体的企业社会工作者；党群服务中心、社区服务中心和社会工作站中的企业社会工作者	★★
	企业社会工作者的角色：咨询辅导者、促进者、联结者、调解者、教育者、协调者、倡导者	★★★
企业社会工作服务内容	职工福利服务；职工职业生涯规划；职工情绪管理；职工素质提升；职业安全与健康；职工休闲生活与服务；职工工作与家庭生活平衡的服务；企业劳动关系协调；企业文化和职工文化建设；特殊群体关怀；企业履行社会责任	★★★

习题精练

一、单项选择题

1. 某快递公司购买了社会工作专业服务，为其员工及家属提供婚姻辅导、少儿托管等服务，解决快递员的实际困难，解除他们的后顾之忧，上述服务属于企业社会工作服务内容中的（　　）。（2023）

A. 职工工作与家庭生活平衡服务　　B. 针对特殊群体的关怀服务

C. 职工情绪管理和素质提升服务　　D. 企业文化和职工文化建设

2. 某煤矿企业社会工作部积极履行社会责任，争当行业典范。社会工作部开展的下列工作中，体现企业社会责任的是（　　）。（2022）

A. 对患硅肺病的职工及家属提供救助

B. 协助该企业职工进行职业生涯规划

C. 举办青年技能大赛，评选技术能手

D. 加强企业文化建设，提高职工凝聚力

3. 某快递公司员工小刘在送快递路途中送货车辆侧翻导致右腿粉碎性骨折，手术半年后仍不能正常上班，需要继续治疗，正常生活受到影响，小刘要求企业追加医疗费用遭到拒绝，遂向社会工作者小张求助。针对小刘的上述情况，小张在为小刘制订服务计划时，需设定的工作目标是（　　）。（2021）

A. 协调劳资双方的冲突　　B. 增强小刘的身体素质

C. 平衡小刘工作和生活　　D. 为小刘购买康复辅具

4. 社会工作者小英了解到，某企业部分员工对如何与青春期的子女沟通感到束手无策。为此，小英设计了以学习亲子沟通知识为主要内容的培训课程，回应员工的需要。在此培训中，小英担任的角色是（　　）。（2019）

A. 促进者　　B. 联络者　　C. 教育者　　D. 倡导者

5. 某工业园区发展多年后，大批员工子女陆续到了入园入学的年龄，但因工业园区周边教育资源不足、户籍管理制度限制等问题，员工子女入园就学难。社会工作者小方经充分调研，向区政协提交“关于解决工业园区员工子女入园就学难问题的建议”提案，建议地方政府、工业园区管委会及相关企业等多方部门共同解决该问题。小方的上述做法，旨在（　　）。（2019）

A. 保障职工工作与生活平衡　　B. 开展特殊群体关怀

C. 加强企业与职工文化建设　　D. 促进企业提高经济效益

6. 某企业进行安全事故处理，调查发现，其原因是员工在工作过程中违反了安全制度且有侥幸心理，不按工作规程采取安全措施。为解决此类问题，社会工作者运用社会工作理念，联合有关部门为员工开展的服务是（　　）。

A. 情绪管理　　B. 权益维护

C. 职业安全教育　　D. 职业生涯规划

7. 如果职工不清楚、不了解所在岗位是否会经常接触职业危害因素、是否会患职业病、作业场所应有哪些安全防护措施、应有什么操作程序规定，或受到职业伤害后如何应对、如何保护自身的正当权益等问题，那么此时企业社会工作者应该扮演(　　)的角色。

A. 促进者　　B. 咨询辅导者　　C. 联结者　　D. 教育者

8. 企业社会工作者有时会扮演联结者的角色，下列选项中能够体现这种角色功能的是（　　）。

A. 帮助职工明确其所工作的环境和条件，厘清其需求

B. 促进职工对职业和生活问题解决能力的提升

C. 寻求多方资源解决职工问题

D. 就职工在职业活动过程中遭遇的危机和冲突与主管部门进行沟通

9. (　　)指工资以外的各种福利，是职工基于企业组织一员的身份而得到的奖励。

A. 职工福利　　B. 职工奖励　　C. 企业福利　　D. 企业奖励

10. 企业健康持续发展的基础是（　　）。

A. 职业安全与健康　　B. 劳动关系协调

C. 职工素质提升　　D. 职工工作与生活平衡

11. 企业社会工作的服务对象主要是（　　）。

A. 职工　　B. 职工家属　　C. 职工以及职工家属　　D. 企业

12. 下列不属于企业社会工作服务的提供者的是（　　）。

A. 企业内的社会工作者　　B. 社会组织中的企业社会工作者

C. 企业中的工会部门　　D. 社区服务中心的企业社会工作者

二、多项选择题

13. 在企业“去产能”过程中会有部分职工受其影响而下岗失业。针对这一情况，社会工作者应开展的工作有（　　）。

A. 不良情绪疏导　　B. 组织专家为职工提供相关技术培训

C. 协助协调劳动关系　　D. 关爱企业职工中的困难群体

E. 开展劳动竞赛

14. 企业社会工作者有哪几种类型？(　　)

A. 企业外的社会工作者

B. 企业内的社会工作者

C. 社会组织中的企业社会工作者

D. 政府部门内的企业社会工作者

E. 工会等人民团体内的企业社会工作者

15. 根据生态系统理论，企业社会工作是在一个由(　　)等形成的生态系统中开展的服务活动。

A. 专业机构　　B. 职工　　C. 企业　　D. 政府　　E. 社会

参考答案

一、单项选择题

1. A　　考点：企业社会工作服务内容

2. A　　考点：企业履行社会责任
3. A　　考点：职业安全与健康
4. C　　考点：企业社会工作者的角色
5. A　　考点：职工工作与家庭生活平衡的服务
6. C　　考点：职业安全与健康
7. B　　考点：企业社会工作者的角色
8. C　　考点：企业社会工作者的角色
9. A　　考点：职工福利服务
10. C　　考点：职工素质提升
11. C　　考点：企业社会工作的服务对象
12. C　　考点：企业社会工作服务的提供者

二、多项选择题

13. ACD　考点：企业社会工作服务内容
14. BCDE　考点：企业社会工作者的类型
15. BCE　考点：企业社会工作者的角色

第三节　企业社会工作的主要方法

考纲	重要考点	星级标记
个案工作在企业社会工作中的运用	企业社会工作中的个案工作分类；个案来源	★★
小组工作在企业社会工作中的运用	企业社会工作中小组工作对象和内容；小组的类型；小组工作过程；评估	★★★
社区工作方法在企业社会工作中的运用	企业社区工作概念；社区工作方法在企业社会工作中的应用	★
企业社会工作的常用技术	职工协助方案的技术；职业生涯规划的技术；职业社会康复的技术；劳资协调的技术	★★★

习题精练

一、单项选择题

1. 社会工作者小王走访租住在本社区的“外卖骑手”家庭时发现，庄先生常带孩子送外卖，在最近一次送单时由于行驶速度过快，撞上了路边的汽车，自己和孩子都受伤了，还要赔偿车主一大笔维修费，庄先生很郁闷。小王疏解了庄先生的情绪，又为庄先生的孩子联系了就近的幼儿园。小王采用的社会工作方法是（　　）。(2023)

A. 个案工作　　B. 小组工作　　C. 社区工作　　D. 督导工作

2. 企业社会工作者小林在调研中发现，企业的新老员工之间存在关系疏离问题。小林在分析了关系疏离的成因后，拟在员工中开展“我们在一起”支持小组。在确定了小组目标后，小林接下来应该做的是（　　）。(2023)

A. 细化服务目标　　B. 制订小组计划书

C. 完成需求评估　　D. 多渠道招募组员

3. 社会工作者小刘在某工业园区开展企业社会工作服务时了解到，有的工厂没有向员工提供足够的安全防护用品；有的员工受伤后才意识到工作岗位存在安全隐患；有的员工心存侥幸，对职业安全缺乏足够重视。针对上述情况，小刘计划开办职业安全与健康教育小组，帮助员工学习相关知识，提升自我保护意识和能力。小刘开展该小组工作的正确流程是（　　）。(2021)

A. 需求评估—招募组员—确定目标—制订小组计划书

B. 招募组员—需求评估—确定目标—制订小组计划书

C. 需求评估—确定目标—招募组员—制订小组计划书

D. 制订小组计划书—确定目标—招募组员—需求评估

4. 社会工作者小刘在某企业调研时发现，部分青年员工工作积极性不高，对学习新技术缺乏热情和主动性。小刘联合该企业人力资源部门和工会开展了一系列活动，包括邀请本行业获得“大国工匠”称号的劳模讲述岗位成才的故事，开展青年岗位大练兵等活动。小刘开展的上述活动是为了（　　）。(2020)

A. 改善员工工作环境　　B. 提升员工劳动素质

C. 建立员工支持网络　　D. 改变员工认知偏差

5. 企业社会工作者小张发现，有一些员工工作几年后工作热情下降，纪律涣散，不能安心工作，且有跳槽念头。针对这种情况，小张最应开展的小组工作类型是（　　）。

A. 娱乐小组　　B. 支持小组　　C. 成长小组　　D. 治疗小组

6. 小强在箱包厂做事，刚进车间，他就觉得气味很重，但时间长了也就习惯了。半年后，他感觉自己身体越来越虚弱，面部和手脚浮肿，他以为是工作太累的缘故，继续坚持着车间作业，直到一个月后的一天，突然晕倒，被人送进医院，医疗费花了 8000 多元。小强出院后一直在家待着，身体依旧浮肿，无法干重活，情绪很差。小强的朋友向社会工作者介绍了小强的情况，希望能使小强得到帮助。根据企业社会工作的服务对象来源划分，小强属于（　　）。

A. 厂医转介的职工　　B. 职工家属或亲友介绍的职工

C. 自己主动寻求帮助的职工　　D. 社会工作者主动发现的职工

7. 下列关于企业社会工作的表述，错误的是（　　）。

A. 企业是有清晰的地理范围和职工文化的社会共同体

B. 企业是特殊的社区

C. 企业社区的组织工作由企业社会工作者负责

D. 企业社区的服务对象是社区居民

8. (　　)的主要目标是帮助成员学习新的知识与技巧，补充相关知识的不足，促使成员改变原来对自身问题的不正确看法及解决方式，从而实现小组成员的发展目标。

A. 发展小组　B. 成长小组　C. 教育小组　D. 治疗小组

9. 下列关于企业社区工作表述，不正确的是（　　）。

A. 起点是将企业作为一个社区来看待

B. 以整个社区及社区中的居民为服务对象

C. 主要提供有利于企业发展的服务

D. 企业比普通社区有更多管理上的特殊要求

10. 曙光工业园区坐落于东海市东南隅，占地 1000 余亩，工业园内以中小企业为主，大大小小 50 余家企业，共计职工 8000 余人。工业园内设有一个社会工作服务中心，共有 6 名常驻社会工作者，为工业园的企业职工提供服务。社会工作者致力于为工业园内的企业与职工提供服务，促进园区的长期和谐发展，赢得了曙光工业园区内企业与职工的信赖。案例中社会工作者使用（　　）工作方法更有利于工业园区的发展。

A. 个案　B. 小组　C. 社区　D. 行政

二、多项选择题

11. 有几位职工在企业的一次安全生产事故中受伤，三年来一直在治疗和康复。为协助受伤职工重返社区生活，恢复社会功能，企业社会工作者小张开展了一系列职业社会康复活动。小张在开展服务时，可运用的职业社会康复具体技巧有（　　）。(2023)

A. 职业协调技巧　B. 职业评估技巧

C. 职业培训技巧　D. 危机干预技巧

E. 职业规划技巧

12. 企业社会工作者小付发现，实行全面两孩政策以来，企业怀孕女工的数量明显增加，其中部分女工出现了焦虑的情绪，担心生育会影响职业生涯发展。小付计划为她们提供服务，适宜的做法有（　　）。(2019)

A. 开办压力舒缓工作坊　B. 提供孕期知识辅导

C. 倡导企业设置孕妇休息室　D. 开设孕妇自助小组

E. 陪伴孕妇去医院做产前检查

13. 下列属于法律援助和权益保护问题的是（　　）。

A. 工伤事故赔付　B. 劳动保护与保险问题

C. 工资拖欠与克扣　D. 新人职业培训

E. 工伤事故危机干预

参考答案

一、单项选择题

1. A　考点：个案工作在企业社会工作中的运用

2. D　考点：小组工作在企业社会工作中的运用—小组工作过程

3. C　考点：小组工作在企业社会工作中的运用—小组工作过程

4. B　　考点：企业社会工作的常用技术
5. B　　考点：企业中小组的类型
6. B　　考点：企业社会工作个案来源
7. C　　考点：社区工作方法在企业社会工作中的运用
8. C　　考点：企业中小组的类型
9. C　　考点：社区工作方法在企业社会工作中的运用
10. C　　考点：社区工作方法在企业社会工作中的运用

二、多项选择题

11. BC　　考点：职业社会康复的技术
12. ACD　　考点：职工协助方案的技术
13. ABC　　考点：法律援助和权益保护问题

全真模拟试题（一）

一、单项选择题（共60题，每题1分。每题的备选项中，只有1个最符合题意）

1. 丁大爷的独子在交通事故中丧生，儿媳受重伤，老伴得知噩耗后突发心脏病入院，丁大爷一个人既要跑医院，又要带孙子，分身乏术，心力交瘁。社会工作者小齐了解情况后，协助丁大爷联络家政服务，与医院沟通安排护工等。小齐的上述做法，是为丁大爷家庭提供（　　）。（2022）

A. 救助性服务　　B. 支持性服务

C. 权益保障服务　　D. 丧亲辅导服务

2. 社会工作者小张在走访本村留守儿童时发现，留守儿童的辍学、营养不良等问题有了很大改善，但在学业辅导方面仍然有比较突出的需求。上述发现说明该村留守儿童目前面临的主要是（　　）的问题。（2023）

A. 儿童生存　　B. 儿童发展　　C. 儿童保护　　D. 儿童参与

3. 某社会工作服务机构开展了国际助残日宣传活动，在许多公司宣讲了残疾人按比例就业政策。上述活动是为了保障残疾人的（　　）权利。（2023）

A. 环境友好权　　B. 劳动权　　C. 社会福利权　　D. 康复权

4. 小明的父母长期在外务工，经常和小明视频通话。最近，夫妻俩发现小明对视频通话比较抗拒，不愿意和他们说话，他们很无奈，遂向社会工作者小何求助。针对上述情况，小何应为小明父母提供的服务是（　　）。（2023）

A. 亲职辅导　　B. 婚姻辅导　　C. 科学喂养　　D. 儿童寄养

5. 社会工作者老李在学校个案工作室接待了由老师转介过来的小明，与其进行初步的接案面谈。老李的下列工作中属于收集环境资料的是（　　）。（2022）

A. 了解小明的行为方式　　B. 了解小明的成长背景

C. 测试小明的认知能力　　D. 了解小明的兴趣爱好

6. “益路同行”是一个以体验学习和服务学习为基础的儿童社会工作项目，拟采用成长小组和社区任务完成等方式，培养儿童的社会责任感。下列做法中，符合这一服务目标的是（　　）。（2023）

A. 组织社区的亲子运动会　　B. 组织儿童参与社区志愿服务

C. 开办网瘾儿童治疗小组　　D. 开办人际交往技能教育小组

7. 芳华社区的6位残疾人希望通过自主创业打破人们的成见，实现自身价值，社会工作者大李了解到这个情况后，对他们的身体状况进行评估，邀请烘焙师向他们传授面包烘烤的技术，并协助他们办理了营业执照。经过近一年的筹备，“芳华面包坊”正式开业。大李的上述工作属于残疾人康复服务中的（　　）。（2021）

A. 教育康复　　B. 职业康复　　C. 社区康复　　D. 社会康复

8. 赵奶奶因家庭无力照顾，儿子将她送至养老院，赵奶奶不希望搬到养老院居住，但又不敢和儿子说。社会工作者了解赵奶奶的想法后，协助赵奶奶和她儿子表达自己的想法，决定自己的住处。根据上述社会工作者提供的服务，满足了老年人的（　　）。（2023）

A. 知情权　　B. 自决权　　C. 居住权　　D. 隐私权

9. 社会工作者小李在为服刑人员开展小组工作中发现，组员小盛对别人常常抱有敌意，看问题较偏激，经常发生人际冲突。小李为此与小盛一起分析他的思想和行为状况，使其对自我有更准确的认识。小李所提供的服务是（　　）。（2023）

A. 心理情绪辅导　　B. 预防交叉感染

C. 职业技能训练　　D. 生活习惯矫正

10. 老张因保外就医成为社区矫正对象。社会工作者去老张家进行家访时，通知他本周三到社区矫正中心参加法制讲座。上述情况中，老张属于（　　）的服务对象。（2019）

A. 主动求助　　B. 机构转介　　C. 外展发现　　D. 非自愿型

11. 社会工作者小王接待了由邻居陪同前来求助的李奶奶。李奶奶说自己的子女都在外地工作，老伴前几天因脑梗住院治疗，她每天都要去医院送饭，昨天在回家途中扭伤脚踝，行走困难。经过沟通，小王与李奶奶确定了需要小王协助解决的具体困难。小王所做的是社会工作通用过程中（　　）阶段的工作。

A. 接案　　B. 签订协议　　C. 预估　　D. 制订方案

12. “类家庭”是儿童福利机构采用的儿童照顾模式之一，这一照顾模式的核心目标是（　　）。

A. 培养儿童人际互动技能　　B. 为儿童创造一种家庭生活环境

C. 培养儿童做家务的技能　　D. 为机构工作人员减轻照料压力

13. 五年级男孩丁丁的父亲两年前病逝，母亲无法承受打击，一直情绪低落，无心照顾丁丁。丁丁性格内向，学习能力较弱，还经常不去上学。社会工作者接案后，对丁丁进行需求评估，下列属于丁丁发展性需要的是（　　）。（2020）

A. 得到经济方面的帮助　　B. 获得基本的生活照料

C. 与同伴相互交流沟通　　D. 获得良好的家庭生活

14. 社会工作者根据“生涯选择配合论”为青少年开展生涯规划小组工作，其中一节的工作目标是帮助他们了解自己的兴趣，更好地认识外在工作世界与个人内在世界的关系。与该节小组工作目标相匹配的小组活动应聚焦在帮助他们了解（　　）。（2019）

A. 职业所需能力　　B. 各种职业的报酬率

C. 职业所需特质　　D. 职业的分类和内容

15. 以下几个选项中关于亲职辅导的描述正确的是（　　）。

A. 亲职辅导的目的是宣传和倡导

B. 亲职辅导的目的是解决亲职过程中出现的问题

C. 亲职辅导对象是全体社会成员，尤其是儿童的父母和家人

D. 亲职辅导就是要为所有儿童家长传播科学育儿的理念

16. 小彬从小十分受宠，不受管束，父母总是顺着他。在一次考试中，小彬从班里的前几名跌落到后几名，回家后被父母狠狠责骂，小彬的自尊心受到很大打击，开始接触网

络游戏，一发不可收拾。针对小彬的情况，社会工作者决定从家庭成员间的互动关系入手开展服务活动。下列做法中，正确的是（　　）。

A. 要求小彬父母辅导小彬的课业，提高小彬的学习信心

B. 帮助小彬父母反思他们管教孩子的方式

C. 与小彬父母一起矫正小彬的行为，帮助小彬摆脱网瘾

D. 调整父母与小彬之间的沟通方式，让父母了解小彬的需要

17. 在老年人的认知和情绪问题中，突发性意识障碍常表现为（　　）。

A. 痴呆　　B. 谵妄　　C. 抑郁　　D. 焦虑

18. 社会工作者小王在社区走访时了解到，某小区曾经发生了几起老人意外跌倒的事件。为预防此类事件再次发生，小王联络物业公司对全小区的道路、活动场所、公共厕所等进行了“适老化”改造，并且组建了志愿者队伍在小区内进行巡查。上述措施满足了老年人（　　）的需要。(2019)

A. 健康维护　　B. 居家安全　　C. 社会参与　　D. 就业休闲

19. 张大妈的老伴去世多年，她与儿子儿媳一起生活，家里大小事都是张大妈张罗，不久前张大妈突发脑出血，半身不遂，出院后生活需要照顾，还要定期去做康复训练，张大妈的姐姐每天来家里照顾她，邻居也主动提出定期用车送她去做康复训练，张大妈不愿意给亲朋邻里添麻烦，但又无力改变现状，感觉很沮丧。为了提升张大妈的自我效能感，社会工作者适宜的做法是（　　）。(2022)

A. 与张大妈的儿子儿媳商讨需要哪些具体服务

B. 与张大妈的姐姐商量并逐项确定服务的内容

C. 与张大妈商量服务内容并逐项确定具体细节

D. 与张大妈邻居商量送其去做康复训练的时间

20. 某妇女发展中心为帮助山区妇女摆脱困境，协助她们成立了合作社，一起销售农副产品，并为她们提供电子商务培训。上述工作（　　）。

A. 满足了妇女的实用性社会性别需求

B. 满足了妇女的战略性社会性别需求

C. 既没满足妇女的实用性社会性别需求，也没满足妇女的战略性社会性别需求

D. 既满足了妇女的实用性社会性别需求，也满足了妇女的战略性社会性别需求

21. 某社会工作服务机构在杨村开展关爱留守妇女项目，该机构的社会工作者小江针对部分留守妇女存在的精神孤寂、家庭教育知识缺乏、家务劳动繁重等问题，开展了“姐妹牵手”支持小组工作。小江下列做法中，体现了社会性别视角的是（　　）。(2019)

A. 为姐妹们提供心理咨询服务

B. 为姐妹们选择开办小组的地点

C. 由姐妹们确定开办小组的时间

D. 邀请专家为姐妹们讲授家庭教育知识

22. 社会工作者相信可以运用专业的方法和技巧帮助矫正对象改变其与社会生活不相适应的思想观念、生活态度、行为方式等，从而达到恢复其社会功能、回归社会的目标。这主要体现了矫正社会工作的（　　）。

A. 接纳　　B. 可塑性　　C. 个别化　　D. 尊重

23. 司法社会工作者小蒋接受委托，为未成年的社区服刑人员小芳开展服务。小芳向

小蒋说自己已经怀孕，并打算找一个私人诊所去做人工流产，叮嘱小蒋不要告诉父母和老师。接下来小蒋在服务过程中，首先要妥善处理好（　　）。(2020)

A. 为小芳保密和维护社会安全的关系

B. 为小芳保密和维护学校纪律的关系

C. 为小芳保密和维护其人身安全的关系

D. 为小芳保密和维护其家庭稳定的关系

24. 小赵是负责社区残疾人事务的社会工作者，经过需求评估后发现，社区的一些残疾人在家庭日常生活、出行等方面存在诸多不便，缺乏帮助和照顾。小赵拟从中观层面介入，适当的做法是（　　）。

A. 推动城乡基本医疗公共服务均衡发展

B. 完善残疾人社会保障体系

C. 提升残疾人适应社会环境的能力

D. 发展残疾人社区支持系统

25. 大李因盗窃罪被判处拘役 5 个月，缓期 5 个月执行。大李对判决不服，认为自己犯罪是受人教唆，一时好奇，冲动而为，不应承担全部责任。针对大李的这些想法，社会工作者在帮助大李时，主要工作任务应是对其进行（　　）。(2019)

A. 监管　　B. 矫正　　C. 帮困　　D. 执法

26. 社会工作者组织社区服刑人员成立了法律知识宣讲团，定期在社区内开展法律及禁毒知识宣传。社会工作者采用这种工作策略的目的是（　　）。

A. 让社区服刑人员参与维护社区治安

B. 为社区服刑人员提供就业技能培训

C. 对社区服刑人员加强监督，严格管理

D. 让社区服刑人员服务社区，进行自我教育

27. 识别服务对象对问题的实际感受，属于(　　)阶段的任务。

A. 接案　　B. 计划　　C. 预估　　D. 评估

28. 从“人与环境”互动的视角出发，将社会工作介入焦点放在增强个人的生活适应能力及增加社会和物理环境对个人需要的回应，属于社会工作介入中的（　　）。

A. 直接介入　　B. 间接介入　　C. 长期介入　　D. 综合介入

29. 养老机构的工作人员向社会工作者反映，李奶奶最近闷闷不乐，社会工作者与李奶奶进行初次会谈。根据老人的特点，社会工作者在这一阶段首先要做的是（　　）。

A. 与李奶奶进行良好的沟通　　B. 对李奶奶的问题进行预估

C. 与李奶奶讨论介入策略　　D. 确定李奶奶问题的根本原因

30. 与服务对象初次接触后，社会工作者小李来到其居住的社区，向居委会了解其家庭和经济状况，并拟定了一份初次面谈提纲。小李的做法属于(　　)。

A. 接案准备　　B. 接案面谈　　C. 面谈安排　　D. 问题界定

31. 社会工作者在与前来求助的军休干部进行沟通时，运用“合作的语言”技巧与服务对象交流。下列社会工作者的表述中，运用了该技巧的是（　　）。(2020)

A. “我能帮你做什么呢?”　　B. “你为什么来找我啊?”

C. “你想做什么改变呢?”　　D. “别担心，我会帮你的。”

32. 某部队医院妇产科护士长许女士退役后自主择业，创办了月子中心。创业期间，

许女士面临亲朋好友不理解、找不到场地、资金短缺、缺乏市场运营经验等困难。街道退役军人服务站的社会工作者老范帮助许女士申请到就业创业扶助资金，协助寻找相关服务场地，邀请同行介绍市场运营经验，提供政府的相关培训信息。老范的上述服务内容属于军转复退军人安置社会工作服务中的（　　）。(2022)

A. 搭建再就业信息咨询平台　　B. 协助服务对象适应新生活

C. 维护服务对象的合法权益　　D. 协调政府与社会力量参与

33. 在参与某地灾后重建时，社会工作者小张发现，一些受灾群众对政府有等靠要的依赖倾向。为促进受灾群众自救自助，小张应该做的是（　　）。(2023)

A. 为受灾群众提供临时住所　　B. 为受灾群众提供资金物资帮助

C. 对受灾群众开展危机干预　　D. 动员受灾群众寻找和利用资源

34. 某社会工作服务机构承接了政府购买的生活困难家庭救助服务，对生活困难家庭进行评估。关于评估的说法，错误的是（　　）。(2019)

A. 评估只需在救助服务的初期开展

B. 需要在服务过程中动态推进评估

C. 评估是对生活困难家庭开展救助的基础

D. 需要邀请生活困难家庭的成员参与评估

35. 32 岁的丽英有一个 5 岁的女儿，平时性格温和的丈夫近期脾气暴躁，因夫妻拌嘴而动手打了丽英，丽英来找社会工作者寻求帮助。社会工作者经过评估发现，丽英丈夫近期工作压力很大，情绪不太稳定。据此，社会工作者适宜的做法是（　　）。

A. 在带丽英去医院验伤的同时，将身处风险的女儿带离家庭

B. 给丽英做心理治疗，并让其接受人格测试

C. 立即报警，安排丽英和女儿住进家庭暴力庇护所

D. 为丽英丈夫提供心理辅导，帮助其学习控制情绪

36. 赵女士经常当着外人的面指责儿子小辉，不是说他学习不用功，辜负了妈妈的期望，就是抱怨他不听话，总是与妈妈对着干。赵女士的抱怨没有让小辉有任何改变，反而让小辉对妈妈产生了抵触情绪。社会工作者依据家庭成员增能的原则，尝试缓解母子间的紧张关系。社会工作者对赵女士的下列提问中，符合家庭成员增能原则的是（　　）。(2019)

A. “您认为孩子为什么会这样?”

B. “孩子哪些表现让您不满意?”

C. “您能谈一下孩子让您感到满意的地方吗?”

D. “您认为自己对待孩子的方式与孩子的表现有什么关系?”

37. 李先生和陈女士结婚多年，经常一言不合就大打出手，为此陈女士对丈夫心灰意冷，将全部的爱都给了儿子。儿子与母亲关系很好，对父亲却越来越有敌意。为改善家庭关系，李先生向社会工作者老杨求助。老杨计划以改善夫妻关系为切入点，为李先生家庭提供服务。下列做法中，适宜的是（　　）。(2023)

A. 帮助李先生和陈女士提升心理健康意识

B. 帮助李先生和陈女士学习家庭照顾技巧

C. 帮助李先生和陈女士改变相互沟通的方式

D. 帮助儿子重新认识自己和父母之间的关系

38. 正在读初一的小哲非常想学漫画，但父母觉得画画没有前途，未与小哲商量就为

他报了编程学习辅导班。为此，小哲与父母发生矛盾，其父母向社会工作者小刘求助。根据家庭生命周期理论中各阶段的任务和要求，小刘应该采取的介入行动是引导父母（　　）。(2023)

A. 对学校保持更大的开放性　　B. 适应小哲的自主性发展要求
C. 为小哲的独立生活做准备　　D. 学习把小哲作为成年人对待

39. 初二学生小丽，放学后在操场遇到英语老师，她对老师微笑，老师却没有理会她。小丽觉得老师一定是不喜欢自己，找学校社会工作者小秦诉说自己的苦恼。小秦引导小丽辨识出“老师不理会即等于不喜欢我”的这种非理性想法，从提升自我效能感，增加自信的角度，让小丽认识到上述想法属于（　　）。

A. 非黑即白　　B. 灰色情境　　C. 以偏概全　　D. 透视心意

40. 为预防校园欺凌问题的发生，社会工作者小肖在他服务的学校开展了一系列工作，如为学生开设互动体验课程，内化“友爱互助”的理念，为学校管理者和教师提供体验式培训，促进建立管理机制，与家长讨论制定关爱家庭标准，指导家长进行关爱家庭建设。小肖的上述服务是社区工作方法在学校社会工作中预防校园欺凌的（　　）介入。(2021)

A. 初级　　B. 二级　　C. 三级　　D. 四级

41. 初二学生小伟总是欺负女同学，大家都认为他是个“坏孩子”。学校社会工作者小芳对小伟进行了个案辅导，并在其课堂开设了以青春期教育为主题的社会工作课堂，最后，小芳与班主任进行沟通，期望大家客观评价和对待小伟。在最后一次“良好行为”评选中，小伟获得进步奖，小芳帮助小伟的上述工作策略是（　　）。(2022)

A. 去性别化　　B. 去标签化　　C. 去问题化　　D. 去个别化

42. 初三（5）班班主任向社会工作者小秦反映，中考临近，部分同学因信心不足、不会合理安排学习时间导致学习效率下降。为提升同学们的自信心，小秦以自我效能理论为基础策划了小组工作方案。小秦策划的下列小组活动中，能够提升学生自我效能感的是（　　）。(2019)

A. 分享各自的成功经验　　B. 培养亲社会的道德思考
C. 学习遵守学生行为规范　　D. 学习承担应尽的社会责任

43. 为落实《中共中央　国务院关于加强基层治理体系和治理能力现代化建设的意见》，某社会工作服务机构在中海社区推动社区居民参与基层社会治理。近期，该机构受社区委托拟对社区进行适老化环境改造，他们邀请专业人士做了详细的改造计划。通过居民议事会、微信群等多种途径和方式征集社区居民对该计划的意见，并根据居民的意见对计划进行了修订。在此过程中，中海社区居民社区参与的层次和形式属于（　　）。(2021)

A. 告知　　B. 共同行动　　C. 咨询　　D. 居民自治

44. 社会工作者小李在街道、社区和驻地单位的支持下，搭建了社区协商议事平台，培育社区社会组织，鼓励居民积极参与文明社区建设志愿服务活动，引导居民形成“社区是我家，建设靠大家”的思想意识。小李以上举措的目的是（　　）。(2023)

A. 协助制订实施社区发展规划　　B. 培育社区归属感和认同感
C. 带领居民参与社区发展规划　　D. 协调和化解社区矛盾纠纷

45. 某社会工作服务机构践行乡村振兴战略，积极投入“美丽乡村建设行动”，在某村开展生态环保项目。该机构在项目设计中，将培育“新乡贤”社区骨干、发展“绿色志愿者”队伍、倡导“保护环境从我做起”等活动作为推进项目的手法，开展社区服务。该机构的做法属于社区资源链接的（　　）方式。（2019）

A. 资源整合　　B. 资源共享　　C. 资源流通　　D. 资源互补

46. 对出现偏差行为的留守儿童提供矫治服务，纠正偏差行为，建立良好学习、生活习惯，属于农村留守儿童服务中的（　　）。

A. 留守儿童成长服务　　B. 留守儿童家庭服务

C. 青少年犯罪预防与行为偏差青少年矫治服务　　D. 留守儿童社区托管服务

47. 近年来，许多地区在农村社区开展了一些养老社会服务，目前（　　）在农村养老中占主要地位。

A. 机构养老服务　　B. 居家养老服务

C. 社区养老服务　　D. 老人合法权益保障服务

48. 为落实《中共中央　国务院关于加强基层治理体系和治理能力现代化建设的意见》，某社会工作服务机构积极推动社区居民参与基层治理，社会工作者小李参与了某社区为整治社区环境进行的违建拆除工作。在社区居民议事会议上，小李向居民介绍了拆除违建工作的计划，并就此项工作征询居民的意见，作为修订计划的重要参考。上述居民参与社区工作的层次和形式属于（　　）。（2020）

A. 告知　　B. 咨询　　C. 协商　　D. 共同行动

49. 医务社会工作者小黄对入院的糖尿病患者进行需求调研。结果发现，70%的患者希望了解如何通过合理饮食控制血糖。根据此需求，小黄计划为院内部分糖尿病患者开展小组服务。小黄设计的下列服务目标中，最恰当的是（　　）。（2023）

A. 改善糖尿病患者与家庭的关系　　B. 提升糖尿病患者的控糖意识

C. 加强糖尿病患者的服药依从性　　D. 调整糖尿病患者的生活方式

50. 在“大健康”的理念下，“院后阶段”是医务社会工作服务过程中的重要工作环节。患者完成“院中”治疗后，进入社区康复阶段时会产生困扰，曾经的创伤性治疗和隔离状态使他们在康复期出现严重的心理阴影乃至抑郁倾向。针对此类患者，医务社会工作者在开展个案管理服务时，首先应该做的是（　　）。（2020）

A. 尽量说服患者接纳康复方案

B. 引导患者选择其他康复方案

C. 疏导患者情绪，提升其对康复方案的依从性

D. 重建患者认知，并与其错误想法进行对质

51. 医务社会工作是以人的尊严和价值为核心的专业助人工作，因此医务社会工作需要特别注重工作中的相关特殊议题。下列（　　）属于医务社会工作者需要隐私保护的范畴。

A. 疾病咨询　　B. 病友关系　　C. 治疗方案　　D. 治疗所用药物

52. 为更好地在社区开展高血压、糖尿病及肾病等慢性病预防工作，社会工作者小金采用问卷调查和入户访谈等方法，了解居民的生活方式及对慢性病预防知识的需求，并在此基础上制订了以倡导社区居民健康生活方式和预防慢性病为目标的社区健康教育方案。上述工作中，小金的主要角色是（　　）。（2019）

A. 研究者　　B. 项目评估者　　C. 咨询者　　D. 项目计划者

53. 陈女士的女儿患有先天性心脏病，为此陈女士辞了工作在家专心照顾女儿，长此以

往，陈女士觉得自己付出得太多，对丈夫和婆婆的意见很大，致使家人之间矛盾不断。社会工作者了解后开始介入，工作重点应该在(　　)。

A. 危机干预　　B. 哀伤辅导

C. 心理社会评估与干预　　D. 病情评估

54. 医患关系是社会关注的一大热点，良好的医患互助能使医患关系得到改善。某医院社会工作部为改善医患关系，举办医护人员和患者共同参与的小组活动，在小组工作过程中，围绕医患沟通技巧训练可安排的内容是（　　）。(2021)

A. 提升患者对疾病的控制能力

B. 请患者在小组中反馈学习感受

C. 帮助组员练习“澄清”“重复”等技能

D. 请医护人员向患者提供有关疾病诊治知识

55. 某煤矿企业社会工作部积极履行社会责任，争当行业典范。社会工作部开展的下列工作中，体现企业社会责任的是（　　）。(2022)

A. 对患硅肺病的职工及家属提供救助

B. 协助该企业职工进行职业生涯规划

C. 举办青年技能大赛，评选技术能手

D. 加强企业文化建设，提高职工凝聚力

56. 正在工作试用期的小李未通过第一次岗前培训测试，按规定他有一次参加补测的机会，如果还不能通过，就会被辞退。小李担心不能通过补测而非常焦虑，并因情绪不好而与同事发生了冲突。社会工作者小刘得知这些情况后，协助小李增强自信，提高情绪管理能力，改善了与同事的关系，最终通过了补测。在服务过程中，小刘承担的主要角色是(　　)。

A. 调解者　　B. 联结者　　C. 促进者　　D. 倡导者

57. 社会工作者小王走访租住在本社区的“外卖骑手”家庭时发现，庄先生常带孩子送外卖，在最近一次送单时由于行驶速度过快，撞上了路边的汽车，自己和孩子都受伤了，还要赔偿车主一大笔维修费，庄先生很郁闷。小王疏解了庄先生的情绪，又为庄先生的孩子联系了就近的幼儿园。小王采用的社会工作方法是（　　）。(2023)

A. 个案工作　　B. 小组工作　　C. 社区工作　　D. 督导工作

58. 企业的个案工作主要是协助职工解决在工作生活中碰到的直接的、实际的问题和困难，下列选项中属于一般信息咨询性问题的是(　　)。

A. 职工在企业里适应不良，向社会工作者咨询寻求帮助

B. 新进职工对企业内各项规章制度缺乏了解，需要帮助

C. 职工家庭关系失调，与社会工作者交流

D. 职工因工作和生活引起的无助问题，需要帮助

59. 某化工企业招聘新员工，许多应聘者不了解应聘岗位存在的职业风险。社会工作者小周为此协调人事部门设计制作了岗位说明书，详细介绍了招聘岗位的操作规范，工作中的相关安全防护措施、职工正当权益维护等内容，并与前来应聘的人员进行了面对面交流。小周在上述工作中扮演了（　　）的角色。

A. 利益协调者　　B. 资源联结者

C. 矛盾调解者　　D. 咨询辅导者

60. 某汽车组装厂技术升级换代，部分工人需要转岗，其中一些青年工人因缺少新技能，担心未来没有合适的岗位，感到焦虑和迷茫。企业社会工作者小袁针对这些青年工人的上述情况开展了小组工作，引导组员了解社会发展趋势，树立大局意识，通过角色扮演等小组体验方式，组员能有效运用周围环境资源，明确自我发展的优势与面临的困难，进行自我规划与决策，顺利实现转岗。小袁开展的小组工作类型是（　　）。(2019)

A. 压力管理小组　　B. 生涯探索小组
C. 情绪舒缓小组　　D. 技能教育小组

二、多项选择题（共20题，每题2分。每题的备选项中，有2个或2个以上符合题意，至少有1个错项。错选，本题不得分；少选，所选的每个选项得0.5分）

61. 王女士来社会工作服务机构求助，社会工作者小何通过初步接触、相关资料阅读以及社区走访，了解了王女士的基本情况，准备拟定初次面谈的提纲。小何列出的提纲内容应包括（　　）。(2023)

A. 介绍机构的服务范围和服务要求　　B. 协助王女士了解双方的角色职责
C. 询问王女士是否有紧急处理事项　　D. 了解王女士对社会工作者的期望
E. 与王女士商讨是否签订服务合约

62. 社会工作者在某社区为老年人提供的服务包括：协助老年人组织舞蹈队、合唱团、棋艺社等兴趣团队，邀请医生、护士等专业人士开设知识讲座，为老年人答疑解惑，宣讲老年人权益保障法律法规，对社会公众进行宣传教育。上述做法体现了老年社会工作服务内容中的（　　）。(2022)

A. 政策倡导　　B. 救助服务　　C. 咨询服务
D. 精神慰藉　　E. 社区参与

63. 老周因交通事故意外致残，无法站立，其妻子辞职回家照顾他，家庭经济遭遇困难。社会工作者小张在家访中发现老周家这一情况后，协助老周申请残疾人轮椅、残疾人“两项补贴”和街道残疾人之家的日间照料服务。老周在残疾人之家参加了很多文娱活动，认识了很多朋友。小张还为其联系了医院进行物理治疗，经过一段时间的照顾和支持，老周的病情有了较大的改善，人也变得开朗起来，老周及其家人都对未来生活有了信心。小张的上述做法维护了残疾人的（　　）。(2021)

A. 文化生活权　　B. 康复权　　C. 环境友好权
D. 劳动权　　E. 社会福利权

64. 某社会工作服务机构与社区儿童绘本图书馆合作，面向社区内的学龄前儿童和家长开展“图书漂流”活动，并在暑期组织“悦读悦成长”社区亲子阅读大赛。这些工作旨在丰富儿童的社会活动、提升儿童自我认知能力和改善亲子关系。该机构的上述工作属于儿童支持服务中的（　　）。(2020)

A. 家庭辅导　　B. 社会化引导　　C. 亲职教育
D. 娱乐和休闲　　E. 儿童问题辅导

65. 王大爷与家人初步确定入住养老院并递交了申请，但他对去养老院还是有顾虑，表现出犹豫、恐惧和担心等情绪，王大爷的儿子遂向养老院社会工作者小唐求助。小唐了解情况后，安抚王大爷的情绪，分析了他是否适合入住养老院，向王大爷一家介绍了养老院的运行情况和入住要求，就入住养老院的利弊进行了讨论，并安排时间请他们到养老院参观。在上述服务过程中，小唐的角色包括（　　）。（2022）

A. 检讨者　　B. 辅导者　　C. 评估者　　D. 支持者　　E. 倡导者

66. 社会工作者小文接待了来自农村的 6 岁脑瘫儿童小明和他的父母。几年来，小明的父母为他的康复四处奔波，债台高筑，却毫无效果，他们对小明的康复及家庭的未来几近绝望。为帮助小明及其家庭，小文适宜的做法有（　　）。（2019）

A. 为小明父母提供心理辅导

B. 将小明暂时安置在儿童福利机构中

C. 与相关部门联系，为小明寻找寄养家庭

D. 与相关部门联系，协助家庭申请经济救助

E. 介绍小明的父母加入脑瘫儿童家长互助小组

67. 小鲁是某部队军官，已服役 10 年，面临转业。他对转业后是做公务员还是自主创业不知如何抉择，咨询社会工作者小黄，小黄为小鲁提供了个案服务，其内容应包括（　　）。（2019）

A. 协助小鲁分析其社会支持网络

B. 协助小鲁办理转业手续

C. 协助小鲁分析自我优势与潜能

D. 协助小鲁做好压力预防

E. 为小鲁选择转业后的具体工作岗位

68. 因不满父亲的管教方式，15 岁的小强与父亲发生争吵后与几位同学一起离家出走。母亲很着急，向社会工作者求助。社会工作者找到小强，询问其离家出走的原因，小强说：“我就是不想回家，看见他我就生气！”社会工作者计划提供服务，以改善小强与父亲的关系。下列活动中，从个人层面介入的青少年社会工作服务包括(　　)。

A. 帮助小强调整非理性情绪　　B. 指导小强改善与父亲的沟通技巧

C. 为小强和同伴开设成长小组　　D. 协助小强父亲改善家庭教育方式

E. 学校加强对小强及同伴的教育

69. 社会工作者以罗杰斯“自我论”中的自我概念为理论基础，运用画“自画像”和描绘“我的生命线”等方法协助青少年进行自我探索。上述方法可揭示自我概念的不同层面，包括（　　）。

A. 现实我　　B. 理想我　　C. 主观我　　D. 客观我　　E. 本体我

70. 针对青少年的需要，社会工作者开展了课业辅导、心理调适、家庭教育和同伴支持活动。这些活动涉及(　　)。

A. 个人层面的服务　　B. 家庭层面的服务　　C. 群体层面的服务

D. 社区层面的服务　　E. 社会行政层面的服务

71. 大学生退役士兵复学后，学校社会工作者小王为他们提供了多元化服务，专业与学业教育指导、人际关系及适应性训练、“一对一”同学帮扶活动，协助他们顺利实现角色转变。上述服务旨在协助服务对象（　　）。（2023）

A. 做好压力预防　　B. 提升就业能力　　C. 提升学习能力

D. 做好职业规划　　E. 构建同辈支持网络

72. 吴女士的丈夫脾气不好，长期对她施暴，一喝醉酒就打她，社会工作者在与吴女士交谈中发现，她已有“受虐妇女综合征”的表现。下列表述中体现该特征的有（　　）。（2022）

A. 是我自己没本事哄丈夫开心
B. 谁家的日子都是这么过来的
C. 他主要是因为喝酒才打我的
D. 过了那股劲儿他对我挺好的
E. 不管怎么说他都不应该打我

73. 驻村社会工作者小韩发现，村子里有些特困供养家庭子女完成义务教育后未能继续接受高中或中等职业教育；还有些低保边缘家庭子女虽然考上大学，但因觉得家境贫穷而不愿意与同学交往。针对上述情况，小韩应该开展的教育救助服务有（　　）。（2023）

A. 改善家庭居住环境
B. 调节救助对象的家庭关系
C. 帮助申请政府提供的教育救助
D. 在教育救助过程中关注心理能力建设
E. 评估不同类型服务对象对教育救助的需求

74. 某山区自然灾害多发，相关部门实施了生态防灾减灾移民搬迁项目，该项目实施两年后，部分移民仍然互不熟悉，新社区也缺乏便捷的生活服务和设施。针对上述情况，社会工作者计划为这些移民建立社区支持网络，可以采取的措施有（　　）。（2019）

A. 完善社区服务设施
B. 建立社区工作服务站
C. 建立移民家庭支持小组
D. 为移民购买人身保险
E. 提升社区志愿者服务能力

75. 企业社会工作者小付发现，实行全面两孩政策以来，企业怀孕女工的数量明显增加，其中部分女工出现了焦虑的情绪，担心生育会影响职业生涯发展。小付计划为她们提供服务，适宜的做法有（　　）。（2019）

A. 开办压力舒缓工作坊
B. 提供孕期知识辅导
C. 倡导企业设置孕妇休息室
D. 开设孕妇自助小组
E. 陪伴孕妇去医院做产前检查

76. 学校社会工作者小李接待了前来求助的王女士，王女士向小李抱怨，上小学的儿子上课时总是开小差，学习成绩不好；作业不会做，教他也不愿听，有时还和同学打架，玩过的东西从来不整理，行为习惯不好。小李拟运用聚焦的技巧，帮助王女士明确需要解决的问题，其适宜的提问有（　　）。（2019）

A. “目前您最希望看到孩子改变的是什么？”
B. “您觉得孩子出现这些问题的原因是什么？”
C. “您就孩子的这些问题向其他人咨询过吗？”
D. “您之前针对孩子这些问题作过改变的尝试吗？”
E. “您能根据重要程度排列一下希望孩子改变的行为吗？”

77. 某高校社会工作专业师生到彝族村落参与乡村振兴工作。为获得该村“集体性”问题的认识，掌握村落情况，他们向政府借阅了《彝族村落历史地理和自然资源》，查看了该村近年经济发展状况的数据资料；深入村民家中访问，与村民开座谈会，掌握了大量一手资料，为开展服务提供了依据。社会工作专业师生对该村社区问题进行分析的方法包括（　　）。（2021）

A. 查阅统计资料
B. 查阅研究报告
C. 查阅媒体报道
D. 访问社区居民

E. 进行民意调查

78. 独居的罗奶奶与街坊关系都很好，经常去邻居家串门。去年年底，罗奶奶因脑梗留下后遗症，罗奶奶的子女请了保姆照顾她，但因工作忙，不经常和罗奶奶联系。因为行动不便，罗奶奶与邻居也很少来往，成天自己看电视，很少与保姆交流，变得越来越沉默寡言。社区社会工作者小叶在家访中了解到罗奶奶的情况，拟为其建立网络化的社区支持。为了实现上述目标，小叶的正确做法有（　　）。(2020)

A. 帮助罗奶奶申请医疗救助

B. 组织社区志愿者定期探访罗奶奶

C. 帮助罗奶奶学会通过微信群与病友建立联系

D. 联系省级医院专家定期为罗奶奶进行康复理疗

E. 与子女联系并建议他们经常与罗奶奶“亲情连线”

79. 老安由于突发脑出血被送进医院，所幸抢救及时，经过住院治疗，病情明显好转，医生同意他出院。此时，社会工作者为老安出院所做的准备工作有（　　）。

A. 查阅文献资料，为老安制订社区康复方案

B. 链接相关康复资源，协助老安获得社区康复服务

C. 评估老安的情况，降低老安出院后可能面临的风险

D. 为减轻医生的负担，为老安提供治疗方案的咨询服务

E. 帮助老安家人链接社区资源，使老安及时获得后续照顾

80. 小云是某高校大一新生，来自经济发展滞后的偏远山区。入学后，小云不仅感到经济压力大，还觉得自己外表一般，穿着土气，说话有地方口音，曾经引以为傲的学习成绩也不再突出。小云开始变得自卑、焦虑，常常失眠，担心自己不能完成学业。针对小云的这种状况，社会工作者可以为她提供的教育救助服务有（　　）。

A. 帮助小云申请城市低保

B. 帮助小云加入学校社团

C. 为其创造勤工俭学机会

D. 邀请其参加学生适应小组

E. 帮助小云寻找职业技能培训机会

参考答案

一、单项选择题

1. B　　考点：老年社会工作服务内容—社会支持网络建立

2. B　　考点：儿童面临的问题

3. B　　考点：残疾人的权利和基本需求

4. A　　考点：提供家庭支持服务

5. B　　考点：资料收集的内容和范围

6. B　　考点：儿童服务计划（目标）

7. B　　考点：残疾人职业康复及其主要内容

8. B　　考点：老年个案工作的注意事项

9. A　考点：为在监服刑人员提供专业咨询服务
10. D　考点：服务对象的类型
11. A　考点：社会工作通用过程
12. B　考点：机构类家庭养育服务
13. D　考点：儿童发展的需要
14. D　考点：促进青少年个体发展的社会工作服务—生涯规划
15. B　考点：亲职辅导
16. B　考点：改善青少年家庭关系的社会工作服务
17. B　考点：老年人的认知和情绪问题
18. B　考点：老年人的需要
19. C　考点：老年个案工作—提升自我效能感
20. D　考点：实用性与战略性社会性别需求
21. C　考点：性别视角的妇女社会工作方法
22. B　考点：矫正社会工作的可塑性
23. C　考点：个案工作方法在社区矫正中应注意的问题
24. D　考点：残疾人社会工作功能发挥的特殊性—中观层面
25. B　考点：矫正社会工作的概念及其功能
26. D　考点：社区矫正中的社会工作
27. C　考点：预估的基本步骤与过程
28. D　考点：介入的分类—综合介入
29. A　考点：老年人问题和需求评估的目的与方法
30. A　考点：接案的步骤及核心技巧
31. C　考点：军休社会工作介入重点—认知和情绪问题的处理
32. A　考点：军转复退军人安置社会工作的内容
33. D　考点：受灾人员救助的服务内容
34. A　考点：社会救助社会工作—评估的主要特点
35. D　考点：改善夫妻关系的服务
36. C　考点：家庭社会工作的基本原则
37. C　考点：改善夫妻关系的服务
38. B　考点：家庭生命周期理论
39. D　考点：学校社会工作对增强学生自我效能感的介入
40. A　考点：社区工作方法在学校社会工作中的运用与创新
41. B　考点：学校社会工作对学生偏差行为困境的介入
42. A　考点：学校社会工作对增强学生自我效能感的介入
43. C　考点：社区参与的层次和形式
44. B　考点：社区社会工作的目标
45. C　考点：社区资源的链接方式
46. C　考点：农村特殊群体社会服务
47. B　考点：农村特殊群体社会服务
48. B　考点：社区参与的层次和形式

49. D　考点：慢性疾病与长期照护的社会工作服务
50. C　考点：医疗机构与疾病治疗领域社会工作常用方法
51. A　考点：医务社会工作的特殊伦理议题与价值观
52. D　考点：公共卫生社会工作者角色
53. C　考点：医务社会工作的基本内容
54. C　考点：医疗机构与疾病治疗领域社会工作常用方法
55. A　考点：企业履行社会责任
56. C　考点：企业社会工作者角色
57. A　考点：企业社会工作的主要方法
58. B　考点：企业社会工作中的个案工作分类
59. D　考点：企业社会工作者角色
60. B　考点：企业中小组的类型

二、多项选择题

61. ABCD　考点：初次面谈提纲的制定
62. ACE　考点：老年社会工作服务内容
63. ABE　考点：残疾人的权利和基本需求
64. BD　考点：开展儿童支持服务
65. BC　考点：养老机构照顾阶段社会工作者的角色
66. ADE　考点：医务社会工作的主要内容
67. ACD　考点：军转复退军人安置社会工作的内容
68. BD　考点：改善青少年家庭关系的社会工作服务—亲职教育辅导
69. ABD　考点：自我概念的不同层面
70. ABC　考点：青少年社会工作的主要内容
71. ACE　考点：军转复退军人安置社会工作的内容
72. ABCD　考点：受虐妇女综合征
73. CDE　考点：教育救助的服务内容
74. CE　考点：社区支持网络建设
75. ACD　考点：职工协助方案的技术
76. AE　考点：家庭因素导致的学业困境与社会工作介入
77. ABD　考点：社区问题分析
78. BCE　考点：建立社区支持网络
79. ABCE　考点：针对慢性疾病患者与长期照顾者的常用社会工作方法
80. BCD　考点：家庭因素导致的学业困境与社会工作介入

全真模拟试题（二）

一、单项选择题（共60题，每题1分。每题的备选项中，只有1个最符合题意）

1. 初三学生小刚不满父母对其上网和打游戏的监督，常反锁房门不理父母，亲子关系紧张，社会工作者小李发现社区里还有其他家庭也出现类似问题。针对这种情况，小李建立了家长和学生两个微信群，教授家长与孩子的相处之道及学生自我管理方法。小李的上述工作是社会工作介入类型中的（　　）。（2022）

A. 直接介入　　B. 间接介入　　C. 综合介入　　D. 分层介入

2. 20世纪前，在西方占主导地位的医学理论分析框架把残疾看作是“功能丧失”，即把残疾人看作是缺乏独立和有效完成他人所能完成的活动，偏离“常规”标准的人。这种对残疾的理解是基于（　　）。（2022）

A. 传统的个人模型　　B. 生物—心理模型

C. 社会构建的模型　　D. 新兴的社会模型

3. 某全国性社会工作行业协会将党史学习教育和专业服务相结合，积极践行社会工作为人民服务的专业价值理念，组织部分高校社会工作专业师生对口高村开展社会工作，助力乡村振兴服务。在制订服务计划时，社会工作专业研究生小薛在村民会上说：“现在大家都明确了咱村实施乡村振兴所存在的困难，齐心协力提出解决问题的具体办法和努力的方向来，这样才能一步步走向富强，大家说说，你觉得什么问题最重要，咱们先从哪里开始，好吧？”上述工作所运用的方法是（　　）。（2021）

A. 确定服务对象需要　　B. 向服务对象解释所设定的目标

C. 确定服务对象问题　　D. 向服务对象解释所设定目标的目的

4. 张大妈的老伴去世多年，她与儿子儿媳一起生活，家里大小事都是张大妈张罗。不久前张大妈突发脑出血，半身不遂，出院后生活需要照顾，还要定期去做康复训练，张大妈的姐姐每天来家里照顾她，邻居也主动提出定期用车送她去做康复训练，张大妈不愿意给亲朋邻里添麻烦，但又无力改变现状，感觉很沮丧。为了提升张大妈的自我效能感，社会工作者适宜的做法是（　　）。（2022）

A. 与张大妈的儿子儿媳商讨需要哪些具体服务

B. 与张大妈的姐姐商量并逐项确定服务的内容

C. 与张大妈商量服务内容并逐项确定具体细节

D. 与张大妈邻居商量送其去做康复训练的时间

5. 儿童福利院的社会工作者小陈根据相关规定，为孤儿小宇选择合适的收养家庭。送养信息发布后，小陈从提交申请的家庭中筛选出3个符合条件的家庭，进行了实地走访和家庭评估。根据儿童收养服务程序的要求，小陈接下来应该（　　）。（2023）

A. 对潜在收养家庭进行培训　　B. 与收养家庭签订正式收养协议
C. 为收养家庭办理收养手续　　D. 为小宇和拟收养家庭进行适配

6. 社会工作者小王在社区走访时发现，单亲妈妈李女士不久前失业，由于文化程度不高，技能有限，找工作很难。加上其上初中的儿子与同学冲突不断，李女士深受困扰，压力很大。从妇女工作的角度，小王对李女士的情况进行分析。下列分析中，正确的是（　　）。(2023)

A. 李女士是一个值得社会大众同情的弱者
B. 社会因素是李女士困境产生的主要原因
C. 能力不足是导致李女士生活困境的主要原因
D. 李女士儿子的问题是家庭结构不完整造成的

7. 残疾人小青所在的服装厂关闭了，收入减少，生活出现困难。社会工作者小方在定期入户探访中了解到小青的情况，在评估小青的生活状况、家庭关系和社会支持后，制订了服务计划，拟通过加强小青与亲朋好友和邻里的联结，强化邻里互助在特殊时期的作用，为小青及其家庭提供心理及情绪支持、就业信息和咨询意见，在可能的情况下为她提供经济上的帮助。小方上述做法的理论依据是（　　）。(2021)

A. 社区照顾理论　　B. 社区管理理论
C. 社会代价理论　　D. 社会网络理论

8. 老赵结束强制隔离戒毒回到社区，发现妻女已搬家，不知去向。邻居对他避而远之，找工作也屡屡碰壁。老赵找到社会工作者，要求获得经济补助。当得知无法马上获得补助时，老赵突然情绪失控，指责社会工作者不负责任，扬言要复吸报复社会。面对老赵这种情况，下列社会工作者的做法中，体现社会工作接纳原则的是（　　）。(2021)

A. 对老赵的境遇表示理解，请他坐下慢慢说
B. 让老赵冷静下来，并告知申请补助的流程
C. 向老赵宣讲禁毒法，并强调复吸的危害性
D. 向街道禁毒工作部门反映老赵的具体情况

9. 自独生女儿过世后，张女士与丈夫的关系变得越来越冷淡，丈夫逐渐染上了酗酒恶习，对家里的事不闻不问，还多次动手打张女士。无奈之下，张女士向社会工作者求助。为了帮助张女士界定其夫妻间存在的问题，下列社会工作者的提问中，最适宜的是（　　）。(2020)

A. “你希望我们提供什么帮助?”
B. “你认为自己目前遭遇的问题是什么?”
C. “你认为丈夫染上酗酒恶习的原因是什么?”
D. “你认为你们夫妻关系恶化的原因是什么?”

10. 社会工作者小文在某地看守所为涉罪青少年开展以“守望阳光”为主题的小组工作，旨在引导涉罪青少年改变非理性信念，促进司法系统与社会工作专业的合作，共同为青少年提供服务。小文邀请看守所管教人员参与该小组方案设计、组员招募、过程实施等环节，使看守所管教人员成为服务涉罪青少年社会工作的重要合作伙伴。小文开展上述工作的依据是（　　）。(2020)

A. 社会工作方法运用的整合性要求　　B. 社会价值体系
C. 对社会工作者宏观专业能力要求　　D. 社会连接理论

11. 某社区开展“新时代文明实践”活动，招募在“社区烹饪大赛”中评选出的老年烹饪能手当志愿者，参加“老年助餐”志愿服务，不仅解决了该社区的老年人吃饭难问题，还发挥了老年烹饪能手的一技之长。上述做法体现了老年社区社会工作（　　）的原则。（2020）

A. 权益保护　　B. 资源整合　　C. 健康维护　　D. 多方参与

12. 某校社会工作专业师生在某村实施“社会工作教育对口助力脱贫攻坚计划”，在需求评估中发现，该村的留守妇女较多，她们摆脱困境的愿望十分强烈。为提升留守妇女的致富能力，提高其家庭和社会地位，实现既扶贫又扶志的目标，该校师生为村里的留守妇女开办了传统手工技能培训班。上述活动关注了妇女的（　　）。（2020）

A. 战略性性别需求　　B. 成长性性别需求

C. 实用性性别需求　　D. 发展性性别需求

13. 某社会工作服务机构开展了一系列无障碍体验活动，记录了残障人士在公园、医院、银行、超市等公共场合的体验感受，并以此为依据，撰写了关于无障碍环境建设的政策建议稿。该机构上述做法体现了残疾社会工作在（　　）层面的功能。（2023）

A. 微观　　B. 中观　　C. 宏观　　D. 客观

14. 大李因吸毒成瘾被责令社区戒毒后成为社会工作者老秦的服务对象。近期，在一次个案会谈中，大李告诉老秦由于医生给药量难以满足需要，他计划在黑市上购买戒毒药物。此时，老秦恰当的做法是（　　）。（2022）

A. 斥责大李打算在黑市购买药物的想法

B. 默认大李打算在黑市购买药物的想法

C. 尊重大李的想法，鼓励他作出自我选择和决定

D. 重视大李的独特性，协助他与医生沟通给药量

15. 小玲，10 周岁，在早年母亲离家出走后，一直与父亲生活。最近，小玲父亲因诈骗罪被判有期徒刑 11 年。小玲自父亲入狱后在邻居家暂时寄居。从为小玲创建健康成长的环境这一长远目标来看，此时，社会工作者应谋划为小玲提供（　　）儿童福利服务。

A. 保护性　　B. 替代性　　C. 支持性　　D. 补充性

16. 社会工作者小王发现社区内有一些准妈妈被即将面临的新生儿养育问题所困扰，为帮助她们学习育儿知识和技巧，小王组织了“新手妈妈训练营”。根据儿童社会工作服务的分类，上述服务属于（　　）。（2022）

A. 支持性儿童福利服务　　B. 补充性儿童福利服务

C. 替代性儿童福利服务　　D. 儿童保护服务

17. 养老机构的工作人员向社会工作者反映李奶奶最近闷闷不乐，社会工作者与李奶奶进行初次会谈。根据老人的特点，社会工作者在这一阶段首先要做的是（　　）。

A. 与李奶奶进行良好的沟通　　B. 对李奶奶的问题进行预估

C. 与李奶奶讨论介入策略　　D. 确定李奶奶问题的根本原因

18. 社会工作者小王在社区调查中发现，许多年轻家长在育儿方面有困扰，不知如何与孩子沟通，如何避免对孩子发脾气。针对这些问题，小王应该为这些家长提供的服务是（　　）。

A. 婚姻辅导　　B. 家庭辅导　　C. 儿童辅导　　D. 亲职辅导

19. 农村务工人员小薇因反抗雇主的性骚扰被辞退，并被欠发 3 个月的工资，多次讨

薪未果，小薇非常愤怒。对此，社会工作者的介入重点是（　　）。

A. 协助小薇通过法律途径维护其合法权益

B. 协助小薇寻找性骚扰证据

C. 进行情绪辅导

D. 转介她参加“女性自我防卫意识”小组

20. 社会工作者发现，一些青少年因为缺乏与父母的有效沟通，亲子关系紧张而不想回家，以逃避父母的责问。为此，社会工作者计划举办“亲子平行小组”以改善青少年与父母间的关系。下列做法中，有助于实现上述目标的是（　　）。

A. 组织青少年和家长分别参加为期三天的夏令营活动

B. 为青少年和家长分别举办沟通技巧学习小组

C. 运用分组和跨组交流的方式，协助青少年和家长学习沟通技巧

D. 组织家庭教育专家，为青少年和家长举办亲子沟通讲座

21. 丁大爷的独子在交通事故中丧生，儿媳受重伤，老伴得知噩耗后突发心脏病入院。丁大爷一个人既要跑医院，又要带孙子，分身乏术，心力交瘁。社会工作者小齐了解情况后，协助丁大爷联络家政服务，与医院沟通安排护工等。小齐的上述做法，是为丁大爷家庭提供（　　）。（2022）

A. 救助性服务　　B. 支持性服务

C. 权益保障服务　　D. 丧亲辅导服务

22. 社会工作者小王在社区开展宣传活动，劝导居民将机动车和自行车停放在规定车位上，不乱停，不占用盲道。上述宣传活动旨在保护残疾人的（　　）。

A. 康复权　　B. 文化生活权　　C. 社会福利权　　D. 环境友好权

23. 3个月前，杜先生在一次意外事故后被截肢，精神受到很大打击，最近自杀未遂，他的家人打电话求助社会工作者。社会工作者首先应该（　　）。

A. 进行危机干预　　B. 鉴定残疾等级　　C. 联系安装假肢　　D. 提供居家服务

24. 安女士与丈夫结婚一年，家里大小事情都由丈夫决定，自己的意见很少被听取。夫妻俩矛盾不断，关系紧张，安女士感到很困扰，向社会工作者小肖求助。针对上述情况，小肖提供服务时应遵循的性别视角家庭工作原则是（　　）。（2022）

A. 注意保持工作与家庭生活平衡

B. 调整家庭权力关系以避免家庭冲突

C. 尊重和接纳家庭形式的多样性

D. 强调父亲职责与母亲职责同样重要

25. 矫正对象小张经社会工作者小王推荐，参加由某职业学校为失业青年举办的为期两年的教育培训。两个月后，小王在随访时了解到，学校老师认为小张表现不错，但小张觉得同学们用异样的眼光看自己，他感到焦虑、紧张、很不开心，开始不愿参加培训。按照认知理论，小王针对小张的情况宜采取的做法是（　　）。

A. 赠送小张喜欢的游戏币，鼓励他继续培训

B. 对小张进行“冥想”放松训练，缓解他的焦虑情绪

C. 帮助小张转变看待同学们的态度，努力学习，赢得尊重

D. 无条件关怀小张，增加随访的次数

26. 社区戒毒人员小王得知自己因吸毒感染了艾滋病病毒后，沮丧绝望，精神几近崩

溃，把自己锁在家中，不愿见人。家人请社会工作者小林对小王进行个案辅导。此时，小林需要重点开展的服务是协助小王（　　）。

A. 处理负面情绪　　B. 增强抵制毒品诱惑的能力

C. 建立良好的人际关系　　D. 提高社会适应能力

27. 小刚被判缓刑并接受社区矫正，父母为防止其再犯错，把他的身份证、社保卡、银行卡全部收了起来，并规定晚饭后不许出门，导致小刚与其父母的关系日趋紧张。社会工作者通过多次家访，协助小刚理解父母的苦心，并帮助父母建立对小刚的尊重和信任，促进双方的理解和沟通，小刚与父母的关系得到了改善。社会工作者的上述做法，满足了小刚（　　）的需要。

A. 获得基本生活保障　　B. 实现再社会化

C. 获得正常家庭生活　　D. 维护就业权益

28. 六年级学生小军从小由奶奶照顾，母亲因工作单位较远且经常加班，与小军接触时间较少；父亲对小军十分严厉，经常责骂他。三个月前奶奶因为意外骨折卧病在床，无法照顾小军，小军出现逃学、打架等情况。针对上述情况，下列关于青少年社会工作的做法属于中观层面的是（　　）。（2022）

A. 指出小军的逃学问题　　B. 制止小军父亲的不当行为

C. 为小军提供学业辅导　　D. 了解小军一家的互动状态

29. 预估阶段的最终目的是（　　）。

A. 对制订正确的计划作贡献　　B. 了解服务对象的来源

C. 消除服务对象的问题　　D. 对服务对象的问题有所了解

30. 医务社会工作者发现，许多唇腭裂患儿渴望与同伴玩耍，但家长大多因担心孩子被别人嘲笑而不让其出门玩耍，孩子为此哭闹，家长束手无策。这种情况说明这些家长对孩子过度保护，又不知如何安抚孩子的情绪。针对这些家长的问题与需要，医务社会工作者适宜的做法是（　　）。

A. 帮助家长处理情绪问题　　B. 提升家长照顾患儿的能力

C. 帮助处理家庭关系问题　　D. 构建患儿的社交支持系统

31. 某高校社会工作专业学生利用课余时间探访抗美援朝志愿军老兵，传承红色基因，缅怀英雄先烈，弘扬抗美援朝精神，开启奋斗新征程。社会工作专业学生探访的陈老，1950年年底参军，被分配到炮兵学校学习，1953年参战，战争结束后，被授予中尉军衔。根据《军人抚恤优待条例》，陈老属于（　　）。（2021）

A. 复员军人　　B. 复员干部　　C. 退伍士官　　D. 退伍军人

32. 光荣院居住的大多是无儿无女、无亲无故的孤老优抚对象。前些天，与老曾一起住了20多年的老曲过世了，老曾十分悲伤，情绪低落，不愿见人。社会工作者组织光荣院院友们坐在一起，表达对老曾的理解，分享对生命的感悟。社会工作者组织的小组是（　　）。

A. 教育小组　　B. 成长小组　　C. 治疗小组　　D. 支持小组

33. 社会工作者小张组织大学生志愿者帮助军休干部学习智能手机的使用方法，协助军休干部运用微信与辖区内有共同爱好的老年人建立联系，扩大他们的社会交往空间。小张上述做法的主要目的是促进（　　）。（2019）

A. 军休干部与社会融合　　B. 军队保障与地方保障融合

C. 军休干部间的关系融合　　D. 军休社区与驻地社区融合

34. 低保对象老王45岁，初中毕业，无一技之长。社会工作者小梅给老王介绍过多份工作，他不是嫌工作太累，就是嫌待遇太低，每份工作干不了几天就不干了。针对这种情况，在后续为老王提供就业救助服务时，小梅首先应该协助老王做的是（　　）。(2023)

A. 自我认知调整　　B. 积极参加招聘

C. 职业技能培训　　D. 链接就业资源

35. 某社会工作服务机构积极开展青少年红色教育主题活动，引导青少年厚植爱国、爱党、爱社会主义的情感，让红色基因、革命薪火代代传承。这体现了青少年社会工作的（　　）内容。(2022)

A. 习惯养成　　B. 心理疏导　　C. 思想引导　　D. 权益保护

36. 某社区发生火灾，有几户家庭损失严重，基本生活面临困难，社会工作服务机构立刻响应，开展一系列专业服务，其中属于社会工作参与临时救助服务的是（　　）。(2022)

A. 启动社区重建　　B. 修复社会支持

C. 开启危机干预　　D. 进行社区教育

37. 社会工作者小杨负责困境儿童救助关爱服务项目。项目实施前，小杨设计了调查问卷，上门探访，了解了他们的服务需求，确定了初步的实施方案。随着服务的推进。小杨发现还需要追加一些资源，以满足部分困境儿童生存和发展的需要。小杨的上述评估过程，说明社会救助评估具有的特点是（　　）。(2023)

A. 评估凭借的是社会工作者个人过往经验

B. 评估应独自进行以保证结果的客观公正

C. 评估是救助工作的开始并持续整个过程

D. 评估是社会工作者自己收集资料的过程

38. 驻校社会工作者小王在与新生交流中了解到，小红来自低保家庭，生活拮据，却不愿意申请学校补助，在人际交往中比较敏感，经常独来独往。针对这种情况，小王拟运用专业方法加强小红的心理建设。下列做法中，适宜的是（　　）。(2023)

A. 鼓励小红参与学校的社团活动　　B. 帮助小红获得社会慈善救助

C. 协助小红获得减免学费的机会　　D. 鼓励小红申请困难生活补助

39. 某社区拟开展一系列表彰活动，以推动幸福家庭建设，营造和谐社区氛围。从妇女社会工作的角度来看，属于打破传统和定型的社会性别观念的活动是（　　）。

A. 评选表彰“贤内助”　　B. 评选表彰“新好男人”

C. 评选表彰“好媳妇”　　D. 评选表彰尊老敬老的“好孝子”

40. 社会工作者老李与郑女士面谈时发现，郑女士一会儿抱怨丈夫不管家，只顾自己；一会儿又数落孩子的不是，不理解母亲的辛苦。对此，老李拟应用聚焦技巧予以回应，最适宜的做法是（　　）。(2021)

A. 让郑女士记录家庭争吵的频率　　B. 鼓励郑女士讲出内心的苦恼与委屈

C. 让郑女士明确自己面临的问题　　D. 让郑女士看到丈夫与孩子好的方面

41. 小强是某校初三学生，因沉迷网络游戏曾被父母送到一家以严厉惩罚为手段的专门机构戒除网瘾，这段不愉快的经历让小强对父母产生了很深的误解，认为他们根本不爱他，才让他去受折磨。小强的父母也感到十分委屈和懊悔，觉得白花钱没效果，还给孩子造成心理创伤，干脆不管小强了。小强的班主任将小强转介给学校社会工作者小方，小方首先帮助小强及其父母觉察他们的亲子关系问题。根据以上描述，小强与父母的亲子关系

目前存在的问题是（　　）。（2021）

A. 纠缠　　B. 忽视　　C. 疏离　　D. 对立

42. 为了促进学生在道德、学业和职业等方面发展抗逆力，学校社会工作者小秦设计了三个小组工作计划，一是“友来友往”，增进同学友谊的小组；二是“亲情驿站”，连接亲子关系的小组；三是“良师益友”，促进师生关系的小组。小秦上述设计属于“抗逆力轮”方法中(　　)的工作内容。

A. 提供关怀和支持　　B. 提供机会，促进参与

C. 促进亲社会联结　　D. 建立清楚一致的行为和规范

43. 小明给学校社会工作者小王写了一封求助信：“我最近很苦恼，妈妈经常动不动就骂我，今天还打了我，我很伤心。我希望你帮助我，让妈妈变得温柔一点。”小王因此找小明的妈妈交谈，小明的妈妈说了自己的苦恼：“我就是脾气不好，我也知道不该打骂小明，可一旦遇事就控制不住自己。”下列小王的做法中，不能够直接改善小明母子之间沟通方式的有(　　)。

A. 提示小明的妈妈在孩子做出适当行为时给予鼓励

B. 澄清小明的妈妈沟通中存在的问题

C. 提升小明的自我情绪控制能力

D. 帮助小明的妈妈学习更有效的亲子互动

44. 学校社会工作者小王发现四年级某班有些学生存在不尊重他人、不善团结合作、遇到矛盾冲突也不能很好沟通交流等问题。为改变这种状况，小王为该班学生开设了社交技巧训练课程。小王下列做法中，有助于提升学生社交技巧的是（　　）。（2019）

A. 引导学生探讨诚信守法的议题

B. 教授学生提升自尊自信的方法

C. 指导学生学习赞赏别人和正确回应别人的赞赏

D. 引导学生运用不同的思维方式处理日常生活中的问题

45. 在抗逆力的表现形式中，通常表现出反传统、反社会、反主流的行为倾向，具有挑战常规、对抗成人、批判现实的特征，往往会受到成人的指责、同辈群体的排斥、公众舆论的压力。这种表现形式是（　　）。

A. 亲社会取向　　B. 遵从社会规范　　C. 非常规形式　　D. 认同主流文化

46. 某老旧社区人口结构较为复杂，环境卫生状况令居民不满。为了改善该社区的环境状况，社会工作者与社区居委会一起组织社区居民成立“社区居民议事会”，促成“三社联动”，组织社区居民讨论通过了《社区环境卫生改善实施方案》，并就具体事项做了分工，明确相关人员的职责与任务。上述社会工作者推动社区居民参与的层次和形式是（　　）。（2020）

A. 协商　　B. 告知　　C. 咨询　　D. 共同行动

47. 随着移动支付的普及，某社区的一些老年人希望学习使用手机购物，但缺少相关知识和技能，也担心会遭遇网络诈骗。针对这一需求，社会工作者小王为他们举办了以手机购物、安全消费等为主题的讲座。从社区教育的基本目标看，小王所做的这些工作属于（　　）教育。（2019）

A. 控制式　　B. 补偿式　　C. 发展式　　D. 融合式

48. 某街道社工站通过调研提出了社区环境卫生综合治理方案和行动计划，得到驻区

企业的资金赞助、街道的政策支持、城管部门和社区卫生服务中心的大力配合、社区内志愿者组织的人力支援，还动员了社区居民参与其中，形成了新的社区服务工作机制。该社工站运用的工作方法是（　　）。（2021）

A. 纽带联系　　B. 资源整合　　C. 多方联动　　D. 需求评估

49. 针对社区内老年人因中风导致的居家照顾需求大的情况，某社会工作服务机构拟开展老年人社区照顾服务。该机构社会工作者多方了解需求，制订相应的服务方案。在下列需求评估中，属于宏观层面评估的是（　　）。（2022）

A. 社区老年人口中风的比例　　B. 老年人照护者的不同需求

C. 服务方案评估的总体要求　　D. 老年人居家照顾个体需求

50. 在“6·26”国际禁毒日，社会工作者小刘组织同伴教育者和志愿者为社区居民开展了几场禁毒知识讲座。为了对讲座的成效进行结果评估，小刘应收集的资料是（　　）。

A. 居民掌握禁毒知识的程度　　B. 同伴教育者的表现

C. 居民的参与率　　D. 居民的互动情况

51. 可以推动社区服务和促进社区发展的各类组织或机构，包括基层政府、辖区内的企事业单位、社会团体、各类互助性和互益性居民小组等是指(　　)。

A. 社区资源　　B. 财力资源　　C. 组织资源　　D. 文化资源

52. 社会工作者小于为直肠癌术后患者开办支持性小组。在小组过程中，小于邀请康复者向术后患者介绍顺利度过术后最初阶段的方法。小于此举的最主要目的是帮助患者（　　）。（2021）

A. 舒缓紧张焦虑情绪　　B. 探索疾病因应策略

C. 建立社会支持网络　　D. 提升科学养生意识

53. 小张被诊断出艾滋病后十分痛苦和绝望，进而对治疗产生了抵触情绪，常常对医生的治疗方案无端找碴儿，故意刁难医生。为改善小张的身心状况、保障治疗顺利进行，医生将其转介至医院的社会工作部。社会工作者小王接案后，陪伴小张听取医生的治疗方案，向他全面讲解了艾滋病的知识，并向他介绍了其他艾滋病患者积极治疗后幸福生活的实例。小王上述服务的主要目的是（　　）。（2019）

A. 为小张开展社会心理评估　　B. 协助小张获得社区康复资源

C. 为小张建立家庭支持网络　　D. 提高小张对于治疗的依从度

54. 小林由于临近生产期，最近总是很沮丧，觉得生育子女是一件很恐怖的事情，产生了焦虑，为此她求助于医务社会工作者。小林的问题属于医务社会工作者要处理的（　　）。

A. 心理的调适问题　　B. 疾病适应问题

C. 情绪问题　　D. 生育问题

55. 老李患多种疾病，住院多日，病情不见好转。老李认为自己的病没治了，老伴走了，子女指望不上，生活没盼头，不按时服药，还乱发脾气。子女感到老李像变了一个人似的，非常担心。针对老李的情况，医务社会工作者可提供的合适服务是（　　）。

A. 指导服药　　B. 联系手术治疗

C. 进行认知行为治疗　　D. 进行系统家庭治疗

56. 心身疾病的预防、发生、发展与心理社会因素密切相关。下列说法体现了心理因

素的是（　　）。(2023)

A. 张女士遗传了母亲的高血压　　B. 李先生因常生气得了胃溃疡

C. 王女士高糖饮食导致糖尿病　　D. 黄先生长期吸烟导致冠心病

57. 大李被诊断为终末期肾病，持续接受血液透析治疗。近期大李认为护士特别关注自己，喜欢自己，常给护士发信息，护士未予理睬，大李很失落，不吃不喝。医务社会工作者了解这一情况后，全面评估大李的需求。下列做法中，属于收集大李社会层面信息的是（　　）。(2023)

A. 查阅病历了解大李的血压变化情况　　B. 使用他评量表评估大李的焦虑程度

C. 了解大李的用药、饮食与睡眠情况　　D. 了解医护人员与大李间的互动方式

58. 医务社会工作者小康随医生查房时发现，周奶奶不吃不喝，一直哭泣。小康在访谈中了解到，周奶奶早年丧偶，与独子大庆共同生活。大庆至今未婚，近期被诊断为胰腺癌晚期。周奶奶伤心地对小康说："这么多年我们娘俩相依为命，他要不在了，我可怎么办啊！"此时，小康最需要为周奶奶提供的服务是（　　）。(2023)

A. 社会福利咨询　　B. 丧葬事宜安排

C. 预期哀伤辅导　　D. 医患沟通协调

59. 针对企业青年职工流失的问题，社会工作者小童对青年职工开展了走访。小童了解到，部分青年职工对企业的归属感不强，一遇到不顺心的事情就会提出辞职，对此，依据职工职业生涯规划要求，小童最适宜的做法是（　　）。(2022)

A. 提高青年职工的待遇　　B. 加强厂规厂纪的宣传

C. 做好青年职工的职业辅导　　D. 及时疏导青少年的情绪

60. 当职工面临职业或生活困扰，企业社会工作者需帮助他们分析面临的问题和困扰，确认问题产生的原因，协助他们发掘自身潜力和资源，促使他们更有效地解决问题。企业社会工作者在此过程中扮演的角色是（　　）。(2021)

A. 辅导者　　B. 促进者　　C. 教育者　　D. 调解者

二、多项选择题（共 20 题，每题 2 分。每题的备选项中，有 2 个或 2 个以上符合题意，至少有 1 个错项。错选，本题不得分；少选，所选的每个选项得 0.5 分）

61. 某全国性社会工作行业协会将党史学习教育和专业服务相结合，组织部分高校社会工作专业师生暑期到西部地区参与乡村振兴工作。他们策划并实施了村民社区参与能力提升项目。项目开始前，研究生小余对参与项目的村民做了"参与态度和参与技能"的测量。项目结束时再次对上述相关指标做了测量，小余评估项目成效采用的方法有（　　）。(2022)

A. 过程评估　　B. 结果评估　　C. 基线测量

D. 绩效评估　　E. 介入期测量

62. 王大爷与家人初步确定入住养老院并递交了申请，但他对去养老院还是有顾虑，表现出犹豫、恐惧和担心等情绪，王大爷的儿子遂向养老院社会工作者小唐求助。小唐了解情况后，安抚王大爷的情绪，分析了他是否适合入住养老院，向王大爷一家介绍了养老院的运行情况和入住要求，就入住养老院的利弊进行了讨论，并安排时间请他们到养老院参观。在上述服务过程中，小唐的角色包括（　　）。(2022)

A. 检讨者　　B. 辅导者　　C. 评估者　　D. 支持者　　E. 倡导者

63. 新修订的《中华人民共和国未成年人保护法》颁布实施后，各地积极行动。陆续建立了未成年人保护服务体系。某地未成年人保护中心计划采用“风险预防、发现报告、康复回归”的服务流程开展儿童保护服务。根据该服务流程，儿童社会工作者需要开展的工作内容包括（　　）。(2021)

A. 根据儿童的受侵害程度和父母的监护能力完成监护处置

B. 争取政策支持，建立跨部门的未成年人保护协调工作机制

C. 为进入国家替代照顾服务体系中的受侵害儿童寻找寄养服务

D. 依托公益慈善服务机构对辖区内有儿童侵害风险的家庭进行评估

E. 对照政策界定的服务对象，定期发放儿童津贴，提供基础福利服务

64. 为了帮助精神病患者老张出院之后在社区进行康复，社会工作者小王来到老张家中做家庭会谈，了解老张的日常起居情况和居住环境，探问老张与家人的交往状况；之后，小王又联系了老张的主治医生，了解老张就诊和服药情况；此外，小王还查阅了老张的社区档案。在上述工作中，小王运用的资料收集方法包括（　　）。(2020)

A. 询问　　B. 问卷调查　　C. 观察

D. 利用已有资料　　E. 咨询

65. 社会工作者小刘拟采用“以家庭为中心”的方法开展社区儿童服务。小刘对该方法的理解中，正确的有（　　）。(2023)

A. 并不是所有家庭都需要社区支持

B. 此方法中的家庭是指儿童的原生家庭

C. 所有家庭都需要与他人和社会资源有切实联系

D. 社区共建是儿童安全和建立良好家庭关系的基本保障

E. 为家庭提供个性化的支持服务有助于提升家庭改变的能力

66. 某社区属老旧小区，社区居民中下岗工人多、经济收入低，社区内青少年初中毕业辍学在家或读职业中专的比较多，他们经常出没网吧或游戏厅。社会工作者走访了几个青少年家庭，发现亲子冲突较多，不少家庭担心孩子学历低，将来找不到好工作，整天无所事事，也可能会被某些不怀好意的人带坏，走上犯罪的道路。针对这一现状，社会工作者适合开展的服务有(　　)。

A. 开展改善亲子关系的教育活动

B. 组织提升青少年社会交往能力的交友小组

C. 开展提升青少年职业意识和技能的职业交流

D. 组织减少青少年偏差行为的小组

E. 建立预防青少年犯罪的社区网络

67. 社会工作者小孙发现，某社区部分青少年过于依赖父母，个体发展水平不足，基于此，小孙拟为这些青少年开展小组服务，协助他们进行自我探索。下列做法中恰当的有（　　）。(2022)

A. 帮助青少年更清楚认识自己　　B. 帮助青少年建立生涯价值观

C. 强化青少年的自我表达能力　　D. 协助青少年挖掘内在的潜能

E. 提升青少年的自我觉察能力

68. 青少年社会工作者小秦发现，青少年的不良行为习惯与缺乏良好的自我行为管理

能力直接相关。小秦计划为本社区内有类似情况的青少年开展一个以提升自我行为管理能力为目标的小组。该小组可以实现的具体目标有(　　)。

A. 培养青少年的行为决策能力　　B. 协助青少年有效的自我约束
C. 协助青少年对自我行为进行评价　　D. 提升青少年的自我认识能力
E. 培养青少年对自我行为负责的态度

69. 社会工作者小林在农村开展残疾人康复工作，通过与当地民政、卫生和教育等部门合作，动员社区资源建立村级社区康复站，使残疾人可以就近获得康复训练。同时，小林协助残疾人家庭自制康复器具，指导残疾人掌握实用易学的康复技术。小林的这些工作遵循了社区康复的（　　）原则。

A. 专家主导　　B. 因地制宜　　C. 康复家庭积极参与
D. 治疗为主　　E. 因陋就简

70. 犯罪嫌疑人被拘押或被保释等待审判期间，其家人、亲友会因此受到冲击和拖累，尤其是犯罪嫌疑人家中年迈的父母和年幼的子女，其生活会因事件的发生而陷入困境。矫正社会工作者此时的工作介入主要是为这些陷入困境的犯罪嫌疑人的家人提供帮助。这些帮助主要有(　　)。

A. 帮助困境中的嫌犯家人维持生计　　B. 帮助困境中的嫌犯家人安置照顾
C. 帮助困境中的嫌犯家人心理辅导　　D. 给予困境中的嫌犯家人物质帮扶
E. 帮助困境中的嫌犯家人进行道德教育

71. 老张在服役期间因伤致残，在部队医院治疗一段时间后，被安置到荣军医院，老张虽然生活能够自理，但因对医院环境感到陌生，亲友都不在身边，感到很不习惯，整天不是睡觉就是闲逛，内心充满孤独、担忧、苦闷和迷茫。针对老张的情况，社会工作者可以提供的服务有（　　）。(2019)

A. 协助老张多层次了解自我
B. 开发合适的工作岗位，协助老张上岗
C. 舒缓老张的情绪，建立良好的服务关系
D. 组织医疗专家，为老张提供健康专业支持
E. 鼓励老张参加社交小组，扩大其社会交往范围

72. 某区退役军人服务站的社会工作者在上门探访退役士兵小狄时，小狄说：“我高中毕业就参军了，现在什么都不会，没什么朋友，大家都挺忙的，没有时间关注我的事情，爸妈也不理解我。”小狄上述表述说明其面临的问题有（　　）。(2022)

A. 自我评价低　　B. 社会支持少　　C. 家庭支持弱
D. 经济压力大　　E. 学习动力低

73. 针对生活困难流动儿童的失学问题，某社会工作服务机构在调查研究的基础上启动了“流动儿童助学计划”，组织社会爱心人士与失学儿童结成帮扶对子；组织受助儿童成立互助小组，培养他们团结协作的能力；将生活困难流动儿童失学问题写成调查报告，呼吁将义务教育中免除学杂费的政策惠及流动儿童。在本案例中，该机构采用的工作方法包括（　　）。

A. 个案工作　　B. 项目策划　　C. 社会工作研究
D. 小组工作　　E. 分层分类救助

74. 社会工作者小张在社区走访时发现，一户单亲家庭中唯一的孩子有严重的先天性

心脏病，为了给孩子治病，该家庭四处举债，生活陷入困境。为此，小张决定为该家庭申请救助。在对这个家庭进行评估时，小张先详细了解了该家庭的债务情况、孩子的治疗状况，之后，小张又进入该家庭了解其家人间的互动状况及家庭环境。上述评估中，小张采用的方法有（　　）。(2019)

A. 家庭探访　　B. 直接询问　　C. 间接了解
D. 观察身体语言　　E. 使用量表

75. 社会工作者依据抗逆力理论，为来自服刑人员家庭、残障人士家庭等特殊家庭的学生提供服务。下列能够增进这些学生外部支持的方法有（　　）。(2019)

A. 教授学生生活技能
B. 培养学生的积极乐观感
C. 为学生提供参与机会
D. 表达对学生的合理期望
E. 促进学生形成良性的人际关系

76. 杨女士女儿刚上小学，胆小怕人，不愿意去学校，杨女士就为她办理了休学。丈夫对此非常不理解，要求女儿复学，杨女士不同意，两人因此发生争吵。杨女士非常苦闷，向社会工作者小王求助。为了更好地了解杨女士的家庭状况，小王与杨女士及其家人约定在机构进行初次会谈。在会谈之前，小王需要做的准备工作有（　　）。(2023)

A. 准备好需要签订的服务合同　　B. 打印机构简介和需求评估表等资料
C. 初步评估杨女士家庭的问题　　D. 布置会谈室使其适合进行家庭会谈
E. 查阅有关杨女士家庭的资料

77. 学校社会工作者小张正在为生活困难大学生筹划开展一系列活动，为其进行心理能力建设。下列活动内容中，恰当的有(　　)。

A. 为生活困难学生提供勤工俭学岗位
B. 安排生活困难学生参与学校的社团活动
C. 鼓励生活困难学生参加学校的演讲比赛
D. 帮助生活困难学生申请奖学金
E. 引导生活困难学生发掘自身优势

78. 四和里是老旧小区，社会工作者为开展社区服务到该社区进行需求评估。居民们说，这里胡同狭窄，私家车越来越多，通行越来越不安全，社区工作者发现，早晨胡同早点摊前排队的长龙常常堵塞交通。街道办事处的调查报告也认为该社区环境和设施需要规划重整。根据布雷德绍的需求分类，上述反映了居民的需求类型包括（　　）。(2021)

A. 感觉性需求　　B. 表达性需求　　C. 规范性需求
D. 比较性需求　　E. 物质性需求

79. 肝癌晚期患者赵先生日前入院治疗，医务社会工作者小唐在病房探访中发现其状况较差。在初次面谈中，小唐了解到赵先生对于自己所患疾病有一定了解，但又无法坦然接受自己已是癌症晚期的事实，较为悲观，觉得生活没有希望，社会支持较弱。在需求评估时，小唐应主要聚焦的有（　　）。(2022)

A. 赵先生的心理情绪反应　　B. 赵先生的人际关系状况
C. 赵先生的角色适应情况　　D. 赵先生的生命意义探索
E. 赵先生的家庭经济情况

80. 有几位职工在企业的一次安全生产事故中受伤，三年来一直在治疗和康复。为协助受伤职工重返社区生活，恢复社会功能，企业社会工作者小张开展了一系列职业社会康复活动。小张在开展服务时，可运用的职业社会康复具体技巧有（　　）。(2023)

A. 职业协调技巧　　B. 职业评估技巧
C. 职业培训技巧　　D. 危机干预技巧
E. 职业规划技巧

参考答案

一、单项选择题

1. C　考点：介入的分类
2. A　考点：残疾社会工作服务理念变迁
3. C　考点：制定服务计划的方法—设定目的和目标
4. C　考点：老年个案工作—提升自我效能感
5. A　考点：儿童收养流程
6. B　考点：妇女社会工作的特点—强调妇女个人问题的社会原因
7. D　考点：残疾人社会工作理论视角的特殊性—社会网络理论
8. A　考点：个案工作方法在社区矫正中的伦理原则—接纳原则
9. B　考点：接案会谈的主要任务—界定服务对象问题
10. A　考点：社会工作方法在青少年服务运用中的整合性要求
11. B　考点：老年社区工作方法—工作原则
12. C　考点：性别视角的妇女社会工作方法—协助相同处境的妇女建立支持性小组
13. C　考点：残疾人社会工作功能发挥的特殊性
14. D　考点：个案工作方法在社区矫正中的伦理原则—个别化原则
15. B　考点：儿童社会工作的类型
16. A　考点：支持性儿童福利服务
17. A　考点：老年人问题和需求评估的目的与方法
18. D　考点：提供家庭支持服务—亲职辅导
19. A　考点：企业社会工作服务内容
20. C　考点：改善青少年家庭关系的社会工作服务—亲职教育辅导
21. B　考点：老年社会工作服务内容—社会支持网络建立
22. D　考点：残疾人的权利和基本需求
23. A　考点：介入重点—危机干预
24. B　考点：性别视角的家庭工作原则
25. C　考点：矫正社会工作的认知理论
26. A　考点：针对涉毒人员的社会工作介入
27. C　考点：社区矫正人员的主要需求
28. D　考点：青少年社会工作的层面

29. A　考点：预估阶段的最终目的
30. B　考点：医务社会工作的功能
31. A　考点：军转复退军人安置社会工作服务对象的界定
32. D　考点：光荣院社会工作的主要方法—介入策略
33. A　考点：军休社会工作的主要方法—介入策略
34. A　考点：就业救助中的服务内容
35. C　考点：青少年社会工作的服务内容
36. C　考点：临时救助中的服务内容
37. C　考点：评估的主要特点
38. A　考点：教育救助的心理能力建设
39. B　考点：推动社会性别主流化的工作
40. C　考点：家庭干预的常用技巧
41. C　考点：亲子关系困境与社会工作介入
42. C　考点：小组工作方法在学校社会工作中的运用与创新
43. C　考点：改善青少年家庭关系的社会工作服务
44. C　考点：学校社会工作对培养学生人际交往能力的介入
45. C　考点：青少年问题的表现
46. D　考点：社区参与的层次和形式
47. B　考点：社区教育的基本目标
48. C　考点：推动社区多方联动的方法
49. A　考点：老年人社区照顾服务涉及宏观层面的需求评估
50. A　考点：社区服务（活动）方案评估
51. C　考点：社区资源的含义和类型
52. B　考点：肿瘤治疗康复、舒缓疗护及临终关怀社会工作
53. D　考点：慢性疾病与长期照护的社会工作：获得性免疫缺陷综合征（艾滋病）
54. C　考点：妇女医务社会工作的内容
55. C　考点：医疗机构与疾病治疗领域社会工作常用方法
56. B　考点：精神卫生领域社会工作
57. D　考点：慢性病疾病与长期照护的社会工作—终末期肾病方面
58. C　考点：医务社会工作肿瘤治疗康复、舒缓疗护及临终关怀社会工作
59. C　考点：职工职业生涯规划要求
60. B　考点：企业社会工作者的角色

二、多项选择题

61. BC　考点：评估的方法
62. BC　考点：养老机构照顾阶段社会工作者的角色
63. ACDE　考点：儿童社会工作服务的内容与整体流程
64. ACDE　考点：接案阶段收集资料的方法和途径
65. CDE　考点：以家庭为中心的方法的定义及要素
66. ACDE　考点：城市社区社会工作的主要内容

67. ACDE 考点：青少年社会工作方法—协助青少年开展自我探索
68. ABCE 考点：以提升自我行为管理能力为目标的小组工作
69. BE 考点：社区康复的原则
70. ABC 考点：针对犯罪嫌疑人亲友的社会工作介入
71. CE 考点：优抚医院社会工作的主要方法—介入重点
72. ABC 考点：军转复退军人安置社会工作服务对象的需要
73. CD 考点：儿童社会工作的主要方法
74. AB 考点：如何获得评估信息
75. CDE 考点：学校社会工作对学生家庭困境的介入
76. BDE 考点：家庭社会工作的实施步骤
77. BCE 考点：学校社会工作对学生家庭困境的介入
78. ABC 考点：社区需求分析
79. ABD 考点：肿瘤/癌症患者的社会心理评估维度
80. BC 考点：职业社会康复的技术

全真模拟试题（三）

一、单项选择题（共 60 题，每题 1 分。每题的备选项中，只有 1 个最符合题意）

1. 赵奶奶几个月前从农村来到城市照顾孙子，由于人生地不熟，语言沟通困难，特别不适应，想回农村。但是她觉得儿子儿媳整天忙于工作，孙子无人照顾，又不忍心向儿子开口。为了帮助赵奶奶识别问题的主观因素，社会工作者的下列做法中正确的是（　　）。(2022)

A. 询问赵奶奶为解决这一问题作了什么努力

B. 了解赵奶奶之前是如何应对类似问题的

C. 与赵奶奶确认这一问题是什么时候开始的

D. 引导赵奶奶说出她自己担心背后的原因

2. 社区工作者小吕在异地搬迁社区为青少年提供服务，制订工作计划时，他邀请来社区的青少年代表充分表达自身需要，激发他们对社区发展问题的探索。小吕的上述做法遵循了青少年工作的（　　）原则。(2023)

A. 预防性　　B. 治疗性　　C. 主体性　　D. 客观性

3. 单亲母亲王女士独自抚养 14 岁的女儿，面对青春期女儿的叛逆表现，她认为孩子不听话，无法沟通，感到无能为力，向社会工作者小谭求助，在了解情况后，小谭拟开展亲职教育辅导服务。下列服务目标中，恰当的是（　　）。(2023)

A. 协助女儿耐心倾听王女士的想法　　B. 协助女儿更好地扮演家庭角色

C. 协助王女士纠正女儿的不当行为　　D. 协助王女士了解青春期的特征

4. 某地遭遇特大暴雨，多处房屋被冲毁，当地政府迅速启动应急响应，组织防汛救灾，安置受灾群众，并及时将受灾数据向社会公布，为开展救援提供依据。某社会工作服务机构发现在受灾数据中没有受灾人口分性别的统计，遂与政府积极沟通，建议他们加入分性别统计指标，并据此提供相应物资。该机构的做法体现了（　　）。(2022)

A. 维护妇女儿童权益　　B. 注重性别分析

C. 实施妇女儿童赋权　　D. 宣传男女平等

5. 为落实国家《“十四五”残疾人保障和发展规划》中“强化残疾预防”的任务要求，某社会工作服务机构承接政府购买服务，与社区卫生服务中心合作，在社区开展残疾早期筛查和早期医疗干预服务。上述服务属于我国残疾人预防工作体系中（　　）的内容。(2021)

A. 一级预防　　B. 二级预防　　C. 三级预防　　D. 四级预防

6. 社会工作者小梁在为社区矫正服务对象开展就业能力提升小组工作中，邀请已成功就业的服务对象担任辅导员、分享就业信息、负责就业面试辅导的活动策划，带领情景

模拟活动等。小梁在小组工作中的上述安排，其目的是（　　）。(2021)

A. 促进服务对象的社会融入　　B. 提升服务对象的就业技能

C. 发挥服务对象的正面影响　　D. 提高服务对象的自决能力

7. 社区矫正对象胡先生向社会工作者倾诉，自己出狱后面临许多问题：有严重的心脏病，看病费用负担较重；几次求职被拒，生活得靠母亲微薄的退休金；几年前与妻子离婚后，一直联系不上前妻与儿女。根据胡先生的表述，他呈现出的明显特征是（　　）。(2022)

A. 困难重重的生活特征　　B. 冲动好斗的人格特征

C. 与社会严重脱节的社会特征　　D. 患得患失的心理特征

8. 新入职的矫正社会工作者小杨对如何处理遵守保密原则与维护社会安全的关系存在困惑，向督导请教。督导通过对实际案例的讨论分析，协助小杨厘清保密原则及其界限。下列情景中，小杨可以打破保密原则的是（　　）。(2020)

A. 某来访机构希望能翻阅矫正社会工作者的服务记录

B. 矫正对象告知社会工作者自己每天靠吸食冰毒来抵抗驾驶疲劳

C. 矫正对象向社会工作者描述之前犯罪经过以及在监狱里的感受

D. 矫正对象告诉社会工作者自己年轻时曾偷邻居家阳台上的香肠

9. 李奶奶与儿媳因为孙子的教育问题经常争吵，婆媳关系紧张，李奶奶对此很苦恼，希望得到社会工作者小王的帮助。为了了解李奶奶的问题和需要，帮助李奶奶识别和善用环境中的积极因素，小王应做的是（　　）。

A. 了解李奶奶的背景资料　　B. 明确李奶奶的问题所在

C. 了解李奶奶曾经得到的帮助　　D. 分析李奶奶问题的成因

10. 在精准扶贫工作中，为激发服务对象的内在动力，社会工作者大刘注重服务对象的参与，由服务对象对合作社的生产经营和管理进行自主决策，学习如何承担责任。大刘在选择上述介入行动所遵循的原则是（　　）。(2019)

A. 瞄准精准扶贫的目标　　B. 尊重服务对象自决权

C. 关注服务对象的特点　　D. 注重服务的经济效益值

11. 社会工作者老蒋在外展工作中发现了一名13岁男孩，男孩瘦小的身上留有许多新旧伤痕，经询问后得知，男孩常因吃饭慢、衣服脏、事情做不好而遭到母亲打骂。老蒋进一步调查评估后，初步判断男孩可能遭受了家庭暴力。为此，他首先应当（　　）。(2019)

A. 向公安机关报案　　B. 为男孩寻求法律援助

C. 对母亲进行法制教育　　D. 将男孩安置到儿童福利机构

12. “青春扬帆”是一项针对困境青少年的社会工作服务项目。该项目围绕困境青少年自信心不足、自尊感较低等问题，开展了自我认知、自我探索和自我成长的户外探险团体体验活动，通过完成合作任务提升困境青少年的自信和自尊。上述项目中，社会工作者采用的服务方法是（　　）。(2022)

A. 家庭治疗　　B. 朋辈辅导　　C. 历奇辅导　　D. 向导服务

13. 小明是一名打工子弟学校二年级的学生，平时上课开小差，经常跟社区里的一些不良青少年玩，有时彻夜不归，父母整天忙于工作，致使小明缺乏家庭照顾。社会工作者小刘在一次社区漫步时发现了小明，并了解了一些情况。在成功接案后，小刘决定从人与环境两个环节进行介入，这种介入类型属于(　　)。

A. 直接介入　　B. 间接介入　　C. 系统介入　　D. 综合介入

14. 某村社会工作者小张对本村留守儿童摸排后发现，留守儿童课后娱乐方式单一，沉迷手机游戏的情况很普遍。为改善这一现状，小张在本村儿童之家举办“凤凰花助飞成长营”，为留守儿童提供适宜的文学读物，定期开设科学探索课堂，激发他们的求知欲和探索精神。小张上述服务满足了留守儿童的（　　）需要。(2022)

A. 生存　　B. 受保护　　C. 发展　　D. 社会化

15. 小羽自幼跟爷爷、奶奶一起生活，备受宠爱，是个十分调皮和任性的孩子。上小学时，小羽才回到父母身边，和父母比较生疏，学习表现不佳，时常被父亲呵斥，小羽为此变得非常焦虑，上课注意力不集中，有时作业也完成不了，老师也反映小羽在学校不爱说话，课间活动时常常一个人躲在角落里。母亲十分着急，求助社会工作者。社会工作者在和小羽初次面谈后，想借助一些量表来了解小羽面临的问题。下列评估量表中，较为适用的是（　　）。

A. 儿童行为量表　　B. 社会期望量表　　C. 儿童智力量表　　D. 儿童多动症量表

16. 儿童教育学的多元智能理论认为，儿童有时会在某一两个方面表现突出，而在其他方面落后于其他人。因此，学校教育必须留意不同学生的不同智能表现，即使他们未能在某些方面达到一般水平，也不要责罚他们。依据这一理论，社会工作者在为儿童提供专业服务时，应采用(　　)的工作取向。

A. 以儿童为中心　　B. 需求为本　　C. 优势视角　　D. 问题为本

17. 社会工作者小王组织社区青少年成立非洲鼓学习小组，邀请专家为他们提供辅导训练，并组织他们到社区表演。在此过程中，青少年不仅结识了朋友，而且提升了自信。该小组属于(　　)。

A. 教育小组　　B. 任务小组　　C. 游戏技巧小组　　D. 娱乐小组

18. 社会工作者小江运用艾瑞克·伯恩沟通分析理论中的“脚本分析技术”，帮助社区青少年了解成长环境对自己人际沟通形态的影响，提升他们的人际沟通能力。为此，小江应协助社区青少年（　　）。(2019)

A. 觉察自己的自我状态　　B. 反思自己的沟通形式

C. 反省自己的沟通技巧　　D. 觉察自己的“生活地位”模式

19. 青少年的身体逐渐发展成熟，独立意识不断增强，权利意识和责任感开始提升，表现出不稳定的特点。这些特点要求社会工作者在开展青少年服务时应坚持(　　)视角。

A. 发展性　　B. 保护性　　C. 预防性　　D. 治疗性

20. 社会工作者在为老年人提供服务时，既要关注老年人的衰老问题，也要关注老年人的优势。例如，老年人通过语言、文字的提炼和经验积累而形成的智力优于年轻人。老年人的这种行为智力类型是（　　）。

A. 结晶智力　　B. 空间关系智力

C. 液态智力　　D. 形象思维智力

21.《“十四五”国家老龄事业发展和养老服务体系规划》提出，积极开展家庭病床、上门巡诊等居家医疗服务，不断增加老年健康服务资源供给，不断扩大人才队伍。上述规划将更好地满足老年人（　　）的需要。(2022)

A. 健康维护　　B. 居家安全　　C. 社会参与　　D. 就业休闲

22. 张大爷丧偶多年，几年前因脑出血导致半身不遂。张大爷的女儿长期独自照顾他，近来感到力不从心。社会工作者得知后，拟从“家庭思维”的视角出发，为该家庭提供服务，其适宜的做法是（　　）。

A. 组织社区志愿者定期探访张大爷

B. 邀请张大爷女儿参加照顾者支持小组

C. 联系专业康复人员定期上门提供服务

D. 动员张大爷入住养老机构，让女儿去探访

23. 某村村委会为本村妇女开展科学育儿课程，这体现了当地村委会满足了妇女（　　）方面的需求。

A. 实用性社会性别　　B. 战略性社会性别

C. 教育　　D. 精神文化满足

24. 某市准妈妈和新生儿数量不断增加，对公共场所各类母婴设施的需求也逐渐增多，针对这一情况，某市印发了《关于加快推进母婴设施建设的实施意见》，要求所有应配置母婴设施的公共场所和用人单位建成标准化的母婴设施，实现母婴设施全覆盖。上述举措回应了妇女的（　　）需要。（2022）

A. 生殖健康　　B. 职业安全　　C. 心理健康　　D. 性别公正

25. 由于个人经历和家庭观念不同，人们对婚姻暴力的认识差异很大。下列婚姻暴力的认识中正确的是（　　）。（2023）

A. 两口子打架是家务事　　B. 家庭暴力由暴力性格所导致的

C. 挨打一定有挨打的理由　　D. 任何理由都不是实施暴力的借口

26. 35 岁的高先生因交通事故意外致残，经过一段时间的医疗康复后，他被转介至残疾人职业康复服务站。该服务站的社会工作者全面了解高先生的基本情况后，有针对性地梳理支持性资源，协助高先生实现职业康复。下列做法属于就业指导环节的是（　　）。（2022）

A. 对高先生的身体、心理和职业适应性进行评估

B. 协助高先生报名参加电子商务行业岗前培训班

C. 向高先生介绍本机构为残疾人提供的系列服务

D. 对高先生入职中遇到的具体问题给予解答建议

27. 随着残疾人社会工作的发展，社会工作常常基于社会建构理念开展服务。下列关于残疾人的观念中体现该理念的是（　　）。（2023）

A. 残疾人的主要特征是个体差异很小

B. 残疾人随时随地都需要特别的帮助

C. 消除社会障碍是残疾人权利实现的关键

D. 分析残疾的原因应该从个人层面入手

28. 下列选项中，（　　）不是社会工作者在个案管理中的角色。

A. 资源整合者　　B. 价值倡导者

C. 服务咨询者　　D. 领导者

29. 老方获假释后去社区矫正服务中心报到，被告知要接受心理社会状况评估，老方十分紧张。社会工作者小黄见到老方后请他坐下，递上一杯水，微笑着询问其近况。小黄

的上述举动，体现了矫正社会工作（　　）的原则。(2023)

A. 个别化　　B. 接纳　　C. 非评判　　D. 自决

30. 社会工作者以社会连接理论中的“参与感”为理论参考，为社区青少年开展小组服务。根据该理论的具体要求，下列做法中，恰当的是（　　）。(2022)

A. 帮助青少年形成健康的自我概念　　B. 协助青少年树立正确的就业意识

C. 促使青少年提升社会交往的能力　　D. 引导青少年更多地参加社会活动

31. 社会工作者老李应邀到小伟家进行探访。老李了解到，7 岁的小伟去年被诊断为中度智障，未能到普通小学就读。小伟母亲辞职在家照顾小伟，但她觉得自己只能照顾其生活，无法为他提供系统的知识和社会技能训练，因而非常担心影响小伟的顺利成长。老李评估后认为，小伟当下最急需的是（　　）康复资源。(2019)

A. 职业　　B. 社区　　C. 教育　　D. 社会

32. 为了实现军供工作由传统的单一饮食服务向综合保障服务转变，需要引入社会力量推动新型服务体系的建构，某地军供站的社会工作者小王，运用社会工作专业知识和方法，科学评估军供站所在区域的物质、人力、组织等要素，凝聚企事业单位、社区组织和志愿团队的服务力量，推动形成关心和支持军供工作的浓厚氛围。小王的上述工作属于（　　）。(2021)

A. 协调社会关系　　B. 整合社会资源

C. 提供社会支持　　D. 完成服务保障

33. 社会工作者老王发现，有些退役士兵在从军营到地方的转变中存在较大的心理冲击，觉得自己既无学历优势又无专业特长，面临职业转岗的挑战。针对这种情况老王拟为他们开展小组服务，促进他们适应职业的转变。在小组中期，该小组的主要任务应是（　　）。(2023)

A. 职业准备　　B. 面试模拟　　C. 简历设计　　D. 环境探知

34. 离异的陈先生，长期失业，靠最低生活保障金生活，与父母关系紧张。社会工作者老马入户了解到，陈先生常常感到自己与社会格格不入，烦心的时候找不到人倾诉，十分苦恼。老马对陈先生进行情绪疏导，与就业服务中心联系，为他申请免费职业技能培训，并帮他模拟面试，邀请他参加街道社工站组织的各种活动结识新朋友。除上述服务外，针对陈先生的需求，老马还应开展的服务是（　　）。(2023)

A. 提供心理支持　　B. 调节家庭关系

C. 开展能力建设　　D. 促进社会融入

35. 军休所社会工作者小徐发现，一些军休老人对社会组织提供的社会化养老服务存在疑惑，尤其是不能接受这类机构的有偿服务。为此，小徐设计了小组工作方案，旨在帮助军休老人转变对社会化养老服务的态度，让他们更好地适应社会化养老服务，在小徐的方案中，其工作介入重点应聚焦在军休老人的（　　）。(2019)

A. 健康养生　　B. 认知重构　　C. 居家安全　　D. 社交技能

36. 大刘退役后，回到校园继续学业，面临“军人”到“学生”角色的转换，因与同学经历不同，难以融入校园生活，影响了他的学业发展。社会工作者决定为大刘提供协助。下列做法中，属于个案辅导方法的是（　　）。(2022)

A. 发掘大刘的人际交往优势　　B. 组建退役军人大学生社群

C. 举办有针对性的知识讲座　　D. 营造友好舒适的校园氛围

37. 为推动“新时代文明实践活动”的开展，某社会工作服务机构拟与新星社区共建社区志愿服务“时间银行”。该机构的社会工作者依据布雷德绍需求分类法进行社区需求分析时发现，对于建立“时间银行”，该社区有感觉性需求、表达性需求和规范性需求，但没有比较性需求。上述需求分析结果表明（　　）。(2020)

A. 在社区建立“时间银行”困难重重

B. 建立“时间银行”不能给社区带来利益

C. 建立“时间银行”不是社区真正的需求

D. 建立“时间银行”是创新服务的最佳时机

38. 56 岁的乔阿姨一直没有工作，主要依靠丈夫的收入生活。两个月前，乔阿姨的丈夫突发心脏病入院治疗，花光了家里所有的积蓄。乔阿姨家的生活难以为继，丈夫的后续治疗也无法维持，乔阿姨为此感到十分焦虑，向社会工作者小魏求助。为帮助乔阿姨的丈夫获得稳定的后续治疗，小魏首先应该（　　）。(2019)

A. 帮助乔阿姨稳定情绪

B. 为乔阿姨的丈夫提供个案辅导

C. 帮乔阿姨向有关部门提出低保申请

D. 评估乔阿姨家适合申请哪类社会救助项目

39. 小勇的父母离异多年，母亲远嫁他乡没有音信，父亲常年在外打工很少回家，小勇和爷爷一起生活。上初中后，小勇不听爷爷管教，经常顶撞爷爷。几天前，爷爷不让小勇晚上玩手机，小勇不听还顶嘴，爷爷气得差点儿动手打他，爷孙关系紧张，爷爷因此向社会工作者小王求助。依据家庭系统理论，小王下列分析中正确的是（　　）。(2021)

A. 爷孙关系紧张是家庭的教养方式造成的

B. 爷孙关系紧张是小勇的父母离异导致的

C. 爷孙关系紧张是小勇的错误行为造成的

D. 爷孙关系紧张是小勇家庭的挑战与机会

40. 自从发现丈夫有了外遇之后，王女士便不断与丈夫争吵，每次争吵后，王女士都在女儿面前抱怨。不久前，王女士发现女儿开始厌学、逃课，学习成绩下滑。王女士非常担心女儿，于是向社会工作者求助。根据家庭系统理论，社会工作者应该帮助王女士(　　)。

A. 改善与丈夫的关系

B. 加强与女儿的沟通

C. 调整其丈夫与女儿的关系

D. 明确与女儿的界限

41. 老陈最近失业，经济陷入困难，生活压力大，与妻子关系紧张，经常吵架。受此影响，上初中的女儿成绩下滑，社会工作者了解情况后，根据家庭成员增能原则开展服务。下列做法中正确的是（　　）。(2022)

A. 改善老陈夫妻的关系，促进夫妻之间的情感沟通

B. 为老陈提供就业岗位，改善家庭的经济生活状况

C. 增强老陈指导孩子学习的能力，缓解家庭教育压力

D. 增强老陈夫妻沟通技能，为孩子提供良好家庭环境

42. 刘女士最近遇到了很多问题：读初三的儿子不爱学习，一心想做网红；老公常年在外地工作，不太关心家里的事；独自照顾婆婆，但婆婆总为难她。刘女士深感困扰，向社会工作者小张求助。小张请刘女士对这些问题进行排序，找出最需要解决的问题。上述服务过程中，小张使用的家庭干预技巧是（　　）。(2023)

A. 观察技巧　　B. 聚焦技巧　　C. 案例使用　　D. 再标签技巧

43. 高二学生小丽的父母对她期望较高，希望她每次考试都能在班上排名前十。在父母的影响下。小丽对自己的要求也很高。虽然她的成绩经常名列前茅，但一直很焦虑，怕被别人超越，更担心考不好被父母责备。小丽面临的主要是（　　）困境。（2023）

A. 学业　　B. 人际关系　　C. 心理　　D. 偏差行为

44. 初一学生小李的父母几年前因车祸双亡，爷爷奶奶靠微薄的养老金抚养他，尽管生活艰辛，但爷爷奶奶非常疼爱小李，老师和同学也都很喜欢和关心他。小李有自己的理想，学习努力，成绩优秀。从抗逆力理论视角看，上述案例中，对小李健康成长最重要的影响因素是（　　）。

A. 个体的坚强与忍耐　　B. 支持性人际与社会关系

C. 个人较好的情绪管理能力　　D. 家人与老师的殷切期待

45. 王女士发现 12 岁的儿子最近学习不专心，沉迷于网络游戏，成绩明显下降。为此，王女士与丈夫尝试了很多方法管教儿子，但收效甚微。儿子平时还算听话，与王女士夫妇也较亲近，就是沉迷网络游戏的问题让王女士颇为烦恼，遂向社会工作者小李求助。小李接案后，首先进行需求评估，以便找出问题产生的原因。在此工作步骤中，小李运用家庭结构图描述王女士家庭成员之间的关系，其中，表示王女士与其儿子关系的连接线应是（　　）。（2019）

A. 实线　　B. 虚线　　C. 波折线　　D. 阻断线

46. 小强的父母多年前下岗，母亲做钟点工维持家用，父亲体弱多病，还常常借酒消愁，抱怨命运不公，认为孩子不争气，成绩不好也不用功，打骂也不起作用。学校社会工作者了解小强的家庭情况后，与其父母进行了面谈，与他们分享了有些家长在逆境中教育孩子成才的经验，如父母的无私关爱、对孩子积极合理的期望鼓励和适当的规范等，都可以帮助孩子健康成长。本案例中，社会工作者对家长的指导是运用了抗逆力理论中强调的（　　）因素的重要作用。

A. 内在优势　　B. 自身适应　　C. 自身效能　　D. 外部支持

47. 社会工作者小王受区妇联委托，在其服务的社区开展受虐妇女的服务需求调查。受虐妇女们受到“家丑不能外扬”这一传统观念的影响，最初不愿接受小王的访谈。在小王的关心、支持和不懈努力下，受虐妇女们终于敞开心扉，讲述她们的受虐经历和期望改变。受虐妇女们的讲述反映了她们的（　　）。（2023）

A. 表达性需求　　B. 比较性需求　　C. 感觉性需求　　D. 规范性需求

48. 社会工作者邀请专家对某社区高龄老年人进行综合评估，专家指出高龄老年人存在用餐难的问题。根据布雷德绍需求分类，上述需求属于（　　）。（2022）

A. 规范性需求　　B. 感觉性需求　　C. 表达性需求　　D. 比较性需求

49. 胜利村驻村社会工作者小宁为村里的留守儿童开办了暑期夏令营，帮助他们增强适应能力并拓展同辈支持网络。小宁招募了返乡大学生作为志愿者参加夏令营的活动，同时链接了基金会资源为夏令营提供物资支持。在该夏令营的实施阶段，小宁应该做的工作是（　　）。（2021）

A. 制订工作方案　　B. 激励志愿者士气

C. 评估活动成效　　D. 表彰优秀志愿者

50. 某中学社会工作者小李在服务对象筛查的过程中发现，小志个子比较矮，学习成绩差，性格内向，也不会处理同学关系，老师同学常常忽略他。久而久之，他也觉得自己没用，变得越来越孤僻。小李计划通过增强小志个人“内在优势”提升其抗逆力。为此，小李最适宜的做法是协助小志（　　）。(2019)

A. 建立关怀支持的人际环境　　B. 获得有意义的参与机会

C. 设立明确清晰的行为规范　　D. 塑造美好乐观的自我形象

51. 在乡村振兴的背景下，某社会工作服务机构组织高校专业师生宣讲环保知识，发挥“新乡贤”社区骨干的带头作用，利用“绿色志愿者”人力资源，有组织、有计划地开展“保护环境，从我做起”的服务项目。该机构的做法属于社区资源链接方式中的（　　）。(2023)

A. 资源配置　　B. 资源共享　　C. 资源整合　　D. 资源互补

52. 某小区冬季取暖问题很长时间未得到有效解决，引发了社区居民与物业公司的矛盾。社会工作者走访了相关职能部门和物业公司，在评估各种影响小区供暖问题因素的基础上，制订了初步的解决方案，并征求社区居民意见以进一步完善。上述社会工作者的做法属于推动居民社区参与层次和形式的是（　　）。(2019)

A. 告知　　B. 咨询　　C. 协商　　D. 共同行动

53. 医务社会工作者小许在探访一名肺癌晚期住院患者时发现，面对日渐恶化的病情，该患者及其子女处于极度悲伤和绝望中，其子女因联系社区照护机构屡屡受挫而身心疲惫。小许综合评估了该患者家庭的状况，用冥想与正念治疗对该患者及其子女进行干预以缓解他们的身心压力。小许的干预过程属于舒缓疗护中的（　　）。(2021)

A. 情绪心理辅导　　B. 临终关怀　　C. 照护支持服务　　D. 哀伤辅导

54. 小王是一名儿童医务社会工作者，平时工作中会接触较多的儿童，因此他开展工作的主要内容不包括(　　)。

A. 患者群体的特点　　B. 医护人员的特点

C. 患者群体的需求　　D. 照顾者群体的需求

55. 社会工作者对患者进行依从治疗的咨询有四个不同的阶段，在维持患者的依从阶段中，下列哪项不属于社会工作者可以使用的技巧？(　　)

A. 协助维持技巧　　B. 教会如何应对失误的技巧

C 利用跟进的技巧　　D 有效管理压力的技巧

56. 精神疾病患者徐某因病初次入院治疗，面对陌生的环境、严格的规定和相对隔绝的空间，产生了恐惧感，甚至想逃离医院。医务社会工作者此时最应该提供的服务是（　　）。(2022)

A. 信息咨询　　B. 资源链接　　C. 住院适应　　D. 康复训练

57. 医务社会工作者小齐接到急诊科转介电话得知，独居的张奶奶日前因腹痛被邻居送入院，目前生命体征平稳，可办理出院。小齐拟为张奶奶提供出院安置服务，下列做法最恰当的是（　　）。(2023)

A. 了解张奶奶的疾病与就诊史，评估其生理机能

B. 对张奶奶进行情绪量表测评，评估其心理机能

C. 了解张奶奶对自身疾病的认识，评估其医疗理解情况

D. 走访张奶奶所在的社区居委会，评估其社会支持情况

58. 社会工作者小王走访租住在本社区的“外卖骑手”家庭时发现，庄先生常带孩子

送外卖，在最近一次送单时由于行驶速度过快，撞上了路边的汽车，自己和孩子都受伤了，还要赔偿车主一大笔维修费，庄先生很郁闷。小王疏解了庄先生的情绪，又为庄先生的孩子联系了就近的幼儿园。小王采用的社会工作方法是（　　）。(2023)

A. 个案工作　　B. 小组工作　　C. 社区工作　　D. 督导工作

59. 社会工作者小赵发现，部门入职 2~3 年的职工为未来个人职业生涯发展感到迷茫，找不到工作努力的方向。对此，小赵打算为这些职工举办职业生涯探索小组。在小组工作的准备阶段，小赵正确的做法是（　　）。

A. 传授职业生涯规划知识

B. 为组员制订职业生涯规划

C. 协助组员进行自我规划与决策

D. 分析评估组员职业发展迷茫的原因及需求

60. 社会工作者小刘在某工业园区开展企业社会工作服务时了解到，有的工厂没有向员工提供足够的安全防护用品；有的员工受伤后才意识到工作岗位存在安全隐患；有的员工心存侥幸，对职业安全缺乏足够重视。针对上述情况，小刘计划开办职业安全与健康教育小组，帮助员工学习相关知识，提升自我保护意识和能力。小刘开展该小组工作的正确流程是（　　）。(2021)

A. 需求评估—招募组员—确定目标—制订小组计划书

B. 招募组员—需求评估—确定目标—制订小组计划书

C. 需求评估—确定目标—招募组员—制订小组计划书

D. 制订小组计划书—确定目标—招募组员—需求评估

二、多项选择题（共 20 题，每题 2 分。每题的备选项中，有 2 个或 2 个以上符合题意，至少有 1 个错项。错选，本题不得分；少选，所选的每个选项得 0.5 分）

61. 六年级女生小灿的父亲因意外失去了劳动能力，全家靠母亲外出工作艰难维持生活，母亲压力巨大，遇到不顺心的事，常常打骂小灿。小灿一年前被诊断为抑郁症，休学在家，终日与手机为伴，但母亲却限制她玩手机，频繁与她发生冲突。社会工作者组建了家庭工作团队为小灿开展服务，在开展家庭团队工作环节需要完成的主要工作有（　　）。(2022)

A. 挖掘小灿家的亲戚资源　　B. 为小灿提供替代性福利服务

C. 挖掘小灿所在社区资源　　D. 界定小灿家庭风险类型和程度

E. 安排小灿入院接受治疗

62. 刘姐和大李结婚多年，一双儿女都已上中学。家里除了几亩地的收成，主要靠大李在外打零工维持生计。大李爱喝酒，喝多了就打刘姐。刘姐常年遭受家暴，具有典型的“受虐妇女综合征”的表现。下列对刘姐的表述中，属于“受虐妇女综合征”表现的有（　　）。(2021)

A. 大李的性格天生就是这样　　B. 大李的工作压力实在太大了

C. 大李醉酒后我没服侍好他　　D. 不管是婆家还是娘家都没人能帮我

E. 谁家都是这样，年龄大些就好了

63. 15 岁的小强幼年丧母，父亲失踪，由年迈的祖父母抚养。因自卑不愿与他人交流，受到班级同学的排斥，小强与社会上的不良行为青少年来往较多，以寻求同辈群体的认可。社会工作者为小强提供社会化引导服务，下列服务中属于自我认同感辅导的有（　　）。（2022）

A. 发展并肯定小强人际交往方面的优势

B. 组织小强所在班级开展互相赞赏活动

C. 对小强及其同学开展自我认知探索小组

D. 动员小强和他的朋友参与生活技能学习

E. 激励小强和他的朋友团结一致互相帮助

64. 下列关于老年人心理特点的说法中，正确的有（　　）。（2023）

A. 听力下降是影响老年人记忆力的因素之一

B. 老年人的液态智力通常比年轻人还要强些

C. 老年人的结晶智力是常年生活积累的结果

D. 老年人处理信息的速度与年轻人几乎无异

E. 跟老年人沟通时要告诉他尽可能多的信息

65. 社区居民老王因为财产问题与兄弟姐妹发生争执，向社会工作者小赵求助。小赵从老王的邻居那里得知，老王和他的兄弟姐妹合不来。之后进行接案会谈。为做好这次会谈，小赵应做的准备主要包括(　　)。

A. 了解老王之前接受服务的情况

B. 走访老王的兄弟姐妹

C. 走访老王所在的社区

D. 阅读老王的有关资料

E. 为老王制订个案计划

66. 吴女士的丈夫脾气不好，长期对她施暴，一喝醉酒就打她，社会工作者在与吴女士交谈中发现，她已有“受虐妇女综合征”的表现。下列表述中体现该特征的有(　　)。（2022）

A. 是我自己没本事哄丈夫开心

B. 谁家的日子都是这么过来的

C. 他主要是因为喝酒才打我的

D. 过了那股劲儿他对我挺好的

E. 不管怎么说他都不应该打我

67. 失去老伴的李奶奶在儿子的陪伴下，来到养老院申请入住。社会工作者小梁在与李奶奶的交谈中了解到，老人家不愿入住养老院，但又怕成为儿子的负担，内心纠结，心理压力较大。此时，小梁需要做的工作包括（　　）。

A. 介绍养老院情况

B. 劝说老人入住养老院

C. 带领李奶奶和儿子参观养老院

D. 初步评估老人是否适合入住养老院

E. 鼓励李奶奶的儿子克服困难，自己照顾老人

68. 老李车祸致残后，始终无法接受现实，心情沮丧，对生活丧失信心。社会工作者小刘得知上述情况后，着手为老李提供服务。在与老李建立专业关系的过程中，小刘恰当的做法有（　　）。（2019）

A. 同情老李的处境

B. 要求老李接受现实

C. 接纳老李沮丧的情绪

D. 相信老李的改变能力

E. 鼓励老李维护自身权益

69. 在某案件审理过程中，社会工作者受法院委托撰写犯罪嫌疑人背景的调查报告，以提交法院作审判参考。为此，社会工作者需要访谈的对象包括(　　)。

A. 家属　　B. 犯罪嫌疑人　　C. 法官

D. 社区工作人员　　E. 公安部门工作人员

70. 老张在单位工作了6年，表现一直很积极，同事关系也不错。近期，单位领导得知老张有吸毒史后，将其开除。在社会工作者小林的鼓励和陪伴下，老张前往领导办公室，争取工作的机会。领导却说："我怎么知道你会不会复吸？谁能保证你不会带坏单位里的其他人？"面对这种情况，小林决定综合运用社会工作的直接和间接方法，为老张开展服务。小林下列服务中，运用了间接方法的有（　　）。

A. 开展家庭辅导，争取老张的家人给予老张更多支持

B. 开展就业辅导，协助老张获得新的工作机会

C. 提供法律支持，协助老张争取自己应有的赔偿

D. 开展社区教育，使更多人接纳、尊重戒毒康复人员

E. 挖掘社区志愿力量，动员更多的企业家共同参与戒毒康复工作

71. 某军休所社会工作者小叶发现，一些军休干部感到自己一身本领却无用武之地，因而产生强烈的无力感和失落感，为此，小叶决定为军休干部提供服务。下列服务技巧中，属于问题解决技巧的有（　　）。(2022)

A. 教授军休干部放松训练的技巧

B. 推动军休干部讨论问题产生的原因

C. 带领军休干部探讨社会参与的可行性

D. 引导军休干部回顾人生经历

E. 与军休干部一起找出问题解决的方法

72. 光荣院的社会工作者老王拟开办"莫道桑榆晚，为霞尚满天"怀旧小组活动，采用"逆序回顾"干预方式，帮助老年人回顾人生经历，进行人生整合。老王的下列做法中，正确的有（　　）。(2023)

A. 引导组员学会珍惜当下的生活，享受美好时光

B. 帮助组员学习强健身体的锻炼方法和放松技巧

C. 引导组员接纳自己过往工作中好与不好的经历

D. 协助组员减轻因光荣院老人去世造成的潜在影响

E. 带领组员回顾过往军旅生涯，确认过往生活价值

73. 社会工作者小邢到低保对象陈女士家中走访，了解到她是单亲妈妈，独自照顾患有精神疾病的儿子乐乐。小邢看到陈女士家中许多家具都有被破坏的痕迹，询问后知道是乐乐发病时用硬物敲打造成的。走访结束后，小邢又到社区居委会了解陈女士家的情况。小邢获取评估信息的方式有（　　）。(2023)

A. 直接询问　　B. 家庭探访　　C. 间接了解

D. 观察表情　　E. 使用量表

74. 小杨给学校社会工作者小安写了一封求助信："我最近很苦恼，妈妈经常动不动就骂我，今天还打了我，我很伤心。我希望你帮助我，让妈妈变得温柔一点。"小安因此找小杨妈妈交谈，小杨妈妈说了自己的苦恼："我就是脾气不好，我也知道不该打骂，可一遇事就控制不住自己。"下列小安的做法中，能够直接改善小杨母子之间沟通方式的

有（　　）。

A. 提示小杨妈妈在孩子做出适当行为时给予鼓励

B. 澄清小杨妈妈沟通中存在的问题

C. 提升小杨的自我情绪控制能力

D. 帮助小杨妈妈学习更有效的亲子互动

E. 帮助小杨觉察母亲的矛盾情绪

75. 某街道家庭综合服务中心的社会工作者为辖区内的失独家庭（计划生育特殊家庭）提供服务。根据家庭社会工作的基本原则。社会工作者在服务过程中，适宜的方法包括（　　）。

A. 指出家庭成员的问题，提供解决问题的方法

B. 观察失独家庭的日常生活，在家庭生活场景中评估其需要

C. 评估失独家庭成员能力和不足，设计有效的服务介入计划

D. 只关注失独家庭成员目前的需要，重点解决其当前的问题

E. 从失独家庭所处的特殊处境着手，把握家庭成员的真实需求

76. 驻校社会工作者大李发现，不少学生存在眼高手低、“想的多，做的少”情况。对此，大李拟为该校学生开展提升行动力的主题小组，下列小组活动中适宜的有（　　）。（2023）

A. 邀请组员相互赞美对方，培育自信心

B. 带领组员进行情景模拟，学会抉择

C. 邀请组员制作创意名片卡片，体验动手操作乐趣

D. 邀请组员竞标领受任务，训练积极工作态度

E. 带领组员讨论“我要做什么”，澄清职业价值观

77. 肝癌晚期患者赵先生日前入院治疗，医务社会工作者小唐在病房探访中发现其状况较差。在初次面谈中，小唐了解到赵先生对于自己所患疾病有一定了解，但又无法坦然接受自己已是癌症晚期的事实，较为悲观，觉得生活没有希望，社会支持较弱。在需求评估时，小唐应主要聚焦的有（　　）。（2022）

A. 赵先生的心理情绪反应

B. 赵先生的人际关系状况

C. 赵先生的角色适应情况

D. 赵先生的生命意义探索

E. 赵先生的家庭经济情况

78. 社区工作者小杨计划组织社区志愿者团队，为社区空巢老人提供关爱服务，开展上门探访、康乐小组等活动。在服务执行阶段，小杨应做的工作有（　　）。（2023）

A. 记录清楚每次活动的经费支出情况

B. 分析社区空巢老人的问题与需要

C. 把握服务进度以推动服务如期完成

D. 评估社区空巢老人关爱服务成效

E. 提升社区志愿者士气以增强成就感

79. 医务社会工作是医疗机构“全人服务”理念的补充，其角色从不同角度、层面可分为很多种，其中精神卫生社会工作者的角色可以从微观、宏观两个层面来叙述。下列角色中属于宏观层面的角色的是（　　）。

A. 教育者

B. 协调者

C. 行政者

D. 推动者　　　　　　E. 研究者

80. 下列选项中属于企业未能够有效履行社会责任的是（　　）。

A. 裁减工人　　　　　B. 不尽社区义务　　　　C. 搞不正当竞争
D. 违章经营作业　　　E. 制假售假

参考答案

一、单项选择题

1. D　考点：识别服务对象问题的主观因素
2. C　考点：青少年社会工作的原则
3. D　考点：亲职教育辅导服务目标
4. B　考点：社会性别分析和决策主流化
5. B　考点：残疾人预防工作体系——二级预防内容
6. C　考点：小组工作方法在社区矫正中的运用
7. A　考点：矫正服务对象的特点
8. B　考点：个案工作方法运用中应注意的问题
9. C　考点：家庭社会工作的实施步骤
10. B　考点：选择介入行动的原则
11. A　考点：儿童保护服务
12. C　考点：促进青少年个体发展的社会工作服务
13. D　考点：综合介入
14. C　考点：儿童的发展需要
15. A　考点：儿童面临的问题
16. C　考点：儿童社会工作的特点
17. C　考点：社区社会工作的小组类型
18. D　考点：促进青少年人际交往的社会工作服务
19. A　考点：青少年社会工作的原则
20. A　考点：老年人的特点
21. A　考点：老年人的需要
22. B　考点：家庭社会工作的基本内容
23. A　考点：实用性社会性别需求
24. A　考点：妇女的需要
25. D　考点：对婚姻暴力的认识误区
26. D　考点：职业康复的流程
27. C　考点：残疾人社会工作服务理念的“社会建构模型”
28. D　考点：社会工作者在个案管理中的角色
29. B　考点：个案工作方法在社区矫正中的伦理原则——接纳原则
30. D　考点：促进青少年社会参与
31. C　考点：残疾人教育康复及其主要内容

32. B　考点：军供社会工作的内容
33. D　考点：军转复退军人安置社会工作的主要方法—开展小组辅导
34. B　考点：最低生活保障中的服务内容
35. B　考点：军休社会工作的介入重点
36. A　考点：军转复退军人安置社会工作的主要方法—个案辅导
37. D　考点：社区需求分析
38. D　考点：社会救助社会工作的主要内容
39. D　考点：家庭系统理论
40. B　考点：家庭系统理论
41. D　考点：家庭成员增能原则
42. B　考点：家庭干预的常用技巧
43. C　考点：学校社会工作对学生心理困境的介入
44. B　考点：促进青少年人际交往的社会工作服务
45. A　考点：家庭结构图
46. C　考点：学校社会工作对父母的增能
47. C　考点：社区需求分析
48. A　考点：社区需求分析
49. B　考点：社区服务（活动）方案执行
50. D　考点：学校社会工作对学生家庭困境的介入
51. A　考点：社区资源的链接方式
52. B　考点：社区参与的层次和形式
53. A　考点：舒缓疗护的方法
54. B　考点：儿童医务社会工作的主要内容
55. D　考点：医疗机构与疾病治疗领域社会工作常用方法
56. C　考点：社会工作在精神卫生领域的作用
57. D　考点：急诊室社会工作的主要方法
58. A　考点：企业社会工作的主要方法
59. D　考点：小组工作在企业社会工作中的运用—小组工作过程
60. C　考点：小组工作在企业社会工作中的运用—小组工作过程

二、多项选择题

61. ACD　考点：以家庭为中心的方法—组建家庭工作团队
62. CDE　考点：对婚姻暴力的认识误区
63. AC　考点：促进青少年个体发展的社会工作服务
64. AC　考点：老年人的特点
65. ABCD　考点：家庭社会工作的接案会谈准备
66. ABCD　考点：对婚姻暴力的认识误区
67. ACD　考点：老年人机构照顾—社会工作者在机构照顾中扮演的角色
68. DE　考点：残疾人专业关系建立的特殊性
69. ABDE　考点：针对犯罪嫌疑人的社会工作介入

70. DE　　考点：矫正社会工作的主要方法
71. CE　　考点：军休社会工作的介入重点
72. ACE　考点：光荣院社会工作的介入策略
73. ABC　考点：如何获取评估信息
74. ABD　考点：改善青少年家庭关系的社会工作服务
75. BCE　考点：家庭社会工作的基本原则
76. CD　　考点：学校社会工作对培养学生行动力的介入
77. ABD　考点：肿瘤/癌症患者的社会心理评估维度
78. ACE　考点：社区服务（活动）方案执行
79. CDE　考点：精神卫生社会工作者的角色
80. CDE　考点：企业履行社会责任

全真模拟试题（四）

一、单项选择题（共 60 题，每题 1 分。每题的备选项中，只有 1 个最符合题意）

1. 社会工作者小张了解到，社区内很多随迁老人经常感到孤独寂寞。针对这种情况，小张为他们开展了小组服务，协助随迁老人结识新朋友，丰富生活。小张的上述做法，属于老年社会工作服务内容中的（　　）。（2023）

A. 咨询服务　　B. 社区日间照料安排

C. 家庭辅导　　D. 社会支持网络建设

2. 某村社会工作者小张对本村留守儿童摸排后发现，留守儿童课后娱乐方式单一，沉迷手机游戏的情况很普遍。为改善这一现状，小张在本村儿童之家举办“凤凰花助飞成长营”，为留守儿童提供适宜的文学读物，定期开设科学探索课堂，激发他们的求知欲和探索精神。小张上述服务满足了留守儿童的（　　）需要。（2022）

A. 生存　　B. 受保护　　C. 发展　　D. 社会化

3. 社会工作者以社会连接理论中的“参与感”为理论参考，为社区青少年开展小组服务。根据该理论的具体要求，下列做法中，恰当的是（　　）。（2022）

A. 帮助青少年形成健康的自我概念　　B. 协助青少年树立正确的就业意识

C. 促使青少年提升社会交往的能力　　D. 引导青少年更多地参加社会活动

4. 李女士丈夫因车祸去世，她一个人照顾年迈多病的父母和未成年的孩子，与邻居和其他人很少来往，工作不稳定，收入也不高，对生活感到无望。社会工作者在社区调查时了解到李女士的情况，拟运用妇女赋权的方法开展工作。下列做法中符合个人层面目标的是（　　）。（2022）

A. 链接志愿者帮助照顾李女士的父母

B. 教授李女士人际沟通方法和技巧

C. 邀请李女士参加单亲母亲支持小组

D. 与李女士会谈增强其生活的勇气和信心

5. 大李因吸毒成瘾被责令社区戒毒后成为社会工作者老秦的服务对象，近期，在一次个案会谈中，大李告诉老秦由于医生给药量难以满足需要，他计划在黑市上购买戒毒药物。此时，老秦恰当的做法是（　　）。（2022）

A. 斥责大李打算在黑市购买药物的想法

B. 默认大李打算在黑市购买药物的想法

C. 尊重大李的想法，鼓励他作出自我选择和决定

D. 重视大李的独特性，协助他与医生沟通给药量

6. 司法社会工作者小蒋接受委托，为未成年的社区服刑人员小芳开展服务。小芳向

小蒋说自己已经怀孕，并打算找一个私人诊所去做人工流产，叮嘱小蒋不要告诉父母和老师。接下来小蒋在服务过程中，首先要妥善处理好（　　）。(2022)

A. 为小芳保密和维护社会安全的关系

B. 为小芳保密和维护学校纪律的关系

C. 为小芳保密和维护其人身安全的关系

D. 为小芳保密和维护其家庭稳定的关系

7. 某城乡接合部社区有一些行为偏差青少年，他们有的存在不良行为，有的甚至受到过司法处置。为了帮助他们健康成长，社会工作者小王拟以社会连接理论为依据，为他们提供系列专业服务。小王应该为这些青少年提供的服务是（　　）。(2021)

A. 心理辅导　　B. 生涯规划辅导

C. 学业辅导　　D. 促进社区参与

8. 独居的刘大爷在家意外摔倒卧床，在外地工作的儿子聘请了专业护理人员定时上门为刘大爷提供护理服务。社会工作者小白入户家访时发现刘大爷存在被疏于照顾的问题，其依据是（　　）。(2021)

A. 刘大爷身上有多处瘀青　　B. 刘大爷个人卫生状况糟糕

C. 刘大爷身上有多处烫伤　　D. 护理员不让小白见刘大爷

9. 某残疾人服务机构的督导发现，有的新入职社会工作者在首次面对重度心智障碍人士时，会产生恐惧心理。为预防这种情况发生，促进专业关系建立，机构督导应该协助新入职社会工作者（　　）。(2023)

A. 增进对服务对象的同情　　B. 提升自我觉察与反思的能力

C. 隐藏自己内心真实感受　　D. 强化自我保护的意识和能力

10. 社会工作者小黄开办了“希望印社”为社区矫正对象提供服务，社员们在篆刻活动中逐渐建立起健康的自我观，重塑了自信，与家人的关系也得到改善，然而，社区居民依然戴着“有色眼镜”看待他们，经常在背后对他们指指点点。为改变居民对矫正对象的刻板印象，帮助矫正对象顺利回归社会，小黄适宜的做法是（　　）。(2021)

A. 举办篆刻作品鉴赏会，提升矫正对象的艺术素养

B. 举办才艺作品展示会，向社区居民展示矫正对象的优势及能力

C. 召开“篆刻与生活”小组讨论会，引导矫正对象思考积极的生活方式

D. 召开“石头成长记”小组分享会，邀请已成功创业的矫正对象分享经验

11. 56岁的李大爷由保姆照顾其日常生活起居，社会工作者小杨到李大爷家探访发现，李大爷的卧室凌乱、桌上放着几个用过的碗碟，还有半碗吃剩的稀饭；能闻到房间里有异味；室温很低，但李大爷衣着单薄，衣服上有不少食物的残渣。根据“恶意对待老人问题的综合描述”，小杨发现李大爷的问题属于（　　）。(2022)

A. 疏于照顾　　B. 身体虐待　　C. 经济虐待　　D. 心理虐待

12. 社会工作者小吴将村里有时间、有意愿的妇女组织起来，成立了“巾帼志愿服务队”，为村里有需要的老年人开展生活照料、陪伴就医等志愿服务。小吴的做法，促进了妇女在乡村振兴中（　　）作用的发挥。(2023)

A. 推动乡村文明建设　　B. 助力乡村产业发展

C. 丰富乡村文化生活　　D. 改善乡村生态环境

13. 社会工作者小王要为服务对象撰写预估摘要，以下属于服务对象所处社会系统的

预估的是（　　）。

A. 家庭内的次系统　　B. 社会支持系统及功能发挥

C. 自身存在的可能导致其困难的问题　　D. 家庭成员的支持

14. 由于人际沟通技巧不足，某企业一些员工常遭到客户投诉。为提升员工沟通技巧，企业社会工作者打算运用发展取向的小组工作模式开展工作。为评估小组工作成果，社会工作者可以采取的基线测量做法是（　　）。

A. 测量员工参加小组后顾客投诉情况

B. 测量小组过程中员工沟通情况

C. 测量员工参加小组前后顾客投诉情况

D. 测量员工参加小组后沟通情况

15. 社会工作者小陈一年来一直在协助 C 社区的居民就搬迁安置和补偿标准与开发商进行谈判。在小陈的协助下，社区居民成立了维权小组，他们参与了社区重建规划的修改，社区居民的归属感得到了增强。此时小陈因工作调动结束了在 C 社区的工作。在结束与 C 社区的工作关系前，小陈需要做的工作之一是（　　）。

A. 肯定社区居民的能力，增强其信心

B. 告诉社区居民自己与他们不再有关系

C. 向居民承诺随叫随到，减轻居民的忧虑

D. 悄悄离开，免得社区居民伤心

16. 学校社会工作者小李对一些特殊青少年开展小组活动，在活动快结束的时候，小李采用 0~4 五个等级尺度来进行活动效果评估，并将每项任务的最后得分加到一起，然后除以可能获得的最高分数，就能确定完成或者介入行动成功的百分比。小李所用的评估方法是（　　）。

A. 基线测量　　B. 服务对象满意度测量

C. 加权平均分　　D. 任务完成情况测量

17. 按照儿童收养服务的相关程序，社会工作者小陆为失依儿童乐乐提供收养服务，协助收养家庭在当地民政部门完成了登记，乐乐正式进入收养家庭生活。下一步小陆应提供的服务内容是（　　）。（2022）

A. 评估结案　　B. 跟踪回访　　C. 家庭培训　　D. 信息发布

18. 某社会工作机构了解到当地小学下午放学较早，许多学生家长因工作原因无法照看孩子，于是，该机构与社区居委会合作开办了“四点半课堂”，开展学生临时托管、课后学习辅导等服务。该机构的上述工作属于（　　）儿童福利服务。（2019）

A. 支持性　　B. 保护性　　C. 补充性　　D. 替代性

19. 儿童由于年龄小，许多困惑或遭受的伤害很难用语言表达出来。因此，社会工作者常采用绘画、布娃娃游戏等方式帮助他们说出游戏人物的感受及想法，协助他们表达感觉和想法。这种游戏治疗方式的特点是（　　）。

A. 社会工作者用口头提示的方式帮助儿童表达想法

B. 关注游戏过程的自发性

C. 注重游戏过程的象征性意义

D. 强调语言的交流

20. 为了促进青少年与家长之间的沟通，社会工作者小王为社区内青少年的父母开办

了亲子辅导小组，让家长学习亲子沟通技巧，同时建立家长间的互助关系。该小组工作属于（　　）青少年服务。

A. 发展性　　B. 预防性　　C. 治疗性　　D. 补救性

21. 小强父母向社会工作者反映，小强进入青春期后性格有了很大的改变，追求另类，不仅将头发染成黄色，在胸前和手臂上绘有文身，还在学校组织了一个摇滚乐队。父母觉得小强应该将精力放在学习上，而小强认为父母观念落后，双方经常发生争执，有时小强甚至一个星期不和父母说话。从文化角度分析，小强属于（　　）。

A. 政治偏激青年　　B. 问题青年

C. 文化叛逆青年　　D. 正直青年

22. 社会工作者小萍为社区内的低龄老年人设计了一个服务项目，运用艺术治疗方法为老年人开展有益身心的治疗性服务。在活动的设计上，小萍应选择（　　）。

A. 带有创意的表达性活动　　B. 有较复杂工艺的活动

C. 有益于老人健康的简单活动　　D. 带有竞争性的活动

23. 社会工作者小东的第一个个案辅导对象是王奶奶。王奶奶儿孙都在国外，每年仅回国看望她一次，她因此感到自己被儿孙抛弃，心中闷闷不乐，觉得生活没意思。在辅导过程中，小东常常带着水果去看望王奶奶，给了王奶奶极大的精神慰藉，并在不知不觉中把王奶奶当作自己的亲奶奶看待。小东目前的状况可能是出现了（　　）。

A. 透支现象　　B. 耗竭现象　　C. 移情现象　　D. 反移情现象

24. 外来务工人员小丽怀孕了。社会工作者小宋邀请小丽夫妇参加社区举办的孕期产检与生殖健康讲座。小丽夫妇忙于生计，缺席了这次讲座，并认为没有必要定期做产前检查，小丽夫妇的这种情况，在外来务工人员中很常见。针对这类问题，小宋应做的工作是（　　）。

A. 向社区居民传播公共卫生保健知识

B. 提升外来务工人员生殖健康保健意识和能力

C. 尊重外来务工人员接受生殖健康教育的自决权

D. 实现外来务工人员平等享受医疗保健资源的权利

25. 建筑业是以男性为主的行业，存在女性被边缘化的现象。某社会工作服务机构计划为建筑工地的女性提供服务。社会工作者在运用赋权理论制定服务目标的过程中，正确的做法是（　　）。

A. 与有关专家共同制定目标　　B. 与男性员工共同制定目标

C. 与女性员工共同制定目标　　D. 与建筑公司管理层共同制定目标

26. 某地遭遇特大暴雨，多处房屋被冲毁，当地政府迅速启动应急响应，组织防汛救灾，安置受灾群众，并及时将受灾数据向社会公布，为开展救援提供依据。某社会工作服务机构发现在受灾数据中没有受灾人口分性别的统计，遂与政府积极沟通，建议他们加入分性别统计指标，并据此提供相应物资。该机构的做法体现了（　　）。（2022）

A. 维护妇女儿童权益　　B. 注重性别分析

C. 实施妇女儿童赋权　　D. 宣传男女平等

27. 社会工作者小张为社区内的残障人士开展职业康复服务。在职业咨询的基础上，小张计划进一步了解这些残障人士职业发展的意愿和可能性。接下来，小张应开展的工作是（　　）。（2019）

A. 职业评估　　B. 职业介绍　　C. 职业培训　　D. 就业指导

28. 2022 年 3 月 13 日，北京冬残奥会圆满闭幕，我国残疾人运动员取得金牌榜、奖牌榜第一的成绩。值此时机，某社会工作服务机构计划在社区开展助残爱残宣传活动。下列关于残疾的说法正确的是（　　）。（2022）

A. 残疾人是个群体规模很小的社会群体

B. 残疾是人类多元差异化的表现之一

C. 残疾是指由于身体上的缺陷而带来的器官的丧失或功能的不正常

D. 残疾包括视力残疾、听力残疾、语言残疾、肢体残疾和精神残疾共五类

29. 残疾人社会工作在介入模式上，由单一的个案模式向综合服务模式转变。个案模式比较注重个体和家庭关系的介入，而综合服务模式则更多从社会系统的角度来反思对残疾人合法权益的保护问题。以下选项中（　　）是综合服务模式。

A. 从社会系统的角度来反思对残疾人合法权益的保护问题

B. 帮助家属学习照顾技巧

C. 帮助残疾人获得教育的机会

D. 为残疾人提供适当的就业岗位

30. 由于社区矫正对象普遍存在被动、不配合以及抗拒等心理行为特征，社会工作者拟从他们的家庭生活需要出发开展系列服务，以尽快与社区矫正对象建立良好专业关系。下列活动中，最有利于促进专业关系建立的是（　　）。（2023）

A. 为矫正对象子女开展系列爱心帮扶助学活动

B. 开展户籍调查并建立完善社区矫正工作档案

C. 按规定定期组织矫正对象参加社区公益劳动

D. 邀请矫正对象开展“现身说法”的教育活动

31. 某军休所的社会工作者小徐发现，一些军休老人认为过去在部队里生活费用全免，现在却要自己承担社会化养老服务费用，感到很难接受。针对这一现象，小徐拟运用社会工作专业方法，引导他们学习养老服务的相关制度与政策，理性看待社会化养老服务。小徐这一做法采用的干预技巧是（　　）。（2023）

A. 放松技巧　　B. 系统脱敏　　C. 认知重构　　D. 社交技能训练

32. 小王在某光荣院工作，长期服务伤残的优抚安置对象，工作任务繁重，还经常因不被服务对象理解感到担忧。小王越来越压抑和倦怠。与小王有类似情况的工作人员在光荣院还有很多，为缓解他们的压力，社会工作者最宜采用的做法是（　　）。

A. 开展支持小组　　B. 消除社会隔离

C. 提供物质支持　　D. 增进社会融合

33. 为协助新近复员退伍军人尽快找到新工作、适应新生活，社会工作者拟为其开展小组辅导。下列内容中，属于小组后期要做的工作是（　　）。

A. 让组员分享对复员退伍的看法　　B. 协助组员进行职业生涯规划

C. 为组员链接职业培训资源　　D. 为组员介绍当前军改政策背景

34. 某街道社会工作站通过入户调查、邻里访问和信息核查等方式，对辖区内困境家庭的经济状况进行调查，并对照当地的最低生活保障标准，配合街道更精准地将需要救助的家庭纳入最低生活保障范围，做到应保尽保。社会工作者所做的上述工作是最低生活保障服务内容中的（　　）。（2021）

A. 协助申请低保　　B. 开展能力建设

C. 服务对象识别　　D. 促进社会融入

35. 2015 年，天津“8 · 12”爆炸事发突然，当地社会工作服务机构第一时间赶赴现场开展紧急救援，他们首先应该开展的是（　　）。

A. 及时开展危机干预　　B. 重建社区经济秩序

C. 恢复社区生活秩序　　D. 修复社区社会支持系统

36. 社会工作者小王受法庭委托撰写服务对象李某的社会调查报告。该报告的主要内容如下：“李某，于 2018 年 6 月 18 日以欠债不还为由，将被害人张某扣留于一辆商务车内。两天后警察介入，张某获救。李某以前没有犯罪记录，此案件主要因经济纠纷而致。”小王上述社会调查中还应补充的信息是（　　）。（2019）

A. 小王的工作简历　　B. 非法拘禁的认定标准

C. 李某的现实生活状况　　D. 社区矫正的帮教建议

37. 货车司机小郭因交通事故暂时失去劳动能力，申请临时救助。社区居委会社会工作者小马对其开展评估工作。小马观察到小郭居住在狭窄的平房里，家具简陋，生活用品摆放凌乱。小马采取的上述评估方式是（　　）。（2022）

A. 直接询问　　B. 家庭探访

C. 使用量表　　D. 观察身体语言

38. 某街道社会工作站的社会工作者小张为促进有劳动能力的低保家庭成员实现就业，对社区内需要家政服务的家庭进行了摸底调查，拟对接这些低保家庭成员为有需要的家庭提供家政服务。小张上述工作是就业救助服务内容中的（　　）。（2021）

A. 转变就业观念　　B. 自我认知调整

C. 职业技能培训　　D. 链接就业资源

39. 社会工作者小萍在接待前来求助的社区居民老袁时了解到，老袁和老伴没有子女，仅靠老袁一个人的退休金维持基本生活。半年前老伴得了重病，需常年吃药，医疗开支巨大，因此需要申请医疗救助。接下来小萍首先要做的工作是（　　）。（2022）

A. 评估老袁老伴医疗救助申请资格

B. 评估老袁所在社区拥有的相关资源

C. 将老袁转介给其他社会工作者

D. 评估小萍所在社会工作机构的资源

40. 王先生和刘女士的儿子正在上初中，儿子的教育主要由刘女士负责。随着儿子学习知识难度的加深，仅高中毕业的刘女士觉得对儿子的功课辅导越来越力不从心；随着儿子进入青春期，刘女士与儿子的互动也越来越少。刘女士为此很苦恼，向社会工作者小丽求助。依据性别视角的妇女社会工作理念，小丽应提供的帮助是（　　）。

A. 提高刘女士的文化素养　　B. 教授刘女士与儿子沟通的技巧

C. 促进王先生与儿子的沟通互动　　D. 唤醒王先生对儿子的负疚感

41. 王女士向社会工作者小李抱怨：“你说这孩子是怎么了？那么简单的东西学了一遍又一遍，总是记不住，可只要说起玩儿，他就来劲了。”小李运用再标签提问技巧帮助王女士重新认识自己的孩子。小李的下列提问中，符合再标签技巧运用的是（　　）。

A “你是说孩子对感兴趣的事很投入，是吗？”

B. “你是说孩子对学习很不上心，是吗？”

C. “你是说孩子总是想着玩儿，是吗?”

D. “你是说孩子管不住自己，是吗?”

42. 学校社会工作者积极协助学校提供最有利于学生学习的环境与条件，满足全体学生在知识、能力、情绪等方面的发展需要。协助学生获得实际有用的知识和能力，以适应其所处社会的生活需要与发展需要。这里体现的学校社会工作的功能是（　　）。

A. 帮助处境不利的学生，促进教育机会均等

B. 推进学生知识学习，为丰富人生奠定基础

C. 促进学生能力提升，适应社会发展需要

D. 协调各方教育资源，形成优质教育合力

43. 为了进一步落实国家《乡村振兴战略规划（2018—2022 年）》，某农村社区召开村民大会，鼓励村民献计献策、共商本村振兴举措。一位村民发言说：“邻村驻村的第一书记带领村民发展生态有机农业，并建立了网上农产品销售平台，引领农民脱贫致富奔小康。咱们村也应借鉴他们的经验，走致富之路。”根据布雷德绍的社区需求分类方法，这位村民表述的是（　　）需求。（2019）

A. 感觉性　　B. 表达性　　C. 规范性　　D. 比较性

44. 学校社会工作者小唐拟开展“认识情绪”主题班会，运用讲授、角色扮演等方法协助学生更好地认识和处理情绪问题。根据主题班会的工作流程，在掌握学生的基本情况并与班主任沟通确定主题后，小唐接下来应该做的是（　　）。（2023）

A. 准备班会需要的物资资料　　B. 设计班会的活动策划书

C. 熟练掌握班会的活动环节　　D. 开展班会的满意度评估

45. 社会工作者小王拟运用“行为契约法”帮助初一学生养成良好的学习及生活习惯。在服务过程中，小王首先应该（　　）。（2021）

A. 与老师一起确立愿望清单　　B. 与学生一起书写行为契约

C. 与学生一起商定目标行为　　D. 与家长一起商定监督办法

46. 王女士夫妻俩为儿子小涛经常逃课的事苦恼，与小涛沟通后，没有任何改善，夫妻俩很无奈。王女士找到社会工作者寻求帮助。为准确了解王女士的家庭问题，社会工作者的下列提问中正确的是（　　）。（2022）

A. “爸爸认为小涛是因为什么逃课的?”

B. “小涛他自己觉得是因为什么逃课的?”

C. “你觉得小涛是因为什么逃课的?”

D. “你们夫妻俩认为小涛是因为什么逃课的?”

47. 社会工作者小王正在社区开展关爱高龄老人的服务。经过需求评估，小王在计划书中设计的具体干预措施之一是，发动所在社区中的邻里、物业公司职工、保洁员等共同为社区内高龄老人提供支援。上述干预措施旨在建立社区居民关爱高龄老人的（　　）。

A. 个人网络　　B. 邻里协助网络　　C. 志愿者联系服务　　D. 正式支持网络

48. 为落实应对人口老龄化国家战略，某社会工作服务机构整合资源，为社区老年人提供多项服务以提高社区老年人的健康意识和行动能力。其中，社会工作者运用资源共享方式开展的服务是（　　）。（2021）

A. 请社区卫生服务中心的工作人员为社区的老年人进行体检

B. 请社区干部与社会工作者一起入户了解老年人的健康需求

C. 利用自有教师资源和相邻社区的场地合作举办老年健康讲座

D. 利用自己机构的场地资源为目标人群开办老年健康教育小组

49. 针对某村妇女参政议政意愿和能力较弱的问题，社会工作者配合村委会换届工作，推动妇女参与村“两委”选举。社会工作者最适宜开展的工作是（　　）。(2020)

A. 举办妇女参政议政能力培训活动

B. 对农村妇女参选活动效果进行评估

C. 分析农村妇女参政议政能力低的原因

D. 评选社区“好媳妇”扩大妇女影响力

50. 下列不属于农村留守妇女社会服务的是（　　）。

A. 协助开展保健服务　　B. 心理健康服务

C. 技能训练和创业支持服务　　D. 妇女合法权益保障服务

51. 为解决停车位不足的问题，某小区业主委员会决定对本小区现有的车辆进出和停放管理办法进行调整，并初步拟定了方案。在业主投票之前，业主委员会委托社会工作者小赵征求业主意见。上述工作过程是社区参与层次和形式中的（　　）。(2023)

A. 告知　　B. 咨询　　C. 协商　　D. 共同行动

52. 肺癌晚期患者周大爷因住院治疗效果不佳而悲观消沉，根据医嘱于近期出院，并接受舒缓疗护。作为舒缓疗护团队的一员，社会工作者应提供的服务是（　　）。

A. 关注周大爷心理情绪状况并予以疏导

B. 配合医生开展周大爷治疗需求评估

C. 预先安排周大爷的后事一条龙服务

D. 鼓励周大爷积极争取更多医疗资源

53. 社会工作者小英了解到，某企业部分员工对如何与青春期的子女沟通感到束手无策。为此，小英设计了以学习亲子沟通知识为主要内容的培训课程，回应员工的需要。在此培训中，小英担任的角色是（　　）。(2019)

A. 促进者　　B. 联络者　　C. 教育者　　D. 倡导者

54. 在糖尿病患者互助小组中，医务社会工作者为了鼓励组员积极治疗和提升康复信心，安排病友黄先生向组员介绍自己的患病经历和与医务人员的沟通经验。这一环节属于小组工作沟通技巧训练中的（　　）。(2022)

A. 表达自身需要　　B. 分享成功案例

C. 学习自我管理　　D. 练习沟通技能

55. 为了配合抑郁症患者大刘的临床治疗，社会工作者小赵对他进行了个案辅导。在服务过程中，小赵引导大刘认识到他的积极改变是自己努力的结果。小赵的这种做法属于认知行为治疗中的（　　）。(2019)

A. 行为改变的强化　　B. 行为改变的表达

C. 行为改变的认同　　D. 行为改变的支持

56. 社会工作者小丁采用小组工作方法为入院不久的白血病患儿家长提供服务。小丁请护士为家长讲解白血病的特点、应做的检查、各种治疗方式和住院诊治时患儿的反应等，并邀请已出院患儿的家长分享他们的经历。小丁上述服务的主要目的是（　　）。(2021)

A. 提升患儿家长的照顾能力　　B. 发现患儿家长的应对模式

C. 探索患儿家庭的互动模式　　　　D. 处理患儿家长的情绪问题

57. 刘女士自从被诊断为乳腺癌之后，情绪一直低落，对生活失去信心，家人的劝解也不听。社会工作者介入后，为了帮助刘女士重拾对生活的信心，把刘女士介绍到一个抗癌讨论小组，这个小组的成员都身患癌症，但是他们很坚强，每周都有聚会，都会分享各种心得和经验，刘女士也颇受感染和鼓舞，增加了面对病魔的信心。这种小组是（　　）。

A. 兴趣小组　　B. 成长小组　　C. 教育小组　　D. 支持小组

58. 某化工企业招聘新员工，许多应聘者不了解应聘岗位存在的职业风险。社会工作者小周为此协调人事部门设计制作了岗位说明书，详细介绍了招聘岗位的操作规范、工作中的相关安全防护措施、职工正当权益维护等内容，并与前来应聘的人员进行了面对面交流。小周在上述工作中扮演了（　　）角色。

A. 利益协调者　　　　B. 资源联结者

C. 矛盾调解者　　　　D. 咨询辅导者

59. 某快递公司员工小刘在送快递路途中，送货车辆侧翻导致右腿粉碎性骨折，手术半年后仍不能正常上班，需要继续治疗，正常生活受到影响，小刘要求企业追加医疗费用遭到拒绝，遂向社会工作者小张求助。针对小刘的上述情况，小张在为小刘制订服务计划时，需设定的工作目标是（　　）。(2021)

A. 协调劳资双方的冲突　　　　B. 增强小刘的身体素质

C. 平衡小刘工作和生活　　　　D. 为小刘购买康复辅具

60. 企业社会工作者小张发现，有一些员工工作几年后工作热情下降，纪律涣散，不能安心工作，且有跳槽念头。针对这种情况，小张最应开展的小组工作类型是（　　）。

A. 娱乐小组　　B. 支持小组　　C. 成长小组　　D. 治疗小组

二、多项选择题（共 20 题，每题 2 分。每题的备选项中，有 2 个或 2 个以上符合题意，至少有 1 个错项。错选，本题不得分；少选，所选的每个选项得 0.5 分）

61. 受机构委派，社会工作者老钱与司法部门合作，负责开展民事案件处理中未成年人的社会工作服务。下列对老钱工作的描述正确的有（　　）。(2021)

A. 老钱应对未成年人开展家事调查

B. 老钱的服务对象是涉罪未成年人

C. 老钱应为未成年人提供社区矫正服务

D. 老钱的服务对象是未满 18 周岁的未成年人

E. 老钱的服务对象是涉及民事案件的未成年人

62. 某乡镇社会工作者所服务的辖区大部分青壮年外出打工。空巢老人越来越多。社会工作站的社会工作者小王拟通过增强村里空巢老人的非正式支持体系，提升他们的生活质量。小王的下列做法中正确的有（　　）。(2021)

A. 成立村志愿服务队为老人开展上门探访服务

B. 向县老龄办申请补贴在村里开办“老年餐桌”

C. 与社会信誉良好的养老机构合作，将其服务延伸至村庄

D. 与在外打工的子女约定，定期与老人电话或视频关心老人生活

E. 请独居老人的邻居每天定时“敲门”，以及时发现老人的意外情况

63. 社会工作者在某社区为老年人提供的服务包括：协助老年人组织舞蹈队、合唱团、棋艺社等兴趣团队，邀请医生、护士等专业人士开设知识讲座，为老年人答疑解惑，宣讲老年人权益保障法律法规，对社会公众进行宣传教育，上述做法体现了老年人社会工作服务内容中的（　　）。（2022）

A. 政策倡导　　B. 救助服务　　C. 咨询服务

D. 精神慰藉　　E. 社区参与

64. 社会工作者小王在与家庭暴力受害者小宋的面谈中发现，小宋已经出现了“受虐妇女综合征”的症状。小宋的下列表述中符合“受虐妇女综合征”的是（　　）。（2020）

A. “家庭暴力是社会因素造成的。”

B. “我因为被家暴患上了严重的抑郁症。”

C. “丈夫打我是因为我自己的问题造成的。”

D. “‘床头打架床尾和’，家家都是这样的。”

E. “我觉得已经无法摆脱丈夫一次又一次的暴力了。”

65. 社会工作者小王准备结束一个家庭个案。根据结案期工作的要求，小王的下列做法中正确的有(　　)。

A. 满足家庭继续会面的要求　　B. 保持与家庭的电话联系

C. 减少与家庭直接会面的次数　　D. 缩短与家庭直接会谈的时间

E. 终止与家庭成员的联系

66. 六年级女生小灿的父亲因意外失去了劳动能力，全家靠母亲外出工作艰难维持生活，母亲压力巨大，遇到不顺心的事，常常打骂小灿。小灿一年前被诊断为抑郁症，休学在家，终日与手机为伴，但母亲却限制她玩手机，频繁与她发生冲突。社会工作者组建了家庭工作团队为小灿开展服务，在开展家庭团队工作环节需要完成的主要工作有（　　）。（2022）

A. 挖掘小灿家的亲戚资源　　B. 为小灿提供替代性福利服务

C. 挖掘小灿所在社区资源　　D. 界定小灿家庭风险类型和程度

E. 安排小灿入院接受治疗

67. 15岁的小强幼年丧母，父亲失踪，由年迈的祖父母抚养。因自卑不愿与他人交流，受到班级同学的排斥，小强与社会上的不良行为青少年来往较多，以寻求同辈群体的认可，社会工作者为小强提供社会化引导服务。下列服务中属于自我认同感辅导的有（　　）。（2022）

A. 发展并肯定小强人际交往方面的优势

B. 组织小强所在班级开展互相赞赏活动

C. 对小强及其同学开展自我认知探索小组

D. 动员小强和他的朋友参与生活技能学习

E. 激励小强和他的朋友团结一致互相帮助

68. 社会工作者小赵负责执行由政府购买的残疾人康复服务项目，根据需求评估的结果，拟对目标对象开展社区康复服务。小赵在开展该服务时应遵循的原则有（　　）。

A. 社会化　　B. 因地制宜　　C. 因势利导

D. 因陋就简　　E. 低成本、低覆盖

69. 小赵来到社会工作服务机构，哭诉说她丈夫性情粗暴，喜欢抽烟喝酒，且酒后经常打骂她。小赵实在忍无可忍，求助社会工作者。社会工作者在帮助小赵时，应遵循的干预原则有（　　）。

A. 私人问题个人负责
B. 关注人身安全
C. 建立专业关系
D. 尊重人格独立
E. 接纳其描述的问题

70. 某全国性社会工作行业协会将党史学习教育和专业服务相结合，组织部分高校社会工作专业师生暑期到西部地区参与乡村振兴工作，他们策划并实施了村民社区参与能力提升项目。项目开始前，研究生小余对参与项目的村民做了“参与态度和参与技能”的测量，项目结束时再次对上述相关指标做了测量。小余评估项目成效采用的方法有（　　）。（2022）

A. 过程评估
B. 结果评估
C. 基线测量
D. 绩效评估
E. 介入期测量

71. 陈大爷中风后入住医养中心，医养中心社会工作者小王在与陈大爷夫妇的会谈中详细询问了陈大爷进食、走动、洗澡、穿衣、梳洗、如厕等方面的自理情况，了解了他平时参与的社会活动和亲戚朋友的联系情况，以及他中风之后与妻子的生活压力与情绪感受。上述会谈中，小王评估了陈大爷的（　　）。（2023）

A. 环境安全情况
B. 经济状况
C. 心理情绪状况
D. 社会功能
E. 日常生活能力

72. 黄金水岸是一个建立时间比较早的老旧社区。低保居民老李想要找个好工作，他的妻子身体残疾，孩子正在上大学，花费很大，家庭生活比较困难，夫妻之间经常吵架，影响了孩子的成长和学习。老李家长期不交清洁费，且到社区申请低保时态度相当蛮横。这里，社会工作者小高需要采用的个案工作专业方法的特点是（　　）。

A. 社会工作者直接助人
B. 服务对象是有需要的个人以及家庭
C. 社会工作者采用面对面的服务方式
D. 帮助服务对象解决现实问题
E. 催促老李立刻交纳清洁费

73. 某地遭遇罕见特大暴雨，残疾人老方家小卖部的很多货物都被大水冲走，损失惨重，老方一时无法接受现实，又担心以后的生计问题，情绪十分低落。社会工作者小李得知上述情况后，计划通过增强老方的非正式社会支持，为其提供服务，小李恰当的做法有（　　）。（2022）

A. 联络当地爱心人士为老方捐款
B. 联系当地残联为老方提供生活补贴
C. 号召社区邻里为老方提供力所能及的支持
D. 联络老方的亲戚朋友对他进行安慰和鼓励
E. 联系老方所在的街道办事处为他发放受灾补贴

74. 初二的詹同学与本班 5 名同学对高一李同学进行群殴，致使李同学身体多处受伤住院，经公安、检察院处理之后转介给学校社会工作者小曹。小曹接案后，对李同学和詹同学的情况进行了评估，决定采用个案工作方法对两位同学给予辅导。小曹的正确做法有（　　）。

A. 确定介入的问题焦点和服务方案

B. 与家长进行沟通并对其进行辅导

C. 对詹同学和李同学分别进行问题分析

D. 开展预防校园欺凌的知识普及与传播工作

E. 运用社区资源协助家长解决子女照顾问题

75. “抗逆力轮”指出了学校社会工作的操作方法，包括6个步骤、两大部分，其中1~3步属于危机缓冲系统，重在帮助学生面对危机与压力时学会缓冲，作出调整；4~6步属于抗逆力建构系统，重在促进学生建构抗逆力，提升心理能量。下列属于抗逆力建构系统的是（　　）。

A. 促进亲社会联结

B. 建立清楚一致的界限

C. 教授生活技能

D. 建立和表达高期望

E. 提供机会，促进参与

76. 50岁的老王到社区居委会寻找就业岗位，工作人员说物业公司正在招聘保洁员，而老王认为保洁员的工作有点“丢面子”，婉言谢绝。社会工作者小孟和老王一起分析了其自身的年龄、学历，保洁员工作的特点和意义，以及当下就业的形势，物业发展的前景，经过一番沟通后，老王决定先去应聘。小孟的上述工作内容属于（　　）。（2022）

A. 转变就业观念

B. 调整自我认知

C. 积极适应新岗位

D. 协助寻找就业信息

E. 鼓励参与就业培训

77. 小甜是个性格柔软的人，不懂得如何辨别益友和损友以及拒绝别人，在学校经常被一些不良青少年欺负。作为一位学校社会工作者，你打算教小甜一些拒绝损友的小锦囊。以下关于小锦囊的内容正确的有（　　）。

A. “好吧，我只答应你待一个小时。”

B. “对不起，我对这个没有兴趣。”

C. “今天已经答应父母放学后马上回家的，我想我没有时间和你们一起去了。”

D. “我星期六有课外活动，不能和你们一起去了。”

E. “我现在没空，不好意思。”

78. 刚刚进驻某社区的社会工作者小雷计划在社区开展“一老一小”关爱服务。根据社区资源的含义与特点，小雷在服务中需要了解的社区资源应该包括（　　）。（2023）

A. 社区居民的参与意识

B. 社区的活动设备

C. 社区保存的古迹文物

D. 社区的知名人士

E. 社区的老年互助社团

79. 小丽因系统性红斑狼疮住院治疗。得知这种慢性病可能会影响生育，并且长期服药所需的费用过高，小丽觉得难以承受，变得悲观沮丧，拒绝和父母沟通，时常一个人默默流泪。社会工作者得知小丽的情况后，计划为她提供服务，下列做法适宜的有（　　）。（2023）

A. 疏导小丽的悲观情绪

B. 协助小丽申请医疗救助

C. 对接社区做好出院安置计划

D. 邀请小丽参加病友互助小组

E. 协助小丽和家属了解病情和治疗计划

80. 小军半年前进入制鞋厂工作，车间的生产物料气味重，时间久了小军皮肤出现了红肿。厂里的老职工告诉小军，很多老职工都患有皮肤病，很难治，厂里未采取任何措施，小军向企业社会工作者反映了此问题。对此，企业社会工作者适宜的做法应包括（　　）。（2021）

A. 最大限度维护企业利益
B. 建议厂家建立职工定期体检制度
C. 推动厂家履行社会责任
D. 协助患病职工向厂家申请医疗补助
E. 协助患病职工到医院就诊

参考答案

一、单项选择题

1. D　考点：老年社会工作服务内容
2. C　考点：儿童的发展需要
3. D　考点：促进青少年社会参与
4. D　考点：妇女赋权个人层面目标
5. D　考点：个案工作方法在社区矫正中的伦理原则—个别化原则
6. C　考点：个案工作方法在社区矫正中应注意的问题
7. D　考点：促进青少年社会参与
8. B　考点：老年人社会工作服务中的要点—虐待和疏于照顾
9. B　考点：残疾人专业关系建立的特殊性
10. B　考点：社区工作方法在社区矫正中的应用
11. A　考点：老年人社会工作服务中的要点—虐待和疏于照顾
12. A　考点：妇女社会工作内容—妇女参与乡村建设的作用
13. B　考点：服务对象所处社会系统的预估
14. C　考点：评估的方法
15. A　考点：结案准备
16. D　考点：评估的方法
17. B　考点：儿童收养服务包括的服务环节和程序
18. C　考点：补充性儿童福利服务
19. C　考点：儿童社会工作的主要方法
20. B　考点：预防性青少年服务
21. C　考点：青少年的特点
22. C　考点：老年个案工作方法
23. D　考点：社会工作者移情与工作倦怠问题
24. B　考点：针对妇女生殖健康的工作
25. C　考点：与服务对象讨论目标的可行性和可能的利弊
26. B　考点：社会性别分析和决策主流化
27. A　考点：残疾人职业康复及其主要内容

28. B　考点：残疾的定义
29. A　考点：残疾人社会工作综合服务模式
30. A　考点：要重视和善于与服务对象建立良好的专业关系
31. C　考点：军休社会工作的干预技巧
32. A　考点：光荣院社会工作的内容
33. C　考点：军转复退军人安置社会工作的主要方法
34. C　考点：最低生活保障服务内容
35. A　考点：受灾人员救助中的服务内容—危机干预
36. C　考点：社会工作者在调查报告中应当呈现的内容
37. B　考点：如何获得评估信息
38. D　考点：就业救助服务内容
39. A　考点：社会救助社会工作评估的程序
40. C　考点：性别视角的妇女社会工作理念
41. A　考点：再标签技巧
42. B　考点：学校社会工作的功能
43. D　考点：社区需求分析
44. B　考点：学校社会工作主题班会的工作流程
45. C　考点：行为契约法—帮助学生形成良好的行为习惯
46. C　考点：家庭干预的常用技巧
47. B　考点：建立社区支持网络
48. C　考点：社区资源的链接方式
49. A　考点：妇女面临的问题—参政问题
50. D　考点：农村留守妇女社会服务
51. B　考点：社区参与的层次和形式
52. A　考点：肿瘤治疗康复、舒缓疗护及临终关怀社会工作
53. C　考点：企业社会工作者的角色
54. B　考点：针对慢性疾病患者与长期照顾者的常用社会工作方法
55. C　考点：社会工作干预方法—认知行为治疗
56. A　考点：儿童医务社会工作的内容
57. D　考点：针对慢性疾病患者与长期照顾者的常用社会工作方法
58. D　考点：企业社会工作者的角色
59. A　考点：职业安全与健康
60. B　考点：企业中小组的类型

二、多项选择题

61. ADE　考点：民事案件处理中的未成年人社会工作服务
62. ADE　考点：老年社会工作服务内容—社会支持网络建立
63. ACE　考点：老年社会工作服务内容
64. CDE　考点：对婚姻暴力的认识误区
65. CD　考点：结案阶段的主要任务

66. ACD　考点：以家庭为中心的方法—组建家庭工作团队
67. AC　考点：青少年社会工作方法—自我认同感辅导
68. ABCD　考点：残疾人社区康复
69. BCDE　考点：针对妇女暴力的干预原则和策略
70. BC　考点：评估的方法
71. CDE　考点：老年人问题和需求评估
72. ABCD　考点：个案工作专业方法的特点
73. ACD　考点：社会网络理论—非正式社会支持
74. AC　考点：朋辈关系困境与社会工作介入
75. DE　考点：学校社会工作对学生心理困境的介入
76. AB　考点：就业救助中的服务内容
77. BCDE　考点：满足困境学生改善性需要的学校社会工作
78. BCDE　考点：社区资源的含义和类型
79. ABDE　考点：妇女医务社会工作的服务内容
80. BCDE　考点：企业社会工作服务内容

全真模拟试题（五）

一、单项选择题（共 60 题，每题 1 分。每题的备选项中，只有 1 个最符合题意）

1. 老海是酒精依赖患者，其酒瘾严重影响了工作和生活，妻子因此与他离婚。在酒瘾者戒酒小组中，老海从组员的分享中认识到酒瘾对个人、家庭、社会造成的危害。在社会工作者小王的帮助下，老海制订了戒酒计划。一段时间后，小王通过评估分析，认为老海已经成功戒酒，可以退出小组，结束双方的专业关系。此时小王首先应该做的是（　　）。(2021)

A. 撰写老海的结案记录

B. 解除与老海的专业关系

C. 处理老海因分离而带来的感受和情绪

D. 让老海认识到自己已有戒酒的意志力

2. 某地检察院就一起儿童保护案件召开审查逮捕听证会，听取各方意见。社会工作者小蓝被邀请参加。该案件的主要事实是一名小学五年级的男同学因考试成绩不理想而被母亲体罚造成轻伤。听证会上，有人提出，案件中母亲对儿童造成了伤害，性质恶劣，应依法逮捕。小蓝则认为案件中母亲有明显悔改表现，且儿童处于身心发展的关键时期，家庭对其成长意义重大，应对其家庭提供支持服务，而不应简单将其逮捕。小蓝的观点体现了儿童社会工作实务的（　　）原则。(2021)

A. 儿童优先　　B. 儿童利益最大　　C. 生态系统　　D. 儿童平等参与

3. 刚退休的赵阿姨第一次参加社区活动，她向组织该活动的社会工作者展示了自己制作幻灯片、写文案、拍小视频等特长，希望能够在以后的活动中发挥自己的优势。赵阿姨的期待反映了老年人（　　）的需要。(2023)

A. 就业休闲　　B. 社会参与　　C. 健康维护　　D. 经济保障

4. 杨奶奶因脑中风偏瘫，自理能力差，语言交流困难，杨奶奶女儿因工作原因无法照料杨奶奶日常起居，因此请住家保姆照顾杨奶奶日常起居。社会工作者小李上门走访时，通过细微观察，发现（　　），确定杨奶奶日常疏于照顾。(2023)

A. 杨奶奶大腿多处烫伤　　B. 保姆不让小李与杨奶奶交流

C. 杨奶奶手臂多处瘀青　　D. 杨奶奶个人卫生情况很差

5. 受市地铁公司的邀请，某残疾人社会工作服务机构组织残疾人朋友参与新建地铁线路的试运行体验活动，并以此为基础提出了增加地铁信息标识、声音提示等方面的详细建议。该机构的工作维护了残疾人的（　　）。(2022)

A. 社会福利权　　B. 文化生活权

C. 康复享有权　　D. 环境友好权

6. 社会工作者小韩在涉罪青少年小赵的矫正帮教工作中发现，小赵父母在家庭会谈中常责备小赵，不听小赵解释，家庭关系紧张。为此，小韩在之后的家庭会谈中专门设计了与小赵直接沟通的环节，让小赵父母观察她如何用心体会小赵的真实想法，接纳小赵内心的感受，并在言语和行为上给予及时回应。小韩上述做法旨在帮助小赵父母学习（　　）的沟通技巧。（2020）

A. 积极倾听　　B. 主动引导　　C. 问题聚焦　　D. 现实反映

7. 李女士丈夫因车祸去世，她一个人照顾年迈多病的父母和未成年的孩子，与邻居和其他人很少来往，工作不稳定，收入也不高，对生活感到无望。社会工作者在社区调查时了解到李女士的情况，拟运用妇女赋权的方法开展工作。下列做法中符合个人层面目标的是（　　）。（2022）

A. 链接志愿者帮助照顾李女士的父母

B. 教授李女士人际沟通方法和技巧

C. 邀请李女士参加单亲母亲支持小组

D. 与李女士会谈增强其生活的信心

8. 按照儿童收养服务的相关程序，社会工作者小陆为失依儿童乐乐提供收养服务，协助收养家庭在当地民政部门完成了登记，乐乐正式进入收养家庭生活。下一步小陆应提供的服务内容是（　　）。（2022）

A. 评估结案　　B. 跟踪回访　　C. 家庭培训　　D. 信息发布

9. 社会工作者小丁在社区为青少年的父母开展亲职教育小组工作，其中一节是根据父母效能训练模式帮助这些父母了解“积极倾听”的意义。小丁应该在该节小组工作中帮助他们（　　）。（2019）

A. 觉察自己以往对子女教育方式的利弊

B. 用子女能接受的方式表达自己的想法

C. 从子女视角看问题，了解他们所思所想

D. 学习使用“我”信息，与子女进行沟通

10. 小王育有4个子女，因家庭负担过重，上网联系了收养家庭，在收了对方5000元钱后将小女儿送了人。不久，小王被人举报，因涉嫌贩卖婴儿被捕。小王的妻子着急万分，将孩子反锁在家，到相关部门了解小王情况。社会工作者小林得知小王家的事情后，联系了社区志愿者照顾小王的孩子们，并推荐小王的妻子参加妇联组织的母婴保健和儿童教育等培训，以提升小王家庭的照顾能力。小林上述服务遵循的原则是（　　）。

A. 保障儿童的安全和健康

B. 家庭寄养照顾最好长期提供

C. 对于儿童安置的决策应在符合家庭需求的前提下进行

D. 当家庭不能发挥功能时，社会工作者可以替家庭作决定

11. 小强是小学四年级学生，在学校经常欺负同学。小强知道这样做不对，但遇事时管不住自己。社会工作者为实施帮助小强的行为矫正计划，需要进行基线测量。下列测量方法中，正确的是（　　）。

A. 观察小强目前是否欺负同学　　B. 观察小强目前欺负同学的次数

C. 观察小强欺负同学行为的变化　　D. 观察小强欺负同学行为是否消除

12. 社会工作者小王正在开展一个震后伤残学生家长减压互助小组，督导要求她对小组

过程的每一环节分别作出评估。为此，小王应向督导提供有关服务过程中的（　　）信息。

A. 服务网络　　B. 服务结果　　C. 介入对象　　D. 介入行动

13. 几名高三学生打算放弃高考，一起自主创业，他们的父母得知后非常着急，认为孩子只有上大学才有未来。在与孩子沟通的过程中，家长们发现孩子不仅不听他们的劝告，还讨厌他们的管束，打算一起离家出走到外地创业。家长们很着急，向社会工作者小林求助，希望小林能劝孩子们放弃自己的想法。为帮助遇到此类问题的家长和孩子，小林可采用（　　）的方法协助父母与孩子进行沟通。

A. 社会观护　　B. 为家长与孩子举办创业技能讲座

C. 资源整合　　D. 为家长与孩子开办亲子平行小组

14. 父母离婚后，阿伟跟随父亲生活，受家庭变故的影响，阿伟性格内向，缺乏自信，也不善与人交往。而父亲整日喝酒、打麻将，对阿伟很少关心，每当阿伟犯错时，常常对其棍棒相加。进入初中后，阿伟的学习成绩每况愈下，又因他迷恋网络游戏、逃学逃课，受到老师的严厉批评。从此以后，阿伟不再去上学，整天上网聊天、玩游戏，几乎不与任何人来往。针对阿伟的情况，社会工作者在设计服务方案时宜采用的取向是（　　）。

A. 社会需求　　B. 个人需求　　C. 交友需求　　D. 家庭需求

15. 何先生与张女士夫妇因在家庭角色认知上的差异而经常发生争吵。何先生强调女性就应以家庭为中心，在家相夫教子；张女士则认为家庭责任应夫妻共同承担。为此，夫妻之间的矛盾不断升级，甚至闹到要离婚。社会工作者从性别视角出发为何先生与张女士夫妇提供家庭辅导服务，其工作重点应是（　　）。（2019）

A. 强化张女士作为妻子的家庭角色　　B. 劝说张女士认同丈夫的家庭观念

C. 强化何先生作为丈夫的家庭角色　　D. 引导何先生尊重妻子的个性与权利

16. 小琴今年 17 岁，初中文化程度，性格内向，平时喜欢画漫画，但从来不敢把自己的画给别人看。在家里无论她做什么事情，父母总是说“你不行的”“你不会的”，所以她觉得自己处处不如别人，非常自卑。社会工作者老王决定运用个案工作的方法提升小琴的自信心。当看到小琴画的漫画时，老王适宜的回应是（　　）。

A. “你画的漫画是全世界最好的。”

B. “你能和我说一说这画的意思吗?”

C. “父母说你不会画画你肯定很难过。”

D. “父母说你画得不好是他们不太懂漫画。”

17. 以下关于“自我概念”的表述错误的一项是（　　）。

A. “自我概念”又称“自我影像”，是指个人对自己整体的了解和看法，包括个人的态度、意见、知觉反应或价值观

B. “自我概念”是客观性的，个人对自己的看法必须与客观条件相符

C. “自我概念”是可以学来的，生活适应良好的人往往知道如何适当地调适和改变个人的自我概念，以符合环境的实际需要

D. 处于诡异多变的主观世界里，需要拥有一个积极、正向、稳定而健康的自我概念，才不致迷失方向

18.《“十四五”国家老龄事业发展和养老服务体系规划》提出，积极开展家庭病床、上门巡诊等居家医疗服务，不断增加老年健康服务资源供给，不断扩大人才队伍。上述规划将更好地满足老年人（　　）的需要。（2022）

A. 健康维护　　B. 居家安全　　C. 社会参与　　D. 就业休闲

19. 张老伯重病后卧床不起，生活不能自理，他常对老伴说：“没有我，你就解放了。”并偷偷积攒安眠药。社会工作者小钱在评估中发现张老伯有自杀的可能，此时，他首先要做的是（　　）。

A. 找子女或老伴多陪伴张老伯　　B. 拿走张老伯积攒的过量安眠药

C. 联络医护人员开展进一步评估　　D. 与老伯作安全约定，承诺不自杀

20. 脑瘫儿童小亮由妈妈独自照顾。随着小亮逐渐长大，妈妈对如何帮助他康复感到力不从心。社会工作者小武邀请小亮妈妈参加照顾者支持小组，学习相关知识，提升其照顾技能，建立互助网络。小武的上述做法属于残疾人康复服务中的（　　）。（2022）

A. 职业康复　　B. 教育康复　　C. 社区康复　　D. 功能康复

21. 社会工作者小林到老伴刚去世的张奶奶家探访，碰到张奶奶正与女儿聊天。聊天过程中，张奶奶表示要修改之前和老伴一起订立的遗嘱，还要尽快将老伴留下的字画分给孩子们……张奶奶女儿还悄悄对社会工作者说，她收拾房间时，在张奶奶的枕头下发现不少安眠药。针对上述情况，小林首先要做的是（　　）。

A. 请亲朋好友陪伴张奶奶　　B. 对张奶奶进行哀伤辅导

C. 对张奶奶进行自杀风险评估　　D. 请法律志愿者协助张奶奶修改遗嘱

22. 小文和丈夫都要工作，经常因为接送女儿而发生矛盾。社会工作者小李运用赋权方法组织社区年轻妇女“妈妈团”，妈妈们根据各自家庭的时间，互相帮助接送并照看孩子。“妈妈团”的成立解决了小文家的问题。小李上述做法体现了赋权目标的（　　）。（2023）

A. 生活层次　　B. 个人层次　　C. 人际层次　　D. 环境层次

23. 为了改善当地单亲生活困难母亲的生活，社会工作者小李带领她们成立了传统手工制作互助组。在互助组中，为了实现对单亲生活困难母亲的增能目标，小李应采取的做法是（　　）。

A. 扮演协作者角色，对互助组进行组织和管理

B. 组织组员分析市场需求，集体商定做何种手工产品

C. 进行市场调研，根据市场需求决定做何种手工产品

D. 扮演治疗者角色，帮助组员分析自己对生活困难应承担的责任

24. 小华18岁，患有孤独症，即将从特殊教育学校毕业，学校社会工作者将小华转介给社会工作者小王。为帮助小华适应社会生活，小王接案后，首先应提供的服务是（　　）。

A. 利用社区资源协助小华进行持续康复训练

B. 联系其他学校为小华提供文化知识教育

C. 帮助小华寻找普通工作岗位

D. 告诫邻居注意相关的安全事项

25. 社会工作者小刘在某残疾人服务机构从事支持性就业工作。除了为机构内的残疾人提供职业康复训练以外，他还推动企业进行了无障碍环境改造，收集了适合残疾人的就业信息，帮助残疾人实现就业。小刘的上述做法中，调动了残疾人就业支持性资源中的（　　）。（2023）

A. 企业单位资源　　B. 政府相关部门资源

C. 社区志愿资源　　D. 其他社会组织资源

26. 老刘一家三口，平时生活比较拮据，主要靠老刘的工资收入过日子。最近，老刘因车祸失去了左腿，无法正常工作，家庭陷入困境。老刘整天待在家里，觉得自己没用，情绪低落。针对老刘的情况，社会工作者首先应为其提供的服务是（　　）。

A. 协助其申请低保　　B. 促进其社会交往

C. 促进其身体康复　　D. 减轻其心理压力

27. 在矫正社会工作实务中，社会工作者与服务对象的关系建立的时间往往长达半年、一年甚至几年的时间，这体现了矫正社会工作的（　　）特点。

A. 长期性　　B. 特殊性　　C. 复杂性　　D. 专业性

28. 25 岁的小新因吸食冰毒成瘾被责令社区戒毒，成为社会工作者小林的服务对象。小林通过评估发现，小新“溜冰”是为了“助兴”，他身边很多朋友也这样，小新没有什么改变动机，持续吸毒的可能性较大。对此，小林拟运用激发小新内在动机改变的方法为小新进行个案辅导，以帮助其戒除毒瘾。下列小林制定的干预策略中，有助于激发小新内在动机改变的是（　　）。（2019）

A. 与小新探讨远离毒友的方法

B. 与小新探讨持续吸毒的好处与坏处

C. 与小新探讨如何调整不良的生活方式

D. 与小新探讨如何遵守社区戒毒的相关规定

29. 社区矫正中的院舍训练的组织管理主要是针对哪一类人群而设置的?（　　）

A. 违法犯罪的妇女　　B. 违法犯罪的青少年

C. 违法犯罪的高龄老人　　D. 触犯民法的人

30. 针对涉毒人员的社会工作介入也称禁毒社会工作。下列选项中符合禁毒社会工作的主要内容的是（　　）。

A. 提供物质援助

B. 提供医疗保健转介服务

C. 提供就业、就学辅导

D. 为社会大众提供预防性禁毒教育和宣传服务

31. 某光荣院孤老优抚对象日益减少，因此院方决定在保证为原有孤老优抚对象提供优质服务的前提下，为社区老人提供服务。“开门”办院的第一周，就有多名社会老人申请并入住，社会工作者小毛发现，光荣院的孤老优抚对象对社会老人有明显的抵触情绪。针对此种情况，小毛的工作重心应该是（　　）。

A. 帮助孤老优抚对象融入社区　　B. 引导孤老优抚对象接纳社会老人

C. 帮助社会老人接纳孤老优抚对象　　D. 协助社会老人适应光荣院的环境

32. 优抚安置社会工作的服务对象分布在社会各个领域，涵盖了各个年龄层次，他们的需求侧重点各不相同。其中孤老优抚对象有着较高的（　　）需要。（2023）

A. 生活保障　　B. 医疗救助　　C. 情感慰藉　　D. 权益维护

33. 陈老曾参加过抗美援朝作战，立一等功一次，自从退休后陈老被安排在某地方离退休干部休养所就一直闷闷不乐。社会工作者小赵在和陈老沟通中，陈老说，自己为军队工作了大半辈子，老了没用了被当作“包袱”“扔”了出来。小赵将其重构为：“革命和建设时期你们作出了卓越贡献，为了减轻部队负担、增强部队战斗力，你们积极响应党和国家的号召，毅然到了地方，你们无愧于革命老兵的称号。”社会工作者小赵使用的语言技巧是（　　）。

A. 合作的语言　　B. 所有权的语言

C. 可能性的语言　　D. 解决方法的语言

34. 社会工作者小张在开展社会救助工作时，首先对救助对象进行需求评估。小张有意识地“倒空自己”，依据个人成长和家庭关系的相关理论，采用人际关系量表和个人问题清单等工具对救助对象进行评估。小张的上述工作体现了社会救助工作评估方法（　　）的特点。（2021）

A. 保持持续性　　B. 合理利用知识和经验

C. 救助对象参与　　D. 动态推进和全面了解

35. 社会工作者小陈在走访社区困境家庭时发现，周大哥因病致残，被鉴定为三级肢体残疾，他有两个上学的孩子，家庭重担都落在妻子一人身上。小陈在为周大哥服务过程中，陪同他办理了残疾证，并给他讲解医疗救助政策，帮助他整理申请医疗救助所需材料。小陈的上述做法属于医疗救助社会工作中的（　　）服务。（2021）

A. 协助申请救助　　B. 改善救治环境

C. 协调医疗资源　　D. 强化社会支持

36. 社会工作者小张在开展社会救助工作时不限于过往经验，依据个人成长和家庭关系相关理论，采用人际关系量表、个人问题清单等工具对救助对象进行评估。小张的上述工作体现了救助社会工作评估方法的（　　）的特点。（2022）

A. 保持持续性　　B. 合理利用知识和经验

C. 救助对象参与　　D. 动态推进和全面了解

37. 为了预防被监禁人员犯罪思想观念和行为的“交叉感染”，社会工作者拟采用“现实治疗法”，对新入监的青少年初犯开展“提升自我管理能力”的小组工作。下列小组工作的服务目标中，正确的是协助这些青少年（　　）。（2019）

A. 戒除不健康的生活习惯　　B. 改变偏差扭曲的心理结构

C. 了解合法公民应具有的素养　　D. 为自己行为负起完全的责任

38. 村委会主任带王姐来见社会工作者小张，王姐告诉小张自己前段时间遭遇火灾，财产损失巨大，丈夫受此打击，开始酗酒，酒后多次对她施暴，现在她身上伤痕累累，感到恐惧无助。根据危机干预理论，此时小张首先应该（　　）。

A. 鼓励王姐说出自己的经历和感受　　B. 协助王姐申请经济补助

C. 寻找庇护场所，确保王姐的人身安全　　D. 寻求律师介入，提供法律援助

39. 老高夫妻俩关系很好，有一个儿子，很乖巧听话，学习也很好。自从儿子离家上大学后，老高的妻子开始郁郁寡欢，感觉很孤独，于是向社会工作者求助。社会工作者分析老高妻子的情况后，向其妻子介绍每一个家庭发展阶段都有不同的任务和要求，家庭成员应及时调整自己的角色和分工。以上案例中社会工作者使用的理论解释是（　　）。

A. 家庭系统理论　　B. 家庭生命周期理论

C. 生态系统理论　　D. 结构式家庭治疗理论

40. 王女士 32 岁，与丈夫分居两年，目前带着 8 岁的女儿与父母一起生活。王女士的父亲今年 60 岁，刚退休；母亲 56 岁，还在工作。根据上述家庭资料，社会工作者绘制的家庭结构图中，正确的是（　　）。

A. 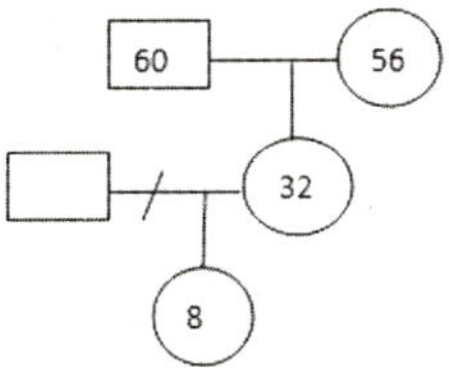

B. 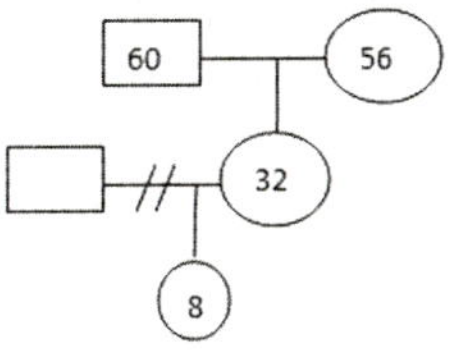

C. 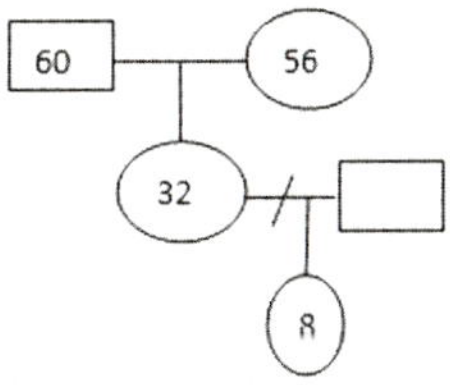

D. 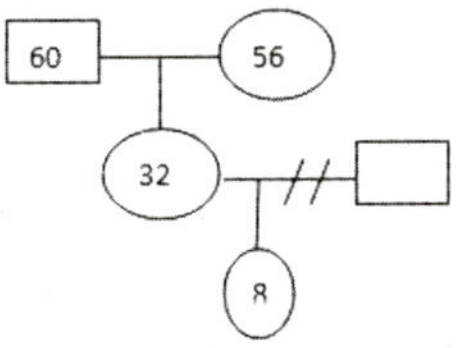

41. 老陈最近失业，经济陷入困难，生活压力大，与妻子关系紧张，经常吵架。受此影响，上初中的女儿成绩下滑，社会工作者了解情况后，根据家庭成员增能原则开展服务。下列做法中正确的是（　　）。（2022）

A. 改善老陈夫妻的关系，促进夫妻之间的情感沟通

B. 为老陈提供就业岗位，改善家庭的经济生活状况

C. 增强老陈指导孩子学习的能力，缓解家庭教育压力

D. 增强老陈夫妻沟通技能，为孩子提供良好家庭环境

42. 学校社会工作者小杨在为学生提供服务中，综合运用个案工作、小组工作、社区工作和项目化运作方法等一系列的专业方法和步骤进行服务介入，并且这些方法都是在科学理念的指导下设计完成的。这体现了学校社会工作的（　　）。

A. 专业性　　B. 科学性　　C. 艺术性　　D. 网络性

43. 临近中考，不少初三学生表现出不同程度的焦虑，社会工作者拟运用系统脱敏法帮助学生缓解焦虑。下列操作属于系统脱敏法的是（　　）。（2022）

A. 引导参加服务的学生想象引起紧张的情景

B. 与参加服务的学生共同商定行为奖惩清单

C. 鼓励参加服务的学生共同商定行为契约

D. 促进参加服务的学生互相给予积极反馈

44. 班主任赵老师是个十分负责的人，高考在即，她发现很多学生都废寝忘食地学习，并且有很多同学出现焦虑情绪。针对这些，赵老师邀请学校社会工作者小杜来为班上同学做团体辅导，主要服务内容是（　　）。

A. 成立互助小组，分享彼此感受，缓解学生的焦虑情绪

B. 向学校反映，增加学生假期时间

C. 成立志愿者团队，帮助班上学生补习功课

D. 与家庭联系，帮助学生营造一个良好的学习环境

45. 初一的小亮做作业特别拖拉，经常边写作业边玩手机，针对这种状况，学校社会工作者小王计划运用“行为契约法”帮助小亮养成良好的行为习惯。根据该方法的具体要求，小王首先应该帮助小亮（　　）。（2023）

A. 确定目标行为　　B. 商定奖惩清单

C. 描写行为契约　　D. 举行承诺仪式

46. 社交能力包括各种与人相处的技巧，良好的亲子关系和师生关系与学生的正向社

交行为有正面的关系，良好的同辈关系与学生的负面行为则有反面的关系。因此，学校社会工作者在促进学生社交能力的第一步是（　　）。

A. 协助学生认识自己所在的城市或农村　　B. 协助学生认识自我
C. 协助学生建立国民身份认同　　D. 协助学生培养社会责任感

47. 社会工作者在策划扶贫项目时，设计了多个可行方案。在计算每一个方案的人力、物力和时间成本之后，下一步应做的是（　　）。

A. 再次确认问题　　B. 寻找各自可行的方案
C. 确定评估指标　　D. 预估每个方案的成效

48. 某社会工作服务机构的项目团队在某社区开展服务已近一年，他们以各种方式动员社区居民参与项目活动，社区居民也感受到参与项目给自己带来的益处，投入了越来越多的时间和精力。但在项目中期评估中，社会工作者发现社区居民参与效果不佳。从影响社区居民参与因素角度来分析，该社区发生上述情况可能是因为社区居民（　　）。（2020）

A. 参与意愿不高　　B. 参与能力较低
C. 缺乏参与机会　　D. 没有认识到参与价值

49. 李奶奶是独居老人，腿脚不便。社会工作者大梁了解到，同一单元的赵婶经常帮李奶奶买菜，照顾李奶奶。大梁邀请赵婶参加“智慧居民学习小组”，赵婶学会了网上购物，她说以后可以在网上为李奶奶购买所需物品了。省出的时间可以陪李奶奶聊天。大梁上述服务的目的是为李奶奶建构（　　）。（2021）

A. 家庭网络　　B. 邻里协助网络
C. 互助网络　　D. 志愿者联系网络

50. 某中学教学楼在地震中坍塌，造成多名师生伤亡。宁宁虽成功逃生，但在震后几天一直沉默不语，惊恐不安。在对宁宁进行危机干预的过程中，社会工作者小林采用“讲故事”的方式，引导宁宁讲述逃生的经历和感受，以对其问题和需要进行评估。小林开展的上述工作是为了（　　）。（2019）

A. 定义宁宁的危机问题　　B. 向宁宁提供持续支持
C. 确保宁宁的生命安全　　D. 讨论宁宁问题的多种可能

51. 社会工作者小刘受区妇联委托，在其服务的社区开展受虐妇女的服务需求调查。受虐妇女们受到“家丑不能外扬”这一传统观念的影响，最初不愿接受小刘的访谈。在小刘的关心、支持和不懈努力下，受虐妇女们终于敞开心扉，讲述她们的受虐经历和应对策略。受虐妇女们的讲述反映了她们的（　　）。

A. 表达性需求　　B. 比较性需求　　C. 感觉性需求　　D. 规范性需求

52. 医务工作者小周在肿瘤科病房探访过程中发现，肺癌患者老朱因病情恶化而心情沮丧，陷入恐惧、无助和绝望中。针对这一情况，小周运用正念方法，帮助老朱缓解上述负面情绪。小周的上述干预过程是医务社会工作服务中的（　　）。（2022）

A. 情绪心理辅导　　B. 社会需求评估
C. 哀伤辅导　　D. 临终关怀

53. 随着新冠疫情得到控制，某工业园区与地方政府联动采取包机、包车接送等全程“点对点”方式招聘新员工，以缓解企业复工复产面临的招工难困境。社会工作者协助企业做好新员工心理支持、新环境适应、子女就近上学等服务，提升职工的心理满足感，从而吸引外来务工人员来园区就业。社会工作者的这种做法，属于职工（　　）。（2020）

A. 福利服务　　B. 休闲生活服务
C. 情绪管理　　D. 工作与家庭生活平衡服务

54. 社会工作者小杨根据当地居家养老政策的相关要求，策划“老年餐桌”项目，为社区内老年人提供送餐和精神慰藉服务。在服务项目策划中期，小杨应做的工作是（　　）。（2023）

A. 设计项目成效评估的方法　　B. 分析社区内的老年人口规模
C. 了解已有类似服务的情况　　D. 评估项目执行者的素质能力

55. 为落实“健康中国”战略部署，某社会工作服务机构整合资源，提供多种服务以提高社区居民的健康意识和行动能力。其中，社会工作者运用资源共享方式开展的服务是（　　）。（2019）

A. 使用相邻社区的场地合作举办健康讲座
B. 请社区卫生服务站为社区居民进行体检
C. 请社区干部一起入户了解居民健康需求
D. 在机构中为目标人群开办健康教育小组

56. 企业社会工作者小林在调研中发现，企业的新老员工之间存在关系疏离问题。小林在分析了关系疏离的成因后，拟在员工中开展“我们在一起”支持小组。在确定了小组目标后，小林接下来应该做的是（　　）。（2023）

A. 细化服务目标　　B. 制订小组计划书
C. 完成需求评估　　D. 多渠道招募组员

57. 老金因脑梗被送入急诊科治疗。医务社会工作者小赵详细了解了老金的患病史、就医史，以及身体状况、生活和家庭状况等方面的信息。小赵此举的主要目的是帮助老金（　　）。（2019）

A. 增进良好的医患关系　　B. 争取更多的医疗救助
C. 获得全面支持性服务　　D. 获得特殊的医护照顾

58. 针对企业青年职工流失的问题，社会工作者小童对青年职工开展了走访。小童了解到，部分青年职工对企业的归属感不强，一遇到不顺心的事情就会提出辞职。对此，依据职工职业生涯规划要求，小童最适宜的做法是（　　）。（2022）

A. 提高青年职工的待遇　　B. 加强厂规厂纪的宣传
C. 做好青年职工的职业辅导　　D. 及时疏导青少年的情绪

59. 下列选项中可以运用个案工作解决的是（　　）。

A. 上下级之间的沟通　　B. 职工的婚姻关系失调
C. 职工个人成长　　D. 企业干部训练

60. 煤矿工人老王患有硅肺病多年，呼吸困难，身体虚弱，丧失了劳动能力。老王要求企业支付医疗费用和营养费，但遭拒绝，于是老王向社会工作者小马求助。小马在制订服务方案时，宜设定的工作目标是（　　）。

A. 协调劳资冲突　　B. 提升老王的身体素质
C. 协助老王平衡工作和生活　　D. 为老王提供职业生涯规划服务

二、多项选择题（共 20 题，每题 2 分。每题的备选项中，有 2 个或 2 个以上符合题意，至少有 1 个错项。错选，本题不得分；少选，所选的每个选项得 0.5 分）

61. 某全国性社会工作行业协会将党史学习教育和专业服务相结合，组织部分高校社会工作专业师生暑期到西部地区参与乡村振兴工作，他们策划并实施了村民社区参与能力提升项目。项目开始前，研究生小余对参与项目的村民做了“参与态度和参与技能”的测量，项目结束时再次对上述相关指标做了测量。小余评估项目成效采用的方法有（　　）。(2022)

A. 过程评估　　B. 结果评估　　C. 基线测量
D. 绩效评估　　E. 介入期测量

62. 某社区建立了残疾人服务中心，在社区内积极开发就业岗位，帮助残疾人实现社区内就业，但在工作中仍面临残疾人自信心不足、参与度不高、社区内就业岗位不足、资金紧张和面向残疾人的专业服务缺乏等问题。针对上述情况，从增加支持性资源的角度，该中心的社会工作者应开展的工作包括（　　）。(2020)

A. 到当地人力资源和社会保障局争取用人指标
B. 与企业接洽协商，开发线上线下的就业岗位
C. 发动社区社会组织，为残疾人提供关爱服务
D. 引进社会工作服务机构，为残疾人提供专业服务
E. 为残疾人办理个人住房抵押贷款，解决资金问题

63. 某村 4 岁男孩小强，跷着二郎腿，边嚼槟榔边抽烟，一副老练样子的视频在网络上流传，被网友称为“社会范儿”男孩。当地社会工作服务机构的社会工作者小王看到视频后到小强家探访，小王了解到，小强父母长期在外打工，他一直由爷爷奶奶照顾。在对小强的家庭监护能力进行评估时，小王应关注的指标包括（　　）。

A. 监护人生产劳动的能力　　B. 监护人生活照顾的能力
C. 监护人语言表达的能力　　D. 监护人情感传递的能力
E. 监护人安全保障的能力

64. 随着城市化、工业化进程的加快，农村社会开始由封闭向开放转变，农村社会工作结构开始分化，农民阶层出现多样化，农村基层社会治理也面临着新的挑战。下列属于社区社会工作者在农村社区建设中的工作内容的有（　　）。

A. 开展农村社区服务试点　　B. 大力发展农村经济
C. 提升农民素质能力　　D. 培育发展农村社区社会组织
E. 加大政府建设农村社区的资金投入

65. 某社会福利中心社会工作者小星邀请入住老年人一起讨论健康饮食年度服务计划，老人们分享了对服务目标的期望后，小星确定以增加老年人健康饮食知识为目标，开展每日健康讲座、四季饮食指导等活动。上述制订服务计划的过程，体现的原则包括（　　）。(2022)

A. 应有服务对象的参与　　B. 尊重服务对象意愿
C. 详细且具体　　D. 重视对服务对象的影响评估
E. 服务对象的个别化介入

66. 小光今年 8 岁了，原本出生于一个幸福的家庭，可是在他 6 岁时爸妈驾车出行遭

遇不幸，双双身亡，从那以后小光就一直跟着年迈的奶奶生活。自从父母出事后，小光就变得不爱说话，也不愿意见人，学习成绩也靠后。最近奶奶病重，医生说奶奶的寿命只有4个月的时间，而奶奶最担心的就是她走后小光的生活，所以奶奶委托其他人来寻求社会工作者的帮助。在此种情况下社会工作者能为小光提供的主要帮助有(　　)。

A. 开展儿童支持服务　　B. 补充和改善经济状况

C. 补充和改善家庭监护状况　　D. 收养儿童服务

E. 家庭寄养服务

67. 社会工作者小孙发现，某社区部分青少年过于依赖父母，个体发展水平不足，基于此，小孙拟为这些青少年开展小组服务，协助他们进行自我探索，下列做法中恰当的有(　　)。(2022)

A. 帮助青少年更清楚认识自己　　B. 帮助青少年建立生涯价值观

C. 强化青少年的自我表达能力　　D. 协助青少年挖掘内在的潜能

E. 提升青少年的自我觉察能力

68. 燕女士被人贩子拐卖后，被解救回来，每次出门总会受到周围人背后的指指点点，公婆对她态度也不好了，在外地打工的丈夫也对她冷嘲热讽，燕女士内心特别难过，找到社会工作者诉说。社会工作者恰当的做法是（　　）。(2023)

A. 疏导燕女士的情绪

B. 让她去丈夫打工的地方躲一躲

C. 和燕女士的公婆、丈夫进行沟通，改变对燕女士的态度

D. 做好社区的宣教工作，改变对被拐卖人员的歧视

E. 劝说燕女士要忍一忍

69. 小亮因抢劫罪被判缓刑2年。矫正社会工作者了解到，小亮6岁时父母离异，随母亲生活。由于其父亲拒绝承担抚养责任，家庭经济拮据。小亮上中学后染上网瘾，母亲为此经常打骂他，母子关系紧张。一次与母亲爆发激烈冲突后，小亮离家出走泡在网吧，后因无钱上网实施抢劫犯罪。针对小亮及其母亲的上述情况，适合为他们开展的社会工作服务有（　　）。

A. 生活保障服务　　B. 法律授权服务

C. 就业培训服务　　D. 改善亲子关系服务

E. 认知及行为矫正服务

70. 新冠疫情暴发以后，某地禁毒社会工作服务机构积极响应号召，组织禁毒社会工作者依法有序参与疫情防控工作，力争禁毒与抗疫两不误。下列工作中，属于禁毒社会工作职业任务的有（　　）。(2022)

A. 协助街镇做好服务对象的接所及防疫措施落实等工作

B. 灵活运用线上形式，指导社会面服务对象做好防护

C. 积极协调资源，为社区戒毒人员提供支持和帮助

D. 参与抗疫志愿服务，开展道口测温、社区出入登记等工作

E. 为戒毒人员提供心理疏导，缓解疫情带来的压力

71. 下列对于军供社会工作的说法中，正确的是（　　）。

A. 服务对象主要是军供保障单位的职工

B. 需要及时发现过往部队中存在的问题

C. 目的是完成好军供保障任务

D. 要协助工作人员进行情绪疏导

E. 服务对象主要是军人

72. 某地突降大雨造成山体滑坡，一酒店受滑坡影响发生坍塌，经全力搜救，仍然有17人遇难，遇难者家属难以接受亲人离世的残酷事实，陷入极度悲伤中。某社会工作服务机构参与应急援助，对遇难者家属进行危机干预。社会工作者进行危机干预前需进行评估，评估的重点应包括（　　）。(2021)

A. 危机的重要性　　B. 服务对象的情绪状态

C. 服务对象的满意度　　D. 服务对象的支持系统

E. 选择与应急的机制

73. 小张夫妇自有了孩子后，觉得生活一下子变了样。有忙不完的家务，夫妻俩都变得爱唠叨，经常互相埋怨，家庭气氛紧张。小张夫妇向社会工作者小王求助。小王依据家庭生命周期理论，适宜的做法是让小张夫妇（　　）。(2021)

A. 制定夫妻角色规则　　B. 调整夫妻的角色

C. 明确夫妻角色分工　　D. 学习承担父母的角色

E. 学会维护家庭角色

74. 学校社会工作者小苏在为初二学生小宁进行个案辅导时发现，母亲对小宁控制过于严格，不给她任何的自由空间，母女争吵不断，小宁无所适从。针对这种情况，小苏接下来可以开展的工作有（　　）。(2022)

A. 进行家庭走访　　B. 促进亲子沟通

C. 鼓励小宁反抗　　D. 帮助小宁增能

E. 帮助母亲澄清期望

75. 小明是初中三年级学生，他的目标是考上一所好高中。虽然小明的学习目标明确，但仍然禁不住诱惑与同学们一起玩网络游戏，事后又后悔耽误了学习，内心纠结，陷入焦虑状态，无法自拔。针对小明的情况，社会工作者拟运用行动力培养方法帮助他，下述做法中正确的有（　　）。(2021)

A. 培养立即行动的习惯　　B. 引导小明主动领受任务

C. 培养良好的契约精神　　D. 培养小明良好竞争的能力

E. 营造友善的学习环境

76. 学校社会工作者小苏近期打算为处境不利的学生提供个案服务，某班班主任了解后主动把班上一名学生介绍给小苏，希望小苏能够为他提供服务。下列类型中，属于处境不利的学生是（　　）。

A. 患有多动症的小李　　B. 网络成瘾者　　C. 经常逃课的小红

D. 正在监狱服刑人员的孩子　　E. 思维混乱的丽丽

77. 小刚高中毕业后一直没找到工作，靠父母养活，最近因交通肇事被判处有期徒刑一年，缓刑一年，为此，小刚情绪十分低落，躲在家中足不出户，拒绝与外人交往。小刚父母也因此事经常发生争吵，家庭关系十分紧张。本案例中，小刚的服务需求主要有（　　）。(2019)

A. 正常家庭生活的需要　　B. 再社会化的需要

C. 教育、就业的保障需要　　D. 法律维权的需要

E. 基本生存条件的保障需要

78. 社会工作者小王针对社区青少年的需求，开展了一系列社区服务活动。在服务进行阶段，小王开展的工作应包括（　　）。

A. 了解青少年喜爱的文体活动类型

B. 对开展的文体活动设置合理的时间表

C. 及时开展青少年服务活动的成效评估

D. 为表现突出的志愿者制作光荣榜对其进行表彰

E. 详细记录活动的收入支出明细，做好资金管理

79. 王阿姨患有糖尿病，但她对自己的疾病认识不足，既不注意锻炼，也不控制饮食，出现了严重的并发症而住院治疗。王阿姨的女儿埋怨母亲平时不注意饮食健康，母女间时有冲突，王阿姨的情绪受到影响，不配合治疗。为了协助王阿姨增进治疗依从性，社会工作者可提供的服务包括（　　）。

A. 界定王阿姨在治疗依从性上存在的问题

B. 为王阿姨提供所需医疗知识，帮助其制订治疗方案

C. 协助王阿姨将"治疗目标转化为行为目标"，合理控制饮食

D. 为王阿姨提供以"冥想"为基础的减压课程

E. 鼓励王阿姨和女儿表达各自的情绪，加强家庭的情感支持

80. 新冠疫情暴发后，为维护职工稳定，确保复工复产，企业社会工作者小黎被派到工业园区党群服务中心工作，小黎宜开展的工作有（　　）。(2022)

A. 协助企业落实防疫安全措施

B. 协助职工解决疫情中遇到的困难

C. 开展企业劳动关系状况调查

D. 组织丰富多彩的大型娱乐活动

E. 疏导职工不良情绪和提供心理支持

参考答案

一、单项选择题

1. D　考点：结案阶段的主要任务—巩固服务对象已有改变，给服务对象积极支持
2. C　考点：儿童社会工作实务的原则
3. B　考点：老年人的需要
4. D　考点：老年人社会工作服务中的要点—虐待和疏于照顾
5. D　考点：残疾人的权利和基本需求
6. A　考点：青少年社会工作的主要内容
7. D　考点：妇女赋权个人层面目标
8. B　考点：儿童收养服务包括的服务环节和程序
9. C　考点：改善青少年家庭关系的社会工作服务—亲职教育辅导
10. A　考点：以家庭为中心的方法的实务原则

11. B　考点：基线测量评估
12. D　考点：过程评估
13. D　考点：亲子关系困境与社会工作介入
14. B　考点：学校社会工作对学生偏差行为困境的介入
15. D　考点：贯彻男女平等基本国策，建立性别公正的政策、制度和社会环境
16. B　考点：青少年社会工作的特点及原则
17. B　考点：自我概念
18. A　考点：老年人的需要
19. B　考点：老年社会工作服务的要点—自杀问题—干预措施
20. B　考点：残疾人教育康复及其主要内容
21. C　考点：老年社会工作服务的要点—自杀问题—自杀评估
22. C　考点：赋权的目标层次
23. B　考点：针对单亲母亲家庭的服务
24. A　考点：社区社会工作的主要内容
25. A　考点：残疾人就业权利实现的支持资源
26. A　考点：最低生活保障的服务内容
27. A　考点：矫正社会工作的特点
28. B　考点：针对涉毒人员的社会工作介入
29. B　考点：院舍训练的组织管理
30. D　考点：禁毒社会工作的主要内容
31. B　考点：光荣院社会工作的内容
32. C　考点：光荣院社会工作服务对象的需要
33. C　考点：语言技巧—可能性的语言
34. B　考点：社会救助社会工作评估的主要特点
35. A　考点：医疗救助社会工作中的内容
36. B　考点：社会救助社会工作评估的主要特点
37. D　考点：小组工作方法在社区矫正中的运用
38. C　考点：危机干预理论
39. B　考点：家庭生命周期理论
40. A　考点：家庭结构图
41. D　考点：家庭成员增能原则
42. B　考点：学校社会工作定义及含义
43. A　考点：系统脱敏疗法
44. A　考点：学校社会工作对学生心理困境的介入
45. A　考点：行为契约法的基本工作程序
46. C　考点：学校社会工作对培养学生人际交往能力的介入
47. D　考点：社区服务（活动）方案执行
48. B　考点：影响社区居民参与的因素分析
49. B　考点：建立社区支持网络
50. A　考点：危机干预的步骤

51. C　考点：社区需求分析
52. A　考点：肿瘤治疗康复、舒缓疗护及临终关怀社会工作
53. A　考点：职工福利服务
54. D　考点：社区服务（活动）方案策划
55. A　考点：社区资源链接的方式
56. D　考点：小组工作在企业社会工作中的运用—小组工作的过程
57. C　考点：急诊室社会工作的主要方法
58. C　考点：职工职业生涯规划要求
59. B　考点：个案工作
60. A　考点：企业社会工作服务内容

二、多项选择题

61. BC　考点：评估的方法
62. ABCD　考点：残疾人就业的支持性资源
63. BDE　考点：补充和改善家庭监护状况
64. ACD　考点：农村社区社会工作的主要内容
65. ABC　考点：制订服务计划的原则
66. ABDE　考点：儿童社会工作的主要内容
67. ACDE　考点：促进青少年个体发展的社会工作服务
68. ACD　考点：针对被拐卖妇女的干预介入策略
69. ACDE　考点：矫正社会工作的主要内容
70. ACE　考点：针对涉毒人员的社会工作介入
71. ABCD　考点：军供社会工作的含义
72. ABDE　考点：评估的重点
73. BD　考点：家庭生命周期理论
74. ABDE　考点：亲子关系困境与社会工作介入
75. AB　考点：学校社会工作对培养学生行动力的介入
76. BCD　考点：满足困境学生改善性需要的学校社会工作
77. ABC　考点：针对缓刑人员的监督管理和教育帮扶
78. BDE　考点：社区服务（活动）方案策划
79. ABCE　考点：慢性疾病与长期照护的社会工作—糖尿病
80. ABE　考点：企业社会工作的主要内容

后　记

作为与我国社会工作事业同步成长的专业教师，30 多年前我便开始了社会工作专业教育、研究与实务的生涯。一路走来，既有艰辛，亦有喜悦，我见证了中国社会工作事业前行的每一个足迹。其中，具有里程碑意义的全国社会工作者职业水平考试，让我看到了中国社会工作事业发展的希望。从那时起，我在教学、研究、实务之余便多了一项工作，即从事全国社会工作者职业水平考试考前辅导。在多年的辅导历程中，我看到了一线社工同人的努力和辛苦，他们的支持坚定了我为此付出的信心。感谢中国社会出版社的信任，使我有机会把自己多年的经验和心得贡献出来。

本套"考试过关必做"丛书在 2023 年的基础上作了如下完善：一是更清晰地梳理了考点；二是新增加较多的真题；三是在历年真题的基础上增加了 2023 年的考试真题。

我要感谢参与本套辅导教材编写的周军、孙立亚、苗艳梅、王冬梅老师，特别要感谢周军老师做了大量的校对、协调工作。还要感谢我带的研究生们，他们为此书做了大量的资料收集工作。特别感谢中国社会出版社社会工作图书编辑部全体同人及其他朋友在本书的编辑出版过程中付出的辛劳。

本套辅导教材各章编写工作的分工如下。

许莉娅：《社会工作实务（初级）》第一、二、三、四、五、六、七章
　　　　《社会工作实务（中级）》第一、二、三、四、五、六、七章
周　军：《社会工作综合能力（初级）》第三、四、五、六、八章
　　　　《社会工作综合能力（中级）》第三、五、六、七、十章
孙立亚：《社会工作综合能力（初级）》第一、二、七、九章
　　　　《社会工作综合能力（中级）》第一、二、四、八、九章
苗艳梅：《社会工作实务（中级）》第八、九、十、十一、十二、十三、十四、十五章
　　　　《社会工作法规与政策》第八、九、十、十一、十二、十三、十四章
王冬梅：《社会工作实务（初级）》第八、九、十、十一、十二、十三、十四章
　　　　《社会工作法规与政策》第一、二、三、四、五、六、七章

由于水平所限，本书定会有不足和遗憾之处，真诚地希望读者朋友在使用过程中，通过关注微信公众号"社工师培训网"，提出宝贵的意见。

主编　许莉娅